科技创新与环京津区域产业结构优化

李艳军　主编

北京

图书在版编目（CIP）数据

科技创新与环京津区域产业结构优化/李艳军主编

北京：中国经济出版社，2013.9

ISBN 978-7-5136-2709-2

Ⅰ.①科… Ⅱ.①李… Ⅲ.①区域经济-技术革新-研究-华北地区
②区域产业结构-产业结构优化-研究-华北地区 Ⅳ.①F127.2

中国版本图书馆 CIP 数据核字（2013）第 179265 号

责任编辑　余静宜
责任审读　霍宏涛
责任印制　常　毅
封面设计　华子图文

出版发行　中国经济出版社
印 刷 者　北京市昌平区新兴胶印厂
经 销 者　各地新华书店
开　　本　787mm×1092mm　1/16
印　　张　20
字　　数　311 千字
版　　次　2013 年 9 月第 1 版
印　　次　2013 年 9 月第 1 次
书　　号　ISBN 978-7-5136-2709-2/F·9578
定　　价　45.00 元

中国经济出版社 **网址** www.economyph.com **社址** 北京市西城区百万庄北街 3 号 **邮编** 100037

本版图书如存在印装质量问题，请与本社发行中心联系调换（联系电话：010-68319116）

《科技创新与环京津区域产业结构优化》编委会

序

2013年“科技创新与环京津区域产业结构优化升级”专题学术研讨会在廊坊召开，作为本次学术研讨会议的标志性成果——《科技创新与环京津区域产业结构优化》（学术会议论文集）由中国经济出版社出版，并在国内外公开发行，具有重要的意义。在此谨表示热烈祝贺，并向为此付出智慧和汗水的各位专家学者表示衷心感谢！

科技创新是提高社会生产力的战略支撑，是一个区域经济发展的根基。以科技创新引领产业结构优化升级，是破解产业发展中的“增长极限”与“结构性矛盾”的重要手段。近年来，廊坊市准确定位自身在环京津区域发展中的位置，坚持科技引领、创新驱动，着眼提升科技创新承载能力，推动经济发展从要素驱动为主向创新驱动为主转变，优化产业布局，实现产业结构变“轻”变“绿”，为更好地服务京津、对接京津提供了有利条件。为加快推动廊坊市产业结构优化升级，市科学技术协会向省科学技术学会申报获批了题为“科技创新与环京津区域产业结构优化升级”的河北省科协重点活动项目，组织召开了多类型、多层次的学术专家座谈会，邀请北京、天津及河北省内高校、科研院所的专家学者，结合自身学科特点，对相关专题进行了深入的研究探讨，形成了丰富的理论成果。

本论文集收录了专家学者论文35篇，共30余万字，分为创新区域发展战略、对接京津高端辐射、产业结构调整途径、优化经济运行环境、县域城镇发展载体五个逻辑板块。收录文章分别运用技术经济学、区域经济学、产业经济学、地缘经济学、城市经济学等学科理论，围绕廊坊科技创新及产业结构发展方向，全方位、广角度、深层次地进行了研究探讨。希望全市各级党委、政府及有关部门认真学习借鉴，围绕“高端发展，绿色崛起，奋力打造河北省环京津新增长极的战略突破口”的战略目标，进一步深化扩展研究成果的应用范围，不断解放思想，更新观念，创新发展，为加快实现“两个率先”奋斗目标做出新的更大贡献；希望广大科技工作者进一步增强创新意识、责任意识和服务意识，积极主动深入科研生产第一线，研究新情况，解决新问题，为推动我市科学发展献计献策，在创新实践中再立新功。

中共廊坊市委副书记

2013 年 9 月

/目 录/

创新区域发展战略

对接京津高端辐射

产业结构调整途径

优化经济运行环境

县域城镇发展载体

创新区域发展战略

加强科技创新,优化廊坊产业结构

李艳军①

【摘要】:在京津冀一体化背景下,廊坊凭借优越的地理位置,准确的城市定位,积极招商引资,经济获得了飞速的发展。在新形势下,廊坊要实现“高端发展,绿色崛起,奋力打造河北省环京津新增长极的战略突破口”,就必须加强科技创新,进一步优化产业结构,才能抢占发展制高点。

【关键词】:科技创新　优化　产业结构

一、廊坊产业结构现状

(一) 产业结构的定义

产业结构是指各产业的构成及各产业之间的联系和比例关系。在经济发展过程中,由于分工越来越细,因而产生了越来越多的生产部门。这些不同的生产部门,受到各种因素的影响和制约,会在增长速度、就业人数、在经济总量中的比重、对经济增长的推动作用等方面表现出很大的差异。因此,在一个经济实体当中(一般以国家和地区为单位),在每个具体的经济发展阶段、发展时点上,组成国民经济的产业部门是大不一样的。各产业部门的构成及相互之间的联系、比例关系不尽相同,对经济增长的贡献大小也不同。因此,把包括产业的构成、各产业之间的相互关系在内的结构特征概括为产业结构。

(二)廊坊市产业结构概况

廊坊处于河北省中部、京津两大直辖市之间,市区距北京 40 公里,距天

① 李艳军,廊坊市科协主席,研究生学历、公共管理硕士,研究方向为产业经济与公共政策。

津60公里，距天津新港100公里，所辖2区、2市、6县、1个经济技术开发区（2区指广阳区、安次区；2市指三河、霸州两个县级市；6县分别为香河县、永清县、固安县、文安县、大城县和大厂回族自治县；1个经济技术开发区指廊坊经济技术开发区），全部环绕于京津两市，具有得天独厚的区位优势。

近年来，廊坊市坚持精良管理、追求高端发展，产业结构不断优化。聚焦电子信息和商务休闲两大标志性产业，加快提升完善以网络经济、总部经济、创新经济为“塔尖”，以先进制造业、现代服务业、新型农业为“塔身”，以传统优势产业为“塔基”的金字塔形现代产业体系。围绕电子信息、新能源等战略性新兴产业，着力引进一批高科技含量、高成长性、高附加值和低排放的项目，以最小的资源使用代价换取最大的经济和社会效益。全市高新技术产业增速连年保持经济增速的3倍左右，地区生产总值占比接近20%，电子信息产业实现增加值连年位居全省第一。虽然取得了一定成绩，但是廊坊市产业结构问题仍然突出，新兴产业集群化水平低，传统特色产业升级缓慢，产业发展与资源、环境矛盾凸显。

二、依靠科技创新优化产业结构的必要性

（一）科技创新对产业结构的作用

科技创新是指科学技术和组织管理方面的改进，可促使劳动力和资本的效率提高。科技变动主要指技术结构变化和科技创新。技术结构变化是由于新技术的产生、技术水平的提高，技术向专门化、综合化发展的技术现代化过程。科技创新会引起技术结构的变化，为产业部门提供新的、有效的生产经营手段，使科技创新的产业部门成本降低、产品质量提高、市场扩大、利润增加，并触发产业的扩张机制。一方面部分产业扩张使各产业以不同的速度扩张，并导致新兴产业结构的变化；另一方面，新技术体系的出现，将导致新兴产业的诞生，同时伴随落后产业的淘汰，必会引起产业结构改组。

（二）科技创新是实现高端发展的要求

廊坊要在大北京地区乃至环渤海经济圈这一更大范围内实现突破发展，要在日趋激烈的竞争中实现又好又快发展，就要定位高端发展，按照机会成本最小的原则，勇于和善于在不同历史时期识别并实现发展的最大最好的可能性。在区位优势和后发优势下，廊坊立足市情挖掘自身潜力，瞄准

高端谋划整体定位，按照创新型引领、链条式集聚、集群化发展的产业发展方向，提升整个产业体系的层次和水平。产业的高端发展离不开科技创新的引领，加快科技创新，提高装备水平，是实现产业高端发展的基础；加快科技创新，开发新型产品，是实现产业高端发展的关键；加快科技创新，突破尖端技术，是实现产业高端发展的动力。

（三）科技创新是实现绿色崛起的要求

绿色崛起是改善首都地区生态环境的需要，是廊坊自身发展的需要，更是改善民生的需要，因此廊坊着力构建绿色发展模式。依靠科技创新实现传统产业节能减排、发展循环经济，是走向绿色发展的第一步；加快科技创新、采用物联网是走向绿色发展的突破点；依靠科技创新调整能源结构、发展可再生能源，是建设低碳社会、实现绿色发展的基础。依靠科技创新引领经济发展方式转变，带来的是廊坊产业结构的变“轻”变“绿”。

三、依靠科技创新优化产业结构的方法

（一）依靠科技创新促进产业结构的高度化发展

一方面，依靠科技创新，促进产业结构不断向产品技术高度化、产品附加值高度化、产业加工高度化以及产业集约高度化的方向发展，进而实现产业竞争优势逐步从劳动密集型优势向技术密集型优势转移；另一方面，依靠主导产业的科技创新带动其他关联产业的科技创新与升级，进而依靠产业科技创新与升级的诱导机制和产业发展的关联机制的复合作用，促进整个产业结构体系向着高度化的方向发展。

（二）依靠科技创新促进产业结构的合理化发展

一方面，依靠科技创新，并基于经济发展的整体目标，优化第一、第二及第三产业在整个国民经济结构中的配置及投入产出比例，其中，既要注重各类产业的规模和数量，也要注重各类产业的优化升级，并使其各自朝着产业链的高端方向迈进；另一方面，依靠科技创新，大力增强产业间的相互辐射效应，不断提升产业结构内部关联作用的程度，进而实现产业结构整体效益的提升。

（三）依靠科技创新促进新兴产业发展

一方面，依靠科技创新，通过产业主导技术或辅助技术的升级、产业既

有技术的重新整合以及产业技术的全面升级等多种途径或方式，衍生、催生出一批新的产业，不断适应需求结构的变化；另一方面，依靠科技创新，着力培育与发展一批具有核心竞争力的国民经济支柱产业及主导产业群，为国民经济培育新的增长点，提升国民经济发展的质量与效益。

（四）依靠科技创新促进产业结构的可持续发展

一方面，依靠科技创新，有计划分步骤地加强对传统产业的改造，并选择那些能够充分发挥比较优势的产业作为主导产业；另一方面，面对在一些领域传统生产要素对经济增长的贡献日益递减以及技术进步对经济增长的贡献明显上升的情形，大力依靠科技创新，从根本上改变那种依靠高投入、高消耗、高污染来支持经济增长的发展方式，坚持走科技含量高、经济效益好、资源消耗低、环境污染少、人力资源优势得到充分发挥的新型工业化道路。

四、加强科技创新的举措

（一）加强产业科技创新合作体系的建设与完善

立足产业发展及其结构调整的技术需求，大力构建产业技术联合体，并开展联合攻关，制定并完善产业发展的技术标准；大力构筑产业科技创新的公共服务平台，努力实现产业科技资源的优化配置及产业链的重构与完善；加强并深化产学研科技创新合作，加快建立并优化产学研之间的科学技术转移机制，不断提升产学研科技创新合作体系的运行效率。

（二）加强产业科技创新人才队伍的建设与开发

依托重大科研项目、科研基地及产业发展政策，重视产业科技领军人才的培养及产业科技创新团队的打造。通过共建科技创新平台、开展合作教育、共同实施重大项目等方式，培养高层次人才和创新团队。依托重大人才计划以及重大科研、工程、产业攻关、国际科技合作等项目，重视发挥企业作用，在实践中集聚和培养创新人才。

（三）着力推进自主创新环境的营造与改善

加强专利技术运用转化平台建设，加大知识产权宣传普及和执法保护力度，建立健全有利于知识产权保护的社会信用制度，营造保护知识产权的法制、市场和文化氛围，提升知识产权创造、运用、保护和管理能力；改善与优化科技政策环境，促进具有自主知识产权的科技成果的转化及产业化；完善配套政策与措施，充分发挥大专院校、科研院所的科技“孵化”作用，积极引导大专院校、科研院所与相关企业组建战略同盟并联合进行技术攻关和产品开发。

首都城南拓展与廊坊发展机遇研究

郝素利[①]　张登伦[②]

【摘要】:首都城南拓展的主要举动之一是新机场建设,机场建设会带来巨大的机场经济效益和社会效益,本文综合运用系统工程的方法,构建了基于三维空间模型的机场临空经济分析模型,结合新机场及廊坊的实际情况,从时间、空间、产业三个方面分析了首都城南拓展给廊坊发展带来的机遇,为廊坊抓住机制,发展经济,促进产业结构升级提供理论指导。

【关键词】:新机场建设　廊坊经济发展　霍尔模型　机场经济

一、机场经济的作用机理

临空经济是指依托机场设施资源,通过航空运输行为或航空制造活动,利用机场的产业集聚效应,促使人口、技术、资金等要素向机场区域聚集,以机场为中心的航空关联度不同的产业集群的新型的区域经济形态。从国内外临空经济发展的状况来看,机场对区域经济增长和周边区域的产业结构变化及发展有巨大的带动作用,本文从直接效应、间接效应、诱发效应和催化效应四个方面分析机场经济的作用机理,以上四者之间的关系如图1所示。

从图1可以看出,机场提供了一个运营平台,机场经济的核心是机场核心功能,即运输功能,其通过其运输行为产生直接经济效益,其核心效应依托机场的基本功能,通过区位导向吸引相关产业聚集过来,并且为这些临空产业提供支撑,进而产生间接效益和诱发效应;相反,其间接产业和引致产

① 郝素利,中国矿业大学(北京)副教授,硕士生导师,金融工程与风险管理博士。

② 张登伦,北京城市学院讲师,管理科学与工程博士。

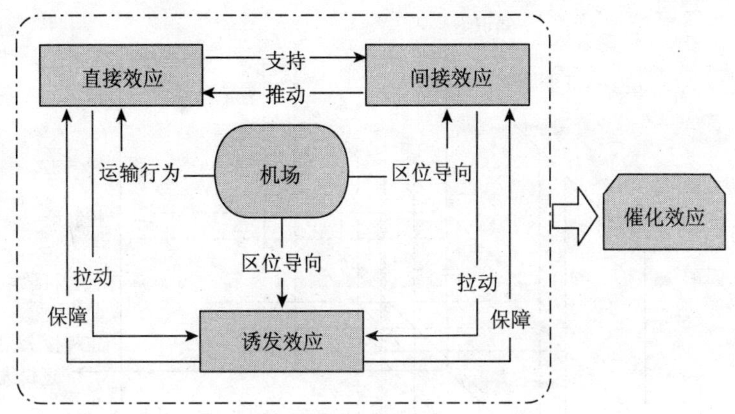

图1　机场经济的作用机理图

业的发展也推动核心产业的进一步发展；由于以上三个效益的带动，使得机场区域内的生产率提高，进而推动地区经济的发展，也即机场对其他行业产生的辐射效应，比如促进当地旅游和外贸的发展，扩大当地企业投资，增加就业等。

二、基于三维空间模型的机场临空经济分析

（一）霍尔三维结构

霍尔三维结构是由美国学者 A. D. 霍尔等人在大量工程实践的基础上，于 1969 年提出的。其内容反映在可以直接展示系统工程各项工作内容的三维结构图中，如图 2 所示。霍尔三维结构集中体现了系统工程方法的系统化、综合化、最优化、程序化和标准化等特点，是系统工程方法论的重要基础内容。

(1) 时间维

时间维表示系统工程的工作阶段或进程。系统工程工作从规划到更新的整个过程或寿命周期可分为七个阶段：规划阶段、设计阶段、分析或研制阶段、运筹或生产阶段、系统实施或“安装”阶段、运行阶段、更新阶段。

(2) 逻辑维

逻辑维是指系统工程每个阶段工作所应遵循的逻辑顺序和工作步骤，一般分为七个步骤：摆明问题、系统设计、系统综合、模型化、最优化、决策、实施计划。

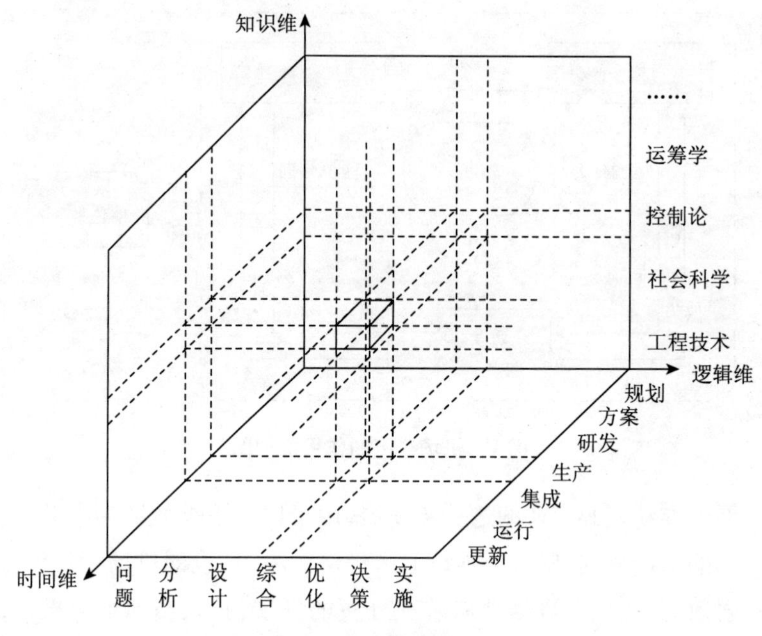

图2　霍尔三维结构

(3)知识维或专业维

该维内容表征是从事系统工程工作所需要的知识(如运筹学、控制论、管理科学等),也可反映系统工程的专门应用领域(如企业管理系统工程、社会经济系统工程、工程系统系统工程等)。

(二)基于三维空间结构的机场临空区产业结构影响分析

依据霍尔三维空间结构模型的方法论空间,结合机场临空区经济的特点,本文从时间维、空间维和临空产业维建立了机场临空区产业三维空间结构模型,如图3所示。

(1)时间维

依据曹允春的临空经济演进序列的阶段特征,可将机场临空经济分为形成期、成长期和成熟期,曹允春认为临空经济的发展主要来源于三个方面的动力:基础动力、内生动力和外源动力,这三个动力相互作用,促进临空经济的不断进步和升级,进而形成临空经济的以上三个阶段。

①形成期。形成期的主要特征是基础动力占主导地位,所谓的基础动力是指机场设施资源的驱动力。此时临空经济发展的支撑条件还比较薄

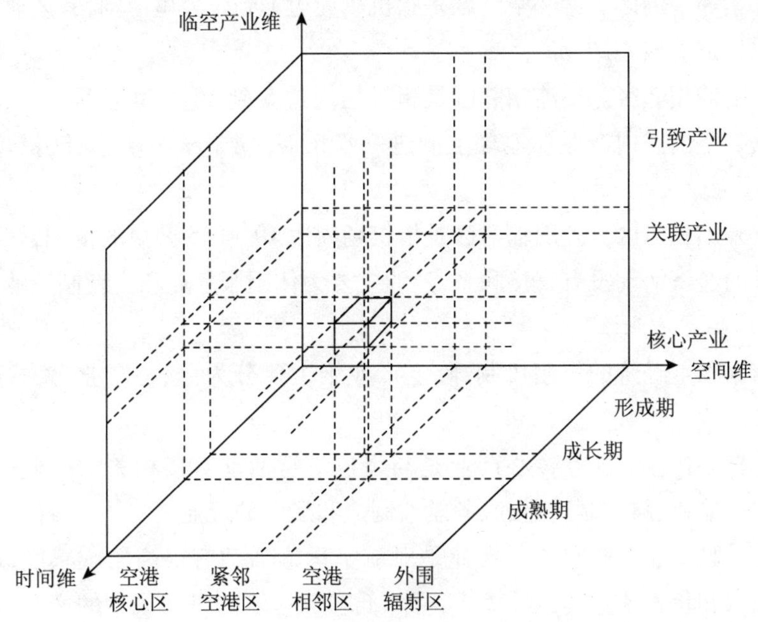

图3　机场临空区经济分析三维空间结构模型

弱,临空产业聚集开始出现,但还没有形成产业集群,临空产业主要分部在机场空港区和紧邻空港区。

②成长期。成长期的主要特征是内生动力占主导地位,所谓内生动力是临空经济发过程中的一种自发的内在力量,表现为两个方面:第一,以某个产业为主导形成的产业集群;第二,多个产业之间产生的动力。成长期内,不仅机场的规模和业务量会有很大的提高,周边产业结构和特色产业也随着机场业务量的增长而增加。

③成熟期。成熟期内生动力继续发挥主导作用,但在整体作用中的比例在减弱,外源动力的作用在不断加强,所谓外源动力是指源于政府与外部环境有意识地对临空经济发展进行的规划、调控行为力量。

(2)空间维

依据国内外的研究成果,按照和机场的距离,将其划分为:空港核心区、紧邻空港区、空港相邻区和外围辐射区。

①空港紧邻区。空港紧邻区是指在机场周边1公里范围内的区域,基本作用是为机场运营提供服务,保证航班的良好运转。

②紧邻空港区。紧邻空港区是指机场周边1到5公里范围,其产业集群是临空经济的核心产业。

③空港相邻区。空港相邻区是指机场周边5到10公里范围,该区域产业是紧邻空港区内产业在地理上的进一步拓展,属于核心产业吸引和带动的产业。

④外围辐射区。外围辐射区是指机场周边10到15公里的范围,该区域与机场的经济活动没有直接联系,产业主要为休闲服务业和高新制造业。

(3)临空产业维

依据临空经济的作用机制,临空产业维主要分为:核心产业、关联产业和引致产业。

①核心产业。航空核心产业是与飞机飞行活动直接相关的产业,主要有航空运输业、航空制造业、服务航空制造和运输的产业。

②关联产业。航空关联产业是对航空运输活动有很高的敏感度,利用航空旅客和货物快速到达的优势,可降低客货运输的时间成本的产业,主要包括:临空高科技产业、旅游业、会展业等。

③引致产业。航空引致产业是依托机场和以上两种产业引发的客流、货流资源,满足以上产业生活需求的延伸产业链,包括:教育、休闲娱乐、住宿餐饮、金融业等。

三、基于临空分析模型的廊坊发展机遇分析

(一)新机场概况

北京新机场位于北京市南端大兴区榆垡镇境内,大兴区南各庄与廊坊市白家务接壤处,京九铁路以东,永定河(冀京界)以北,廊涿高速、京台高速以西,大礼路以南的区域。按照北京市"一市多场"的总体目标,新机场和首都国际机场均定位为综合性大型国际枢纽机场,两机场地位并重,相对独立运行,配合各自的基地航空公司构筑中枢航线网络。新机场近期规划到2025年,建设4条跑道和北部航站楼,航站楼面积70万平方米,建设用地40平方公里(其中河北13平方公里),客机位220个,年飞行量65万架次,航站楼满足年旅客吞吐量4500万人次。

(二)廊坊各临空经济区的区域位置分析

北京新机场位于北京市大兴区榆垡镇境内,按照距离机场15公里半径

临空经济区标准，共涉及廊坊市广阳、永清和固安三县（区）土地面积约 300 平方公里。（如图 4 所示）

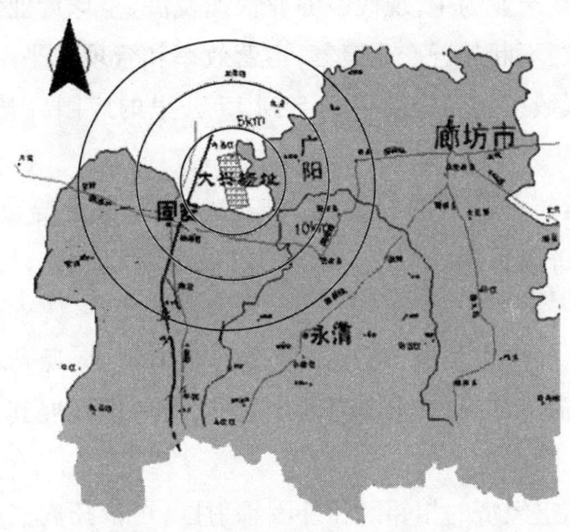

图 4　新机场临空经济区位置示意图

（三）廊坊发展机遇分析

北京新机场的建设会进一步增强廊坊的区位优势，在北京产业功能外溢的基础上进一步提升廊坊地区承载较为高端产业转移的区域竞争能力，下面根据新机场临空三维空间模型分析新机场建设给廊坊发展带来的机遇。

（1）形成期

依据第二部分机场临空经济在形成期的特征，临空产业主要分部在机场空港区和紧邻空港区，由图 4 可以看出，在机场东侧，廊坊市广阳区九州与新机场紧邻，处于紧邻空港区的位置；机场南侧永定河 1 公里，永定河以南即为廊坊市固安县，可见，固安县亦位于新机场的紧邻空港区。

广阳区九州与机场直接相接，是新机场形成期发展临空经济的重点区域，按照各临空经济区域内的产业分部，廊坊市广阳区九州可重点发展与机场运输直接相关的产业，比如物流、航空制造、运输服务业等。

固安县虽然位于机场的南侧，也处于机场紧邻空港区，但是有永定河的阻隔，可能会致使发展受阻，在没有打通永定河两岸交通的情况下，在形成期暂时还难于形成相关产业，因此，可首先考虑打通永定河两岸的交通。

(2)成长期

成长期的主要特征是内生动力占主导地位,此时产业临空指向性强,主要特点是:以高新产业为主,现代服务业快速发展,全球产业链逐渐形成,以园区为发展单位,不断趋近产业聚集,运营效率和管理水平不断提高。此时廊坊可发展的区域扩大到距离机场 5 到 15 公里的广阳、固安、永清的部分地区。

广阳可在紧邻空港区的物流、航空制造、运输服务等行业发展的基础上,依据临空经济成长期的特点,逐步的发展高新制造业、现代服务业和总部经济等。

固安在临空经济成长期,可逐渐发展其休闲农业、观光农业,提供航空配餐绿色食品、蔬菜等,一旦永定河两岸打通,可考虑发展其房地产、温泉度假、仓储物流等。

永清位于临空经济的相邻区和外围辐射区,可依托内核产业的布局,逐渐发展高新制造、科技研发、金融服务、会展服务等。

(3)成熟期

临空经济成熟期的产业链和价值链将逐步完善,产业结构会在不断调整中进一步优化升级,此时,廊坊在不断发展广阳、固安、永清三个区域的同事,可以在这三个区域的带动下,逐步调整产业结构,发展机场经济、绿色经济。

主要是以紧邻空港区为内核,依托内核产业布局,根据产业链及临空经济区产业发展的升级规律,重点发展航空研发、制造业和都市型产业等。根据发达国家的成功经验,成熟的临空经济中,航空研发、制造业一般占有较大的比重,而且我国一直积极推进民用航空产品的自主研发和创新,可以作为廊坊市临空经济区未来拓展考虑的主要方向。

四、结论

北京新机场是和首都国际机场一样,定位为综合性大型国际枢纽机场,预计 2025 年的吞吐量达到 4500 万人次,新机场的建设将会带来巨大的区域经济效应。本文从机场经济的作用机理出发,综合运用三维空间结构模型,构建了机场临空经济三维空间结构模型,并结合新机场及廊坊的实际情况,对新机场临空经济进行分析,在此基础上,从时间、空间、临空产业三个方面给出了北京城南拓展为廊坊发展所带来的机遇，为廊坊发展经济提供了理论指导。

参考文献

[1]郝素利. Design of Internal Control Risk Management System of Coal Mining Enterprises Based on Systems Engineering. Advanced Materials Research (EI),2012. 3

[2]孙淑芬. 民航运输机场社会经济效益评价研究[C]. 天津大学博士论文,2011. 4

[3] 周游. 首都机场对区域产业结构的影响研究[C]. 北京交通大学硕士论文,2012. 6

[4] 曹允春. 临空经济演进的动力机制分析[J]. 经济问题探索,2009 (5)

[5] 廊办发〔2013〕9 号文件. 周本顺同志在廊坊调研座谈时的讲话. 2013(4)

经济增长效率视角的环京津区域经济创新驱动发展①

刘凤祥②

【摘要】:应用经济增长效率的测度模型,科学地测算了河北省近年的经济增长效率,并对其进行了客观分析,结果表明近年河北省经济是高投入、低效率的发展模式。而此问题的解决有赖于创新驱动发展战略的实施,鉴于此,从新的思维习惯、自主创新、创新型人力资本积累、金融创新、更新产业发展思路、制度创新六个方面提出了创新驱动下的河北省经济高效率发展策略。

【关键词】:经济增长　增长效率　效率测算　创新驱动

效率和创新一直是经济领域的热点问题,也吸引了各界的广泛关注。党的十八大报告指出的,我国必须"实施创新驱动发展战略","推动经济更有效率、更加公平、更可持续发展"。作为环京津地区的河北省,为了扭转高投入、低效率的粗放型经济发展方式,也提出了"解放思想、改革开放、创新驱动、科学发展"的经济和社会发展主题。其中创新是动力源泉,科学发展是目标。而科学发展的重要的特征之一就是创新驱动下的高效率的发展。显然,基于经济增长效率的视角来研究区域创新驱动发展问题,对环京津及相关地区的经济社会发展具有重要的现实意义。本文拟在科学测算和分析河北省经济增长效率的基础上,探讨其创新驱动发展问题。

一、经济增长效率测度模型

刘凤祥(2011)在《区域经济增长效率测度研究》一文中提出了测度单一

---

① 河北工业大学廊坊分校,2013 年度河北省社会科学发展研究课题"经济效益视角下的河北省转变经济发展方式研究"(课题编号:201303105)。

② 刘凤祥,副教授,产业经济学博士,系副主任,研究方向为区域经济与产业发展。

区域经济增长效率的完整模型,这一模型具有模型简单、意义明确、无需进行过多的前提假设、适用于单一区域情形等优点,本文采用这一模型来测度河北省近年的经济增长效率。根据该模型,总产出增长被分解为五个因素的变动效果:

$$g(Y) = \alpha g(L) + \beta\lambda\varphi g(B_M) + \beta\lambda\rho g(R_L) + \beta\eta\theta g(R_K) + \beta\eta\delta g(Q_M) \tag{1}$$

其中 $g(Y)$ 为总产出增长率,$g(L)$ 为总劳动力投入数量变动变量,$g(B_M)$ 为产业人均资本变动变量,$g(R_L)$ 为劳动力产业间配置变动变量,$g(R_K)$ 为资本产业间配置变动变量,$g(Q_M)$ 产业产出资本比变动变量。式(1)的推导过程及各变量的具体测算公式详见原文。式(1)的前两项之和反映了所有要素投入数量变动产生的经济增长效应,称之为全投入数量变动的经济增长效应,它包括总劳动力投入数量变动的经济增长效应[简称 $g(L)$ 效应]、产业人均资本变动的经济增长效应[简称 $g(B_M)$ 效应]。其余三项之和为全部投入要素的经济增长效率,简称为全经济增长效率。显然,全经济增长效率包括了劳动力产业间配置变动效率、资本产业间配置变动效率、产业产出资本比变动效率,三者分别简称 $g(R_L)$ 效率、$g(R_K)$ 效率、$g(Q_M)$ 效率。

二、数据来源及处理

关于产出,以河北省全省及各产业的实际地区生产总值(1978 年价)作为度量指标,处理方法为:用历年的《河北省经济年鉴》[2]公布的各产业名义地区生产总值及其指数,计算得出各产业的实际地区生产总值(1978 年价),再考虑到年鉴中数据的四舍五入误差,全省实际地区生产总值由各产业实际地区生产总值相加得出。各产业产出的结构指标采用实际地区生产总值计算得出。

关于资本投入数量,本文采用张军(2004)的方法,即选用固定资本形成总额作为当年投资的合理指标,并按照永续存盘法进行处理后作为当年的资本投入数量指标。计算过程中,资本投入数据采用《河北省经济年鉴》公布的固定资产投资价格指数进行了缩减。

全省及三次产业的劳动力投入数量相关数据来自历年的《河北省经济年鉴》,并以“本年年底就业人员数与上年年底就业人员数的算术平均值”作为本年度的劳动力投入数量指标。

本文涉及的产出、资本等价值指标均按 1978 年价格计算，文中不再赘述。

三、近年河北省经济增长及其效率分析

（一）近年河北省经济增长态势

图1 描述了河北省近年的地区生产总值实际经济增长速度。可以看出，2006 年以来河北省经济增长速度较高，一直维持 10% 以上的增长速度，年平均增长速度达到 12.17%。但地区生产总值及各产业增加值的增长速度（见表1）均呈总体下降的趋势，虽然在 2010 年出现了较大幅度的提高，但 2011 年又开始出现下降趋势。这说明近年河北省已经出现了经济增长乏力的苗头，若不采取相应措施，可能会造成进一步下滑。

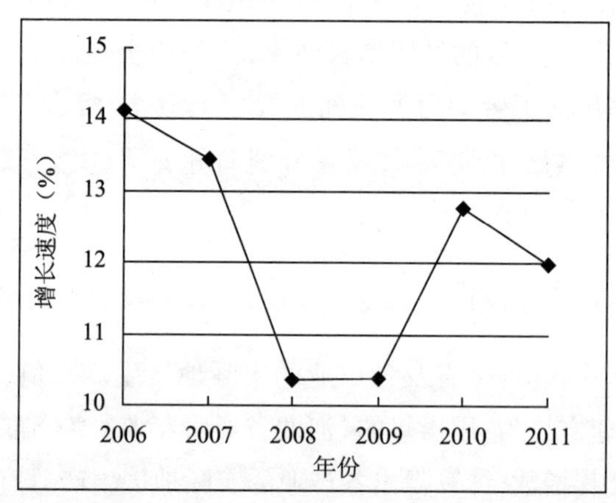

图1　河北省 2006－2011 年实际地区生产总值经济增长速度

从表1 可以看出，各产业增长差异明显，各年第一产业增长最慢，年平均增长速度仅为 4.15%，各年第二、三产业明显快于第一产业，年平均增长速度分别达到 12.82% 和 12.41%。上述增长过程使得第一产业比重呈明显下降态势，而第二、三产业比重则总体呈上升态势。这说明河北省产出结构高度化趋势明显。

表1　河北省2006－2011年各产业产出、产出比重增长速度

单位：%

年份	产出增长速度			产出比重增长速度		
	一产	二产	三产	一产	二产	三产
2006	4.98	15.10	14.30	－8.01	0.86	0.15
2007	4.02	14.10	14.10	－8.31	0.58	0.58
2008	4.89	10.50	11.10	－4.95	0.12	0.67
2009	3.30	10.50	11.40	－6.42	0.10	0.92
2010	3.49	13.40	13.10	－8.24	0.56	0.29
2011	4.21	13.40	10.50	－6.95	1.26	－1.33
年均	4.15	12.82	12.41	－7.15	0.58	0.21

（二）近年河北省经济增长效率分析

根据前述模型和数据，可以测算河北省近年经济增长中各因素效应、效率指标及其贡献，进一步对其进行分析，可以得出以下主要结论：

（1）经济增长对投入增加的依赖性过高，全经济增长效率过低且其贡献总体呈下降态势。由表2的测算结果可以看出，近年河北省的经济增长主要依赖于要素的投入增加，其各年贡献均达到82%以上，而年均全经济增长效率的贡献低于18%，而且全投入数量变动的经济增长贡献还呈总体上升趋势，相应地，全经济增长效率的贡献则总体呈下降趋势。尤其是最近4年，全经济增长效率及其贡献为负值，这意味着，如果从GDP增长中扣除全投入数量变动的经济增长效应，河北省的经济增长速度会大大降低，甚至可能是负增长。可见，经济增长效率过低已经成为制约河北省经济增长的重要问题。

表2　全投入数量变动的经济增长效应和全经济增长效率及其贡献

单位：%

年份	全投入数量变动的经济增长效应	全经济增长效率	全投入数量变动的经济增长贡献	全经济增长效率的贡献
2006	11.70	2.42	82.86	17.14
2007	12.14	1.30	90.34	9.66
2008	13.24	－2.88	127.75	－27.75
2009	14.55	－4.16	140.06	－40.06
2010	14.30	－1.52	111.92	－11.92
2011	13.77	－1.78	114.85	－14.85

(2)要素投入增加中过分依赖于资本的投入的增长。由表3和表4的测算结果可知,产业人均资本变动 $g(B_M)$ 的经济增长效应及其贡献远高于总劳动力投入数量变动 $g(L)$ 的经济增长效应和贡献。尤其在最近2008-2009年中,$g(B_M)$ 的经济增长贡献超过了100%,这说明产业人均资本增长已经超过了经济增长速度,出现了明显的过度投资。因此,如何改变以高资本投入增加为特征的粗放型增长模式,已经成为河北省亟待解决的问题。

表3　五种因素变动的经济增长效果

单位:%

年份	g(L)效应	$g(B_M)$效应	$g(R_L)$效率	$g(R_K)$ 效率	$g(Q_M)$ 效率
2006	1.32	10.39	2.83	0.06	-0.47
2007	1.34	10.81	2.55	0.32	-1.57
2008	1.59	11.64	1.69	0.46	-5.02
2009	1.73	12.82	0.96	0.12	-5.25
2010	1.86	12.44	1.30	-0.43	-2.39
2011	2.23	11.54	1.78	-0.52	-3.04

表4　五种因素变动的经济增长贡献

单位:%

年份	g(L) 贡献	$g(B_M)$ 贡献	$g(R_L)$ 贡献	$g(R_K)$ 贡献	$g(Q_M)$ 贡献
2006	9.33	73.53	20.07	0.42	-3.35
2007	9.96	80.37	18.98	2.39	-11.70
2008	15.39	112.36	16.33	4.41	-48.49
2009	16.67	123.40	9.24	1.19	-50.50
2010	14.57	97.35	10.20	-3.39	-18.73
2011	18.61	96.25	14.83	-4.36	-25.32

(3)产出资本比下降问题严峻。从表3和表4的测算结果可以看出,产业产出资本比变动 $g(Q_M)$ 的效率及其贡献一直为负值,尤其是2008-2009年,其对经济增长的贡献分别为-48.49%和-50.50%,严重阻碍了经济增长和经济增长效率的提高。上述分析说明,资本的产出效率(产出资本比)下降问题已经非常严峻。如果结合上面对 $g(B_M)$ 贡献的分析结论,不难看出,这应该是由于资本投入增长过快造成的。

(4)资本产业间配置变动方向有“由合理向不合理的转变”的趋势。

2006—2009年的 $g(R_K)$ 效率及其贡献为正值，说明资本产业间配置的变动有利于经济增长，但其贡献微弱（低于4.41%），而最近两年其值为负，说明资本产业间配置变动方向发生了向不合理转变的趋势，这值得警惕。

（5）劳动力产业的配置变动方向合理。从表3和表4的测算结果可见，$g(R_L)$ 效率和贡献均为正值，这说明近年来劳动力的产业间流动对经济增长具有促进作用，其流动方向处于合理状态。同时，$g(R_L)$ 对经济增长的年均贡献也高于其他两个效率因素的贡献。

综上所述，就产出的速度和结构来讲，河北省经济增长态势基本良好，这主要表现在具有较高的增长速度，同时产业结构高度化趋势明显。但就经济增长效率而言，除了劳动力配置变动方向基本合理外，其他方面仍存在亟待解决的一些问题，主要是全经济增长效率过低且其贡献呈明显下降态势；经济增长对投入增加的依赖性很强，尤其是过分依赖于资本投入的增加，造成产出资本比下降明显；资本产业间配置变动方向有待进一步调整。

四、创新驱动下的河北省经济高效率发展策略

由前面的分析可见，目前河北省经济发展仍是一种高投入、低效率模式。诚然，加大投入力度对促进经济增长能够起到立竿见影的效果，尤其是在资源和环境承载能力允许、经济基础薄弱、产品短缺的时期，加快投资、提高产能是必要的。但是，新的时期面临的形势是：人们对产品的需求不再是原来的"有无"问题，更主要的是对产品种类、质量、款式、新的功能等的更高的要求；资源日益短缺；环境承载能力明显下降；制造成本上升。在这种形势下，如果继续沿着高投入、低效率的旧的模式发展，必然造成结构性的产能过剩，不仅无法很好满足社会需求，也会进一步造成资源浪费严重、环境污染加剧、区域经济竞争力持续下降，经济发展也将是不可持续的。因此，河北省各界必须树立新的发展思维，创新发展模式，实施在创新驱动下的高效率发展战略，才能实现经济和社会的科学、可持续发展。

（一）增强紧迫感，形成新的思维习惯

客观来讲，河北省各界已经认识到高投入、低效率发展的弊端，也认识到了创新和效率在经济发展中的重要意义。但在实际工作中，一些地方政府、部门及微观经济实体似乎形成了这样一种习惯思维：加大投入是推动增长的有效措施，因此，为了促进经济增长，就要加大投入。出现这种认识与

行动的"两张皮"现象,其根本原因在于对地方或部门利益考虑过重,对转变经济发展方式的紧迫感不足,造成行动明显滞后于认识,新的思维习惯难以形成。因此,河北省各界必须增强紧迫感,强化以创新为驱动的高效率发展意识,尤其重要的是,要在实际工作中时刻绷紧这根弦,使之成为新的思维习惯。

(二)加快技术进步步伐,提高自主创新能力

技术的进步有利于资本产出比效率 $g(Q_M)$ 的提高,起到节约资源,保护环境的作用,同时可以带动劳动力资源和物质资源在各产业间更合理地配置,促进经济系统的 $g(R_L)$ 效率、$g(R_K)$ 效率提高。因此,加快技术进步可以在突破资源瓶颈方面发挥重要作用,同时也是促进区域经济高效率增长的动力源泉。对发展中国家或地区而言,技术进步可以通过两条途径展开,一是自主创新;二是技术引进。从长远利益出发,发展中国家或地区必须"更快地实现技术进步路径从技术引进向自主研发为主的转变"[3]。否则,一旦新的核心技术先由先发国(或地区)开发成功,发展中国家和地区的理性选择只能是重新进入技术引进与模仿模式,从而始终处于技术相对落后状态。

因此,对于河北省而言,应该尽快基于现有的基础和比较优势,以提高自主创新能力、破解经济社会发展中的瓶颈为目标,加大财政金融支持和政策引导,建立科技创新联盟,深化战略引进与合作创新,有选择地开发具有自主知识产权的核心技术,力争尽快在部分关键领域和优势产业中取得突破,增强产业的核心竞争力,尽快形成"产学研金介"相结合的科技创新体系,以创新为驱动实现经济的高效率发展。

(三)加快创新型人力资本积累,提高人力资源配置效率

理论和实践证明,人力资本是科技创新与进步的核心要素,也是影响经济增长效率的重要因素之一。而河北省是我国人口大省之一,其人口总数长期在全国位居前列,从数量来讲,人力资源相当丰富。如果人力资源质量有所提高,这将是一笔巨大的人力资本财富。同时,河北省包围着我国人力资本密集的两个直辖市——北京和天津,这也为河北省引进高素质人力资源提供了非常便利的条件。河北省应该充分利用这两个优势,坚持引进与培养相结合的策略,迅速积累高质量的创新型人力资本。

同时应该打破劳动力市场和人才市场的人为分割,建设统一、开放、竞

争、有序的人力资源市场,提高人力资源配置效率,尤其要重视创新型人才有效配置与流动,使之在河北省以创新驱动的高效率发展中发挥巨大作用。

(四)加快金融创新与发展,充分发挥其资源配置功能

以创新驱动的高效率发展离不开金融体系的支持。良好的金融体系既能够为社会生产、科技创新和技术进步组织大规模的投资来源,并且具有良好的资源配置功能,从而促进经济增长效率的提高。因此,河北省应该加快金融业的创新与发展,充分发挥金融在现代经济中的先导和杠杆作用,使之成为创新驱动的高效率增长的重要力量。

(五)更新产业发展思路,提高产业发展水平

宏观的经济增长毕竟还是要通过产业的发展才能实现的,因此,宏观的经济增长效率状况取决于各产业的发展状况。河北省各产业的产出资本比和增长速度如表5。可见,2007 年以来,各产业产出资本比增长率均为负值,这是造成各年 $g(Q_M)$ 效率均为负值的主要原因,但对于不同产业而言,造成这种情况的原因不尽相同。

第一产业主要问题是:农林牧渔业所依赖水土资源短缺,基础设施老化,生产科技水平不高,这造成近年来第一产业产出资本比呈逐年下降趋势;加之第一产业投资不足,从业人员比重大、整体素质低,形成了"较多的低素质劳动力使用较少资源"的局面,也制约了生产效率的提高。因此,河北省应该在重视水土资源保护的前提下,创造条件大力发展以较高产出资本比为重要特征的现代农林牧渔业,提高第一产业的产出资本比;同时,加快高水平的城镇化建设,促进劳动力向非农产业转移。

表5　河北省 2006－2011 年各产业资本产出比及其增长速度

年份	资本产出比			资本产出比增长率(%)		
	一产	二产	三产	一产	二产	三产
2006	0.55	0.91	0.37	-5.18	0.05	-0.42
2007	0.53	0.89	0.37	-5.09	-1.79	-0.40
2008	0.50	0.84	0.36	-5.25	-5.68	-3.23
2009	0.46	0.79	0.34	-7.78	-5.33	-4.13
2010	0.43	0.78	0.33	-6.95	-1.16	-3.78
2011	0.40	0.78	0.31	-5.98	-0.95	-6.17

第二产业,尤其是工业竞争力不强,增长方式粗放。表现为技术水平不高,核心技术、关键技术受制于人,部分行业盲目投资、低水平扩张,增长方式粗放,这造成近年来河北省第二产业的产出资本比呈逐年下降趋势。因此应该着重进行传统产业的技术改造和战略性新兴产业的培育,一方面可以达到提高技术水平的目的,另一方面也有利于尽快掌握关键、核心技术。在此基础上,通过淘汰落后产能、加快产业集聚,又有利于避免经济实体在部分"落后产能"行业的盲目投资、低水平扩张。上述措施无疑都利于降低增长方式粗放性,提高产出资本比,进而促进经济增长效率的提高。

对于第三产业而言:首先,目前各产业中第三产业的产出资本比是最低的(见表5),应该重点提高第三产业的产出资本比,以促进 $g(Q_M)$ 经济增长效率的提高;其次,虽然各产业中第三产业的产出资本比最低,但人均资本是最高的(见表6),因此其规模的扩张不宜继续依赖增加资本投入,而是应该适度控制其资本投入规模,通过发展部分现有的或新型的产出资本比较高的行业来提高其产出资本比;再有,由于目前第三产业的资本是最丰裕的(人均资本最大),同时劳动力投入比重却是最小的(见表6),因此,应该进一步引导劳动力向第三产业转移,从而促进 $g(R_L)$ 经济增长效率的提高。

表6 河北省2006-2011年各产业人均资本及劳动力投入比重

年份	人均资本(元/人)			劳动力投入比重(%)		
	一产	二产	三产	一产	二产	三产
2006	2621	21883	30716	43.04	29.62	27.35
2007	2952	24380	33673	41.33	30.48	28.20
2008	3317	27478	37351	40.09	31.18	28.73
2009	3718	31144	42192	39.38	31.57	29.05
2010	4159	34557	47930	38.44	32.05	29.51
2011	4673	37770	54210	37.10	32.84	30.06

(六)加快制度创新,为以创新为驱动的高效率发展保驾护航

良好的制度能够促使经济活动有序、高效率地运行,因此,河北省应该通过制度的不断创新与完善,为以创新为驱动的高效率经济发展保驾护航。

首先,目前我国的经济发展政策是有利于河北省经济发展的,因此,河北省应该顺应国家宏观经济政策导向,按照《中华人民共和国国民经济和社

会发展第十二个五年规划纲要》中提出的十个政策导向展开制度创新。

其次,要注重区域合作中的制度创新。对河北省而言,与其有关的经济区域可以更具体地划分为三类:第一类是河北省与其他省级行政区域形成的经济区域,如京津冀经济一体化区域;第二类是省内、外小于省级的行政区域形成的经济区域,如北京部分县级单位与河北省环北京部分县级单位形成的经济区域;第三类是省内部分地区形成的经济区域。对于上述第一类经济区域,应该在省政府或相关省级主管部门的推动下,建立省际的对接机制和相应规范;对于第二种类型,应该在省级职能部门的指导和协调下,鼓励省级以下区域与省外相应区域建立直接对接机制和规范;对于第三种类型,应该由省级有关部门与经济区域内相关部门共同规划,并建立和完善相关制度与政策。

再有,要明确政府和企业在制度创新中的作用。河北省在制度创新与完善过程中,一方面要充分发挥政府的主导作用,同时也要使企业尽可能多地参与到制度创新过程中来,避免回归到传统的计划经济模式,避免政府部门"单打一"现象的出现,这也有利于制度的顺利推行。

参考文献

1. 刘凤祥．区域经济增长效率测度研究[M]．武汉:武汉理工大学．2011

2. 丁树桁．技术进步路径选择:理论及中国的经验研究[J]．工业技术经济，2005(4)

3. 河北省统计局．河北经济年鉴．北京:中国统计出版社．各年

实现廊坊市经济社会发展绿色崛起的途径

张永翊[①]　王　倞[②]

【摘要】:通过主动转变城市经济社会发展方式,将各种发展资源应用于城市的绿色崛起、绿色发展,以寻求新的增长点,是具有现实意义的研究课题。通过对实施绿色崛起的目标价值、廊坊市实践绿色崛起的发展准备以及廊坊市绿色崛起中的关系处理所做的分析,提出了着力发挥政府导向作用、努力提高行业发展水平、持续提升绿色生活质量等实现廊坊市绿色崛起的路径。

【关键词】:绿色崛起　价值目标　发展转型　途径选择

一、实施绿色崛起的目标价值

廊坊市在环首都经济圈中率先实践绿色崛起具有十分丰富的内涵,不仅包括生产、流通、消费在内的城市经济社会活动,亦包括能够体现绿色思维方式与价值观念的城市管理制度、城市建设规划等。绿色崛起不仅是廊坊市深入推进可持续发展的实践要求,更是城市文明进步的具体表现和城市发展的方向。因此,不仅要实现经济产业领域的绿色发展,也要实现在社会领域、文化领域的绿色发展,应将城市发展的绿色水平作为指导和检验城市参与区域发展与协作绩效的重要指标,使绿色崛起成为廊坊市鲜明的城市发展特点。

(一)促进城市经济社会发展路径的优化

绿色发展是以人为本、以环境为本,以提高公民生活质量为目标的经济

---

① 张永翊,河北工业大学廊坊分校副教授,廊坊市应用经济协会副会长。

② 王　倞,唐山师范学院经济管理系讲师。

形态,较之以往的经济形式,它不再片面强调人对于物质资源占有规模的大小和占有能力的高低,而重点强调民众的经济行为须以基于人和环境相协调的永续发展作为基本原则。

在绿色崛起中,行政主体通过绿色思维促进转变政绩观来实现绿色引领,生产者通过主动采用绿色生产方式推动绿色经济发展,消费者通过建立良好的绿色消费习惯影响并带动绿色生产。行政引领、生产推动、消费拉动,三方力量所形成的"绿色"合力,将彰显在注重代际收益、区域生态平衡基础上的城市经济社会的优化发展。

(二)助力城市发展绩效水平的提升

绿色发展主要是以新能源为代表的低碳技术与低碳产业为基本载体,以有利于实现人与自然和谐发展的绿色产品、绿色贸易为城市产出,以"绿色投资"为金融支撑,以市民生活消费的低碳化、节能化为重要标志。在实现绿色崛起中,通过以减少碳排放、环境污染为手段的"浅绿色"途径和以循环利用废弃物为途径的"深绿色"途径,形成技术创新与发展,以此助力城市发展绩效水平的全面提升。

二、廊坊市实践绿色崛起的发展准备

(一)廊坊市实现绿色崛起的紧迫性

1. 城市发展阶段特点的要求

廊坊城市建设已进入到注重经济质量和生活品质双提升的发展阶段。随着高质量教育的不断普及、市民文明素养的持续提升,人们深刻意识到城市生态环境质量与公民自身生活方式的选择存在着极其重要的关联,由此产生出源自市民阶层的对于实施城市经济社会"绿色"发展的强烈诉求,这成为廊坊市实践绿色崛起的重要推动力。

2. 产业转型发展的要求

廊坊市实现经济社会快速发展的首要任务是主动加快自身产业结构调整,优先进行产业转型。一方面,加速改造传统产业,重点实施传统优势产业的技术改造和技术升级,通过产品的"绿色"升级和新品研发,推动传统优势产业向产业链高端集聚;另一方面,积极推动战略性新兴产业的发展壮大,拓展对接京津的现代装备制造、新材料、生物技术、信息技术、节能环保、文化创意等战略性新兴产业。这种产业转型发展的诉求,形成了实现绿色崛起的基础性内生动力。

3. 区域生态发展态势的要求

京津廊在华北平原中北部区域形成了空间上的"△",京、津、廊三市在生态环境上相互影响、相互作用,形成了稳定的空间均势结构。廊坊市基于区位条件产生的生态价值和环境影响力,在京津实施环境治理、产业升级的外力作用下,对廊坊市的绿色发展产生了强烈的外在驱动,使廊坊市实施绿色崛起成为必然的选择。

(二)廊坊市实施绿色崛起的基础要素

1. 绿色发展方式

自"三年大变样"、"三年上水平"实施以来,在积极实现环首都经济圈中率先崛起和主动对接京津高端城市发展的背景下,廊坊市在实施城市经济社会发展方式转型中,进一步将发展绿色经济、构建绿色产业等生态经济确立为新一轮经济增长的重要创新要素,将绿色发展作为决定新经济发展质量的重要基因。通过坚决淘汰落后产能、新建符合环境要求的技术项目等途径,其区域生态优势凸显,绿色发展成效日渐显现。

2. 绿色产业园区

依托优质的区位条件,廊坊市在承接京津产业转移、对接及保障京津市场中,形成了若干较高等级的经济技术开发区,重点发展了机电行业、轻纺行业、生物工程与医药、精细化工行业、食品行业、新兴产业、商贸金融等服务行业;廊坊市现代农业发展初具规模并形成自身特色,北三县、中部板块等空间已成为重要的都市型现代农业区,其产品影响力、竞争力得到逐步提升,现代农业产业化经营优势明显,区域品牌价值亦逐渐形成。依托于现代产业、低碳产业等业态,由产业集中、集聚所形成的绿色产业园区成为绿色崛起的重要基础性条件。

3. 绿色金融保障

近年来,廊坊市在环首都区域率先推广绿色信贷、绿色保险,为服务于京津和省内重点区域生态文明建设提供了重要的优质资金保障。全市金融系统合理支持重点企业、重点项目的生态化建设与技术改造升级;各级金融保险、行政监管等部门均按照"开展市辖范围环境污染责任保险试点"的要求,积极探索绿色发展责任保险机制。目前,廊坊城市各领域类别的项目建设绿色基金计划已开始分步骤启动。

4. 绿色生活方式

廊坊市在国内中等城市中率先通过“ISO 14001 环境管理体系认证”，成为“ISO 14000 国家示范区”，获得“中国优秀旅游城市”、“全国文明城市创建工作先进市”、“中国人居环境范例奖”、“国家环保模范城”、“国家园林城市”等一批国家级荣誉。随着环首都绿色经济圈建设的不断深入，主动对接京津配套改革的纵深推进，廊坊市的绿色发展已经从经济建设领域向社会其他领域延伸，从政策思路深化为价值理念、从生产方式延伸为生活方式。廊坊市民的出行、居住、消费等方式在潜移默化中主动融入绿色元素，如：主动选择有助于公众健康及城市环境质量的绿色消费，通过优化公共交通体系、实施低碳出行、优化城市路网布局及技术支撑实现绿色交通，建设注重环保、节约资源能源、公共设施可持续利用的绿色建筑等，这些为廊坊市绿色崛起奠定了重要的发展基础。

三、廊坊市绿色崛起中的关系处理

（一）政府主导与市场推动

实现基于绿色崛起的廊坊市经济社会的高质量发展，应充分发挥政府的主导作用，积极推进服务于绿色崛起的各项“新政”，在城市发展规划、政策、法规、评价标准等方面积极推动绿色崛起实践。同时，要建立健全有利于城市资源节约、环境友好的“两型化”长效机制与运行体制，不断完善市场机制，形成充分反映市场供求关系、资源消耗状况、环境损害成本的生产要素和资源价格的新机制，充分发挥市场在绿色崛起中的调节功能。

（二）党政齐抓与社会参与

在绿色崛起实践中，要构建政府、企业、社会相互合作和共同行动的转型发展新格局。要加快建设并完善符合城市绿色发展内在要求的领导干部考核和城市经济社会发展的评价体系、监管体系、考核体系等，使绿色发展、清洁生产、集约经营、低碳消费等成为各级党政部门的自觉要求。廊坊市属各相关党政部门要积极主动做好对绿色发展的履职工作，形成纵向联动、横向联合的协作机制。通过提高全社会的节约意识、生态意识，将经济杠杆与社会公益教育相结合，在城市生活中，积极倡导节俭、文明、适度、合理的消费理念，倡导绿色消费等现代消费方式，最终形成党政科学谋划、着力推进，企业积极支持、主动转型，市民广泛参与、普遍关注的格局，依靠多元主体的合力推进廊坊市绿色崛起。

（三）大处着眼与小处入手

廊坊市实现绿色崛起需首先从大处着眼，集中力量抓重大项目、重要领域的转型发展与结构升级，以优质项目的实施运作，强力带动全市绿色崛起的实施进程。同时，更需从小处、实处着手，将城市经济社会发展的绿色转型作为起点，通过一系列切实可行的措施，全面促进城市经济社会各领域、各细节对于绿色发展理念的严格遵循，优质践行城市绿色发展要求。

（四）示范试点与全面推进

实现廊坊市经济社会发展的绿色崛起，是全市各层级、各单位的共同利益，发展中，要做好重点示范单位的引领和带动工作，及时总结、完善和推广绿色崛起经验，推动城市转型发展。同时，各产业、行业、企业、单位、社区等应注重从自身情况、特点等出发，围绕绿色目标，通过经济、行政、文化等手段，实施节能减排工作，支持节能公共设施改造，推行节能消费，积极探索节约资源、保护环境的绿色发展模式和绿色消费模式，使绿色崛起由理念要求变为市民主体的实际行动。

四、实现廊坊市绿色崛起的路径

（一）着力发挥政府导向作用

绿色崛起，规划先行。以科学编制绿色规划作为发挥政府导向作用的基础性工作，通过区域科学规划，发展“绿区”、城市绿地等，打造实现廊坊市绿色崛起的平台。

1. 科学规划发展绿区

将与京津接壤的县市区先行划定为全域发展的“绿区”，区内以都市型现代农业、科技环保产业等作为重点业态。重点挖掘生态旅游、体育休闲、园艺博览、休闲度假、高新技术研发以及都市型现代农业等服务性功能。在项目引入上，应坚持“要金山银山，更要绿水青山”的原则，设置高准入门槛，积极引导低能耗、高产出、无污染的高端产业进入“绿区”。实现绿色辐射、绿色渗透、绿色对接，有效形成服务于京津市场高品质的产品供应和建成具有良好生态影响的“绿色护城河”。

2. 有效丰富城市绿地

在城市绿地的建设规划中，充分体现对市民全面关怀的规划思想。认真评价已建成和规划建设的区域公园，包括市级公园、区级公园、社区公园、绿化小区、线状绿地等，根据各类绿地的功能、服务范围考察百姓对城市绿地的满意程度，判断各人群对绿地的享有状态，将调整和优化建设规划作为指导城市绿地开发、建设与管理的基础 。

(二)努力提高行业发展水平

1. 积极推进低碳生产模式

加快创建绿色企业，使其成为廊坊市绿色经济发展最有活力的载体。严格实施生产领域和社会发展领域的强制性审核机制，通过企业、行业、产业等的先行试点，建立起有助于实现绿色崛起的新模式。政府部门应加大对清洁生产和循环经济企业的扶持力度，提高污染损害补偿费用，制定绿色社会融资制度。

2. 积极实践绿色产业共生

以产业共生系统理论为指导，在绿色产业集聚区域积极引入不同类型的产业，补充和延长绿色产业链条，通过产业链的前向环节与后向环节间的联动效应，通过产业共生系统作用的发挥，充分实现绿色产业资源利用综合效益的最大化和能耗污染的最低化。

3. 积极扶植新兴行业发展

确立廊坊市在环首都经济圈中绿色产业高地的地位，突出发展金融、技术、信息等现代服务业，重点发展与周边城市产业合作的生产性服务输出，形成一大批新兴的现代服务业支柱产业。

4. 积极实现人才资源配套

充分发挥京津的教育辐射优势，加快对绿色发展人才的选拔与培育，全面提高人们实现绿色创业与绿色就业的适应能力、发展能力。根据绿色产业发展趋势，系统设计和调整教育结构，积极开发本地教育资源，形成创新型教育模式，发展服务于现代制造业、现代服务业、现代农业的职业教育。培养不同行业、不同类型、不同层次的城市绿色崛起的建设者，逐步提高绿色产业人才在从业人员中所占的比例。

（三）持续提升绿色生活质量

广泛深入地开展以绿色生活等为主题的廊坊市民消费理念升级活动，积极弘扬科学合理、健康向上、资源节约、环境友好的生活文化，使绿色发展理念得以树立，使绿色生产、生活方式得以深化。

1. 普及绿色消费

优化消费行为，构建健康科学的消费新模式，改变面子消费、过度消费等不良消费习惯，促使城市居民的消费模式向绿色消费转型，鼓励引导消费者购买和使用绿色交通工具，通过财政补贴等方式推广节能市政灯具、太阳能等新能源设施的应用，在吃、住、行、购、娱等行业制定和实施绿色消费标准，使市民养成按绿色标准行事、以绿色消费为习惯的生活氛围，在全社会营造出绿色生活环境。

2. 打造低碳社区

通过形式多样的绿色社区创建活动，获得市民对绿色崛起的支持。在清洁能源、绿化美化、垃圾处理、雨水回收、中水利用、电力照明等领域积极融入绿色技术，有计划地对社区实施建筑节能、保温改造。引导和影响社会公众使用节能环保型生活用品、小户型选购、简约化室内装修等。

参考文献：

[1]张登国，高原．家庭碳排放视角下的中国绿色城市建设研究[J]．山西财经大学学报，2011(3)

[2]李麟学．基于绿色城市模式的两型社会构建[J]．中国发展，2009(6)

[3]李向阳，李瑞晴．低碳城市理论研究述评[J]．现代城市，2010(4)

[4]刘薇．区域生态经济理论研究进展综述[J]．北京林业大学学报(社会科学版)，2009(3)

[5] 侯景新，郭志远．低碳城市建设的对策研究[J]．生态经济，2011(3)

环首都绿色发展的财政支撑战略

李春山[①] 程广翔[②]

【摘要】:我国"十二五"规划把环首都经济圈建设确立为国家发展战略。中共河北省委、省政府按国家"十二五"规划的部署,全方位制定了环首都经济圈的实施计划。河北省财政厅结合国民经济公共预算的功能作用,经过广泛深入的调研,提出"环首都绿色发展的财政支撑"战略。文章针对环首都经济发展的现状,以产业结构优化调整出发,从进一步完整财政预算机制,创新财政投入结构,提出了相应的应对举措,对于环首都绿色发展具有重要的环实意义。

【关键词】:环首都经济 绿色发展 支撑战略 运行机制 研究

环首都绿色经济圈的提出,其目的是站在国家战略的高度,为首都发展减压、为河北发展增添活力拓展空间。环首都绿色经济圈的建设事关河北省经济的长期发展,事关河北省产业结构的优化调整。这就要从环首都绿色经济圈的中心——北京出发,全面的对环首都绿色经济圈的环境现状进行分析,确立环首都绿色经济圈的定位与功能定位,因地制宜,形成战略节点,结合生态补偿,建构绿色环境,正视环首都绿色经济圈建设面临的问题,制定切实可行的环首都绿色经济圈规划目标,关键是在环首都经济圈建设中,进一步完善财政管理体制与运行机制,在财政投入的布局结构上,优化资源配置,制定与环首都绿色发展相适应的财政支撑战略。

---

① 李春山,河北省廊坊市人大常委会副主任。

② 程广翔,河北省廊坊市政策研究室主任。

一、环首都绿色背景

(一)简介

环首都14个县(市、区)总面积30093.0平方公里,占河北省总面积的15.9%;总人口516.6万人,占河北省总人口的7.3%。2010年该区域的生产总值仅占全省比重的6.5%(1306.3亿元);社会消费品零售总额仅占全省比重的6.8%(455.8亿元)。

(二)环首都绿色经济圈的研究背景

(1)总结了河北省的发展特点和优势,环首都地缘优势不可复制,河北环绕北京,有着其他任何区域所不可比拟的独特优势,这也是最大的优势。从燕郊、涿州等地的经验看,建设环首都经济圈,能够有效承接首都产业转移和功能分散,接受首都人才、技术、信息等高级要素的溢出,迅速提升河北省发展水平。同时,随着环首都经济圈的成型和发展,我们还可以将其打造成为整合全球资源的战略平台,广泛承接全球产业和技术转移,建设成为全省最开放的地区,并通过梯度辐射带动河北全省又好又快发展。

(2)借鉴了世界一些发达国家的先进经验,首都经济圈不仅仅是一种经济现象,更是一种经济规律,从世界各个国家的发展历程来看已经证明了这一点。首都经济圈作为优质生产要素富集的特殊载体,已成为当今世界最活跃的区域经济中心。几乎任何一个国家都有首都经济圈,目前,许多国家的首都经济圈创造的生产总值占国家的三分之一以上。

(3)顺应北京建设世界城市的发展需求,北京建设世界城市离不开环首都地区的支持。近年来随着经济社会的快速发展,北京像许多国家的首都一样,出现了人口膨胀、交通拥挤、资源紧张、房价高涨、发展空间受限、改善生态环境压力加大等突出问题。借鉴国际经验,分散首都功能势在必行。河北环抱首都,有责任、有义务、也有便利条件为首都疏解压力。

(4)破解环首都贫困带难题,促进区域协调发展。长期以来,环首都地区经济发展落后,仅张家口、承德、保定3市就有20多个贫困县,且与北京的发展差距逐年拉大。环首都贫困带的形成,有自然、历史等多种原因,其最主要的原因在于首都生态涵养功能要求与当地贫困地区经济社会发展之间的矛盾。解决贫困问题的关键在于由外部“输血”转向自身“造血”,增强其内生的发展能力。必须加快建设环首都绿色经济圈，大力探索绿色经济新模式，才有望实现生态改善与经济发展之间的良性循环，才能变贫困带为发展带。

（三）环首都绿色经济圈的现状分析

环首都绿色经济圈的优势：区域自然资源丰富，适合发展休闲旅游、特色农业、特色工业，同时由于区位优势，交流便捷，劳务转移便利，能够有效承接首都产业转移和功能扩散，接受首都人才、技术、信息等高级要素的溢出，有效解决北京周边产业层次低、能源资源紧张、污染负荷过大等问题，使京冀以资源环境为纽带结成利益共同体和发展共同体。

环首都绿色经济圈的劣势：面临着长期以来由于多种原因形成的阻碍发展的问题。具体表现为建设用地指标严重不足，交通设施滞后，同时产业结构存在诸多问题——表现在农业产业化程度低；工业经济结构单一，高新技术企业少、自主创新能力差，传统工业产品档次偏低；第三产业中现代物流及特色旅游业起步较晚，对经济增长拉动作用需进一步提升。

（四）京冀对接的既往回顾

长期以来，在河北与北京的经济合作中，不但缺少国家高度的总体战略性规划，而且在如旅游、交通、农业、通信等的专项合作方面，也大都停留在小范围、浅层次上，缺乏高层次的合作规划。

(1)缺乏有效的对接平台和机制。河北省环首都的14个县（市、区）与北京缺乏有效的对接平台和机制，其中既包括沟通对接，也包括基础设施对接、产业对接、生态对接等各个方面。虽然环首都绿色经济圈各县（市、区）在引进新兴产业项目和企业上下了很大的功夫，也引进了一些企业，但由于缺乏有效的沟通对接平台和机制、基础设施无法实现对接等问题，导致合作成果大打折扣。

(2)国家层面缺乏统一协调统筹。长期以来，京冀对接缺乏国家层面的统一协调统筹，更多的是京冀双方的洽谈协商，导致一些机制问题、重大相关利益问题久议未决。只有国家层面的统一协调统筹，才能充分发挥北京、河北各自的优势，使北京与环首都绿色经济圈十四县（区、市）之间实现优势资源的强强对接，在更大范围、更大空间尺度上来谋划首都及周边区域的整体发展，提升中国区域经济第三极——京津冀区域的整体竞争能力。

(3)缺失生态补偿机制。在为北京在水源供应、环境保护、森林防火、安全保障等方面做出贡献的同时,影响了该区域的经济总量扩张。为构筑北京生态屏障、保护水源、阻挡沙源,环首都 14 县(市、区)的一些地区开展了退耕还林、水资源保护、禁牧舍饲、移民搬迁等一系列工作。为减少污染物的排放,不仅先后取缔、治理和关停了众多企业,同时一批化工、冶金、造纸、酿造、矿产开发、钢铁业等限制类项目不能上马。虽然得到了一些补偿,但补偿标准低,无法弥补由此产生的经济损失,而且补偿远远低于北京郊县的标准。生态补偿机制的缺失,不仅影响了各地的经济发展,最终也造成地区间发展失衡。

(五)环首都绿色经济圈规划目标

战略定位:经济圈是首都功能转移重要承接地和协作区,北京世界城市建设的重要组成部分;京津冀地区新的增长极及区域协作示范区;河北省经济社会发展的战略引擎和国际化的前沿地区。

发展阶段:2010—2012 年,打基础、筑平台;2013—2015 年,强功能、增实力;2015—2020 年,提水平、上台阶。

二、环首都绿色经济圈的定位与功能分析

(一)分产业分析——因势利导,科学布局产业

环首都绿色经济圈重点发展的产业,要充分发挥环绕首都的独特优势,全方位和首都合作,承接北京在资金、项目、产业、人才等革命方面转移的产业。第一产业发展谋划建设绿色农副产品供给基地,提高首都地区食品安全保障水平;第二产业发展立足促进区域创新转化产业体系逐步完善;而第三产业发展则谋划首批打造 6 个现代物流园区、8 个休闲度假基地、5 个健身康复基地、5 个养老基地、17 个宜居生活基地等。针对四个地级市不同特点,河北省也给予了每个城市不同的产业发展定位。承德市具有在旅游、钒钛矿产等资源方面的优势;保定市则要充分发挥历史文化和低碳城市试点等优势;张家口市则要以能源产业和旅游资源为基础,建设成为京冀晋蒙交界的区域中心城市;廊坊市以区位独特和信息产业等优势,建设京津冀电子信息走廊、环渤海休闲商务中心城市。

具体到行业分类来看,环首都绿色经济圈行业门类设计科学,行业性质

注重“绿色”，强调高端，下面以新兴产业、现代服务业、旅游业为例说明。

1. 新兴产业主要强调“对接”

根据《关于加快河北省环首都经济圈产业发展的实施意见》，要将环首都经济圈建成对接首都的新兴产业带，这是环首都绿色经济圈新兴产业发展面临的机遇。新兴产业带有利于河北环首都区域在新能源、生物医药、新材料、先进装备制造等领域发挥比较优势，促进区域经济转型升级。

充分发挥环首都绿色经济圈毗邻北京的区位优势，利用北京的资源外溢，实现更好地与北京对接，应建立有效的对接平台和机制。这不仅包括通畅的沟通对接、信息共享，还包括同城一体的规划对接，资源共享的生态、资源对接，畅通无阻的设施对接等各个方面，最终实现新兴产业的上下游产业对接，推动环首都绿色经济圈各县(市、区)更好的借力发展。

2. 现代服务业主要强调“竞融”

根据环首都绿色经济圈的发展战略，14个县(市、区)着力发展包括金融业、现代信息服务业、现代物流、休闲度假、养老、健身基地、会展经济、服务外包、农村流通服务组织等在内的现代服务业。

在现代服务业的发展中坚持五大原则：立足京冀两地优势互补；坚持生态保护与经济效益统一；坚持14县的因地制宜、各具特色；兼顾改造、提升传统服务业；着眼长远、规划超前。

3. 旅游业主要强调“创新”

环首都各县旅游资源丰富，但形式传统，急需创新。从旅游总收入看，2010年各县中涞水、香河、怀来旅游总收入分别达到6.5亿元、4.5亿元、3亿元。

目前各县(市、区)旅游业发展单纯依靠自然资源，以观光旅游为主，而休闲度假、都市旅游等发展方式尚未完善，形成自然资源优越的地区旅游业发展迅速，旅游资源匮乏的地区发展速度慢的局面。由于宣传渠道较少，旅游网络信息化建设不完善，国内外知名度不高。

环首都地区应开发更多的旅游项目和旅游方式。一是注重差异性。培育与周边旅游景区互补型旅游产品，避免同质化；二是提高娱乐性。在做好休闲观光，满足消费者旅游需求的同时，提高项目娱乐性；三是要注重商业性。结合当地绚丽多彩的民俗文化和民间艺术，加强民俗旅游开发、本土文化资源利用及商旅文联动，增强地方特色，营造项目卖点，挖掘消费潜力，延伸产业链条。

综上所述，环首都绿色经济圈的产业布局具体细化表现为：建设1圈（以新兴产业为主体的环首都经济圈）、4区（高层次人才创业、科技成果孵化、新兴产业示范、现代物流园区）、6基地（养老、健身、休闲度假、观光农业、有机蔬菜、宜居生活基地），聚集产业和人才，带动周围区域经济发展，逐步把环首都地区打造成为经济发达的新兴产业圈、绿色有机的现代农业圈、独具魅力的休闲度假圈、环境优美的生态环保圈、舒适怡人的宜居生活圈，如表1所示。

表1　环首都绿色经济圈的产业布局细化表

		三河	大厂	香河	广阳	安次	固安	涿州	涞水	涿鹿	怀来	赤城	丰宁	滦平
四区	高层次人才创业园区	√	√	√	√	√	√	√	√	√	√	√	√	√
	科技成果孵化园区	√			√	√		√		√				
	新兴产业示范园区	√	√	√	√	√	√	√	√	√	√	√	√	√
	现代物流园区	√		√	√			√			√		√	
六基地	养老基地	√		√		√	√	√						
	健身康复基地	√		√	√	√		√						
	休闲度假基地			√				√	√	√	√	√	√	√
	观光农业基地	√	√	√	√	√	√	√	√	√	√	√	√	√
	绿色有机蔬菜基地	√	√	√	√	√	√	√	√	√	√	√	√	√
	宜居生活基地	√	√	√	√	√	√	√	√	√	√	√	√	√

（二）分地区分析——因地制宜，形成战略节点

环首都绿色经济区所辖四个市的定位各异，都充分体现了自身的特点和资源禀赋。张家口要建设冀西北地区现代化区域中心城市，打造首都西大门和生态旅游胜地；承德要建设京冀蒙辽地区现代化区域中心城市，打造首都地区皇家文化旅游胜地；廊坊要与北京共建国际门户和国际交往地区，打造首都经济圈的重要支点城市；保定要建设首都地区现代制造业及高新技术产业基地，打造国家低碳产业示范区。

环首都绿色经济圈按照地理位置以及与北京对接的范围可以整合为三大新区，即京东新区、京南新区和京北新区。京东新区定位于以廊坊为中心，包括三河、大厂、香河等；京南新区定位于以保定为中心，包括涿州、高碑

店和涞水;京北新区定位于以张家口市和承德为中心,包括涿鹿、怀来、兴隆、滦平等。

这三个新区在规划层面上并不是进行简单的区域圈划,在每个新区内都有明确的空间结构。

京东新区主要建设面向京津唐的新兴产业基地和京津冀农产品交易中心,主要采取一核(燕郊及大厂西部核心组团)、三轴(燕郊—三河发展轴、潮白新城—大厂发展轴、京沈高速发展轴)、多组团(三河、大厂东部、香河组团)的空间结构。京南新区的发展目标为首都南部重要的产业新城、文化创意与休闲旅游新区,主要采取一轴(京石发展轴)、两心(涿州中心片区、高碑店中心片区)和多节点(林家屯、涞水组团等)的空间模式;京北新区瞄准建设中国葡萄酒名城、生态新城和北京水源地,打造首都地区生态型高端消费休闲目的地。主要采取了一带(桑干河—洋河生态发展轴)、多节点的空间结构。

(三)生态环境分析——结合生态补偿,建构绿色环境

首都绿色经济圈规划中创造性地提出两个概念:绿道和蓝廊。绿道就是指林带,蓝廊就是指水系。绿道主要为自然景观资源,建设原则为选择依托自然山脊和现状交通,联系区域森林公园及首都圈水源涵养地,将环首都地区的林草地和基本农田保护区纳入保护范围,与河北、山西、内蒙古的森林体系相结合。绿道具体构建起四类差异化功能的林带网格,张家口结合防风固沙林带,建设三条防风固沙型绿道。张家口、承德、保定境内依托人文景观,建设山区文化观光型绿道。廊坊建设平原景观游憩型绿道。保定建设平原滨水保护型绿道。蓝廊是依托河流和环首都重点发展地区分布,确定了6条河流,即滦河、潮白河、永定河、大清河、赵王新河和子牙河,以及多条次区域蓝廊。绿道和蓝廊建立起了环首都绿色经济圈的生态安全大屏障。

按照"谁受益、谁补偿"的原则,建立包括水资源配置资金补偿和发展性补偿在内的利益补偿机制,是实现生态效益有形化、生态服务有偿化的关键,也是促进地区发展的最公平、最现实、最有效的途径之一。以兴隆县为例,兴隆县自然环境优美,生态环境良好,全县森林覆盖率65.76%,冠居华北县区,素有"天然氧吧"、"京津后花园"美誉。县内共有五条河流发源兴隆流入北京,涉及四个乡镇的651平方公里流域面积。多年来,为保护北京水源,兴隆县在退耕还林还草、节能减排、防风治沙等方面做了大量工作,付出了大量的人力、物力、财力,但目前兴隆没有得到对等、平等的补偿。兴隆为

了维护首都用水安全,共有1000余亩稻田和水浇地改为旱耕地,农民收入受到了很大影响,但稻改旱补贴尚未到位。

三、环首都绿色经济圈建设面临的问题

虽然环首都经济圈目前正在保持快速发展态势,但各地发展参差不齐,差距较大。总体来看,该区域存在着产业总体规模小、层次不高,技术创新能力弱,人才、资金匮乏,城市综合承载能力弱等问题,具体如下:

(一)基础公共设施问题

环首都的最大优势就是在空间距离上近,但空间距离不等同于时间距离,以三河、香河、大厂为例,距离北京CBD路程近,但随着北京东部几条主要进京道路承载压力的加大,如何开辟新的快捷进京通道迫在眉睫。

(二)环首都绿色经济圈伴生的社会管理问题

随着环首都绿色经济圈战略的逐步实施,环首都各县,特别是燕郊、固安、香河等地外来人口将会以爆炸式快速增长,这些地区的社会管理难度将会越来越大,如何创新社会管理,加强对流动人口、常住非户籍人口的管理需要认真研究探索。

(三)环首都绿色经济圈伴生的农村问题

环首都绿色经济圈战略实施过程中,环首都各县市区的城镇化速度将逐步加快,如何协调城镇化进程中的新农村建设、基本农田保护、节能减排、失地农民保障等问题需要探索解决。

(四)人才问题

北京与环首都各县之间没有形成人才的外溢效应,而是北京对河北的人才有非常严重的吸聚效应,环首都绿色经济圈的实施与发展需要大量高素质顶尖人才的支撑,如何破解人才短缺的问题需要认真研究。

(五)招商引资的效益问题

包括经济效益、社会效益等多方面的收益,比如,土地的出让收益、建成后的税收收益、本地人口的就业等一系列问题。

(六)统筹促进引进企业与本土民营企业共同发展的问题

环首都战略实施后,必将会有大量引进项目纷至沓来,势必会形成与本

地民营企业间的激烈竞争,如何协调这种竞争,需要进行探索,形成引进企业与本土民营企业的良性互动,共同发展。

(七)整合资源问题

环首都经济圈整体优势没有得到充分发挥,仍然和以前一样各县是各自为战,再加上各县与北京通州、大兴、平谷等接壤地区级别上的不对等,各县的对接工作非常困难。

(八)新兴产业问题

环首都区域发展新兴产业虽然目前正在保持快速发展态势,但各地发展参差不齐,差距较大。总体来看,该区域新兴产业发展起步较晚,存在着产业总体规模小、层次不高,技术创新能力弱,人才、资金匮乏,城市综合承载能力弱等问题。

(九)产品进入问题

我国许多地区的产业定位,都瞄准和挤占北京及周边市场,许多企业不约而同地将市场竞争的重心放在了终端资源的抢夺和流通渠道的梳理上,使得市场竞争更加剧烈。在外部竞争压力和内部市场需求的双重挤压下,环首都 14 个县(市、区)要顺利进入北京市场,存在一定的压力。

四、优化资源配置与环首都绿色经济圈发展的财政对策

(一)构建环首都绿色经济圈的财政体制

根据《河北省人民政府关于印发河北省环首都新兴产业示范区开发建设方案的通知》(冀政函〔2011〕19 号),对示范区实行“核定基数、超收全返、一定五年”的财政体制,以 2010 年示范区上缴增值税、营业税和企业所得税省及以下地方留成部分为基数,省及以下“三税”地方留成比核定基数超收部分,5 年内全额返还示范区。对政府主导的规模以上异地投资企业直接缴纳的主要税种(增值税、营业税、企业所得税)省及以下地方留成部分,自项目投产之日起,投资(招商引资)主体原所在地政府与示范区可以按双方协商一致的税种、比例和期限共同分享。

(二)制定环首都绿色经济圈发展的财政政策

根据《河北省人民政府关于印发河北省环首都新兴产业示范区开发建

设方案的通知》(冀政函〔2011〕19 号)、《河北省人民政府印发关于加快河北省环首都经济圈产业发展实施意见的通知》(冀政〔2010〕120 号)等文件,我省已出台的针对环首都绿色经济圈的具体财政政策如下:

(1)对环首都经济圈工业聚集区或产业园区(基地)内接收的北京转移、扩散的企业,自投产 3 年内按照缴纳的企业所得税地方留成全额给予支持。落实企业研发投入税前抵扣政策。

(2)省、市、县设立环首都产业发展专项资金,对首都及域外转移的战略新兴产业项目,实施贷款财政贴息支持。

(3)费用减免。全部免除等级类、证照类等有关行政事业收费,减免费用由省、市、县三级财政预算安排。

(4)对入区生产型企业的增值税、所得税"两税"省及以下地方留成部分,自企业(项目)投产年度起,由示范区所在地政府和管委会两年内予以全额支持,其后 3 年内按 50% 予以支持。

(5)省、设区市和扩权县(市)政府 2011 年支持每个示范区起步资金 5000 万元(含土地出让金补助),用于区内基础设施建设。从 2012 年至 2015 年,省政府每年每个示范区安排 2000 万元,设区市或扩权县(市)政府每年每个示范区安排 2000 万元用于入区企业建设项目贷款贴息。

(6)除国家规定的收费项目外,区内免收各种行政性费用。对科技含量高、带动作用强的重大项目,省、设区市、县(市、区)政府和示范区管理部门可给予特别奖励。

(三)完善支持环首都绿色经济圈税优惠政策

(1)健全环首都绿色经济圈发展的财策。实践证明,财税优惠政策是刺激地区经济发展的有效手段。在环首都绿色经济圈发展中,要以财税优惠政策刺激高新、绿色企业发展,吸引外部投资和促进国企改造。引入税收竞争机制,大规模吸引全国和国外投资,加快环首都绿色经济圈建设的步伐。在经济全球化的背景下,各个国家和地区的经济区建设无一例外都是通过降低税率,增加税收优惠,实行避税地税制等,减少纳税人的税收负担,以便吸引国际资本投资并促进国际贸易发展。环首都绿色经济圈若想大规模吸引域外投资,必须启动税收竞争机制。对发展外向型经济的基础工程、能源、交通等产业。应加大所得税税收优惠力度并延长优惠期限,以鼓励民间资本和跨国资本进入环首都绿色经济圈。对十四县(区、市)现有的高新技术产业和国家鼓励发展的特定产业(物流业、高新技术产业和农产品加工业等)给予比河北其他地区更加优惠的税收政策,例如环首都绿色经济圈企业的科研开发投入允许全额一次性税前扣除。

(2)利用多种财政支持方式,扶持环首都绿色经济圈企业发展。采取贷款贴息、以奖代补、信用担保、财政补助、注入资本金等多种方式,集中扶持重点产业增长极、重点开发区或产业集聚区、重点骨干企业,加强科技研发、技术改造、服务平台建设,加快淘汰落后产能,增强企业自主创新能力和市场竞争能力,真正做强优势产业、培育新兴产业、改造升级传统产业、发展现代农业及服务业,促进现代产业体系加快建设。

进一步整合财政扶助资金,集中资金投入,将各类财政资金包括各个部门的资金统筹安排,集中用于对环首都绿色经济圈全局经济增长具有重要拉动作用的方面。以项目为载体,将性质相似、资金用途相近的各级、各渠道的资金集合起来,捆绑使用,集中投入到项目上,达到投入一处,见效一块,带动一片。真正把既有的财政扶助措施用好用实,支持环首都绿色经济圈经济结构的战略性调整。

(3)做优环首都绿色经济圈的投融资环境。要积极做好世行、亚行和外国政府贷款以及国债有关环首都绿色经济圈十四县(区、市)项目的组织、论证、申报等项工作,争取更多建设资金用于环首都绿色经济圈十四县(区、市)。完善政府投融资平台建设,加大对环首都绿色经济圈十四县(区、市)现有投融资平台的整合力度,拓宽投融资平台的融资渠道,加强投融资平台资产债务以及融资规模、方式的行政监管。盘活用好环首都绿色经济圈十四县(区、市)国有资产,科学编制国有资本经营预算,逐步扩大试点范围和预算规模,统筹国有资产和资本经营收入,支持国有资本布局结构优化和经济社会发展重点项目建设。

(4)扁平组织架构,确认责任主体,实现经济圈协调的同步。"经济圈"内行政级别越多,往往也意味着越高的交易成本,内部统一协调能力也较差。行政级别林立会造成区域内部对话的隔阂和统筹能力的缺乏,各方难以形成合力,很多开发政策最终流于形式。

扁平组织架构,确认责任主体是实现经济圈协调的同步的抓手。松散型环首都绿色经济圈区域协调机制只能形成原则性的"共识",很难有效地推进经济圈内具体领域的协调发展,必须加快这方面的改革。根据环首都经济圈建设规划,应重新确立环首都绿色经济圈十四县(区、市)的发展形态指标体系,并进行制度再建,建立全新而统一的管理制度和运作规则。既保持现有行政区划架构和行政管理体制的稳定,又最大限度地维护和体现城市之间的自身利益;既维护地方政府对城市管理的自主权,又最大限度地协调城市发展过程中长远利益与眼前利益之间的关系;既巩固各自城市特色,又最大限度地调动城市之间进行区域经济发展合作的积极性和主动性。

(5)规范转移支付,增强圈层活力的释放。就财力性转移支付而言,建议环首都绿色经济圈十四县(区、市)转移支付资金分享比例和基数的确定,在保证各地切实获得各地区经济发展的利益的前提下,避免鞭打快牛;对于收入增量集中的部分,应在确保省内各项社会事业的正常开展的背景下,可考虑优先用于支持环首都绿色经济圈的发展,通过建设—转让(BT)、建设—经营—转让(BOT)、建设—拥有—经营(BOO)、建设—拥有—经营—转让(BOOT),甚至代建制、以工代赈等多种形式,盘活环首都绿色经济圈十四县(区、市)财政历年滚存的结余资金。

同时,长期以来,为支援首都建设,处理首都与周边地区环境资源分配关系的办法一直以行政命令为主,环首都地区的资源都是优先甚至无偿供应给北京,这造成了地区间发展机会不均等。例如,首都水源地和环境保护对张(家口)、承(德)地区资源开发和工农业生产的限制,直接制约了其正常发展。因此促进环首都绿色经济圈十四县(区、市)的发展,需要打破多年来资源配置的行政方式,充分调动环首都地区的经济发展积极性。建议由中央政府在宏观层面上建立京津冀地区的生态补偿机制,改变资源的行政调拨机制。

(6)财政资金绩效评估,切实发挥效益。在建立起环首都绿色经济圈财政协调的工作机构的背景下,公共财政的全面对接,特别是预算的协同显得较为突出。省市之间、四市之间财政预算的协同应着力解决以下几点:一是调整财政投资方向,增加城市建设资金预算安排,加大省、市两级财政对城市圈内的高速公路、路、航空、信息四大通道建设和工业园、工业集中地区的水、电、气的投入,改善经济圈内的企业发展硬环境。二是为了加强城市圈内共同享受的公共品和公共服务建设以及重点项目的财政投资、贷款贴息等资金需要,建议可考虑建立经济圈圈发展的共同基金。共同基金可通过发行区域性地方建设债券作为其资金的主要来源,同时还可采取省级财政预算安排、圈内各城市财政预算安排以及争取中央财政支持等多渠道筹集方式。二是通过预算协同和以经济区划为考核单位的评价体系建设,可以将本区域内的信贷授信资质打包,争取金融机构对城建资金的注入,同时也可解决某些特殊建设领域对指标数据的苛求。发挥财政资金的乘数效应。政府的财政投入是有限的,但它能体现出一种重要的政策导向。因此,要对财政资金的使用达到“四两拨千斤 ”的效果,利用财政资金撬动大量金融资源。如在对扶持企业发展的财政资金可以通过注入政府投融资平台的方式,放大资金投入。

总之,做好环首都绿色经济圈的财政支撑,其目的从发展战略的高度,通过财政手段来对影响环首都绿色经济圈经济增长的产业结构和产业链进行科学合理的配置。科学、精细的财政支持政策能够有利于环首都绿色经济圈的产业升级和全面的科学的协调发展,有利于环首都绿色经济圈建设中经济的长期持续稳定增长。

关于河北环首都经济增长极战略突破口的关键部位思考

李景元①

【摘要】:文章以党的十八大精神为指导,依据中共河北省委周本顺同志在廊坊调研时的讲话精神,从中共廊坊市委“高端发展绿色崛起奋力打造河北环京津新增长极战略突破口”战略方向,以打造还首都经济圈为依托,以京津廊区域经济发展为载体,从新增长极战略突破口的理论依据、机遇与挑战、运行对策进行了理论联实际的广角论述,具有重要的现实意义。

【关键词】:环河北　新增长极　京津廊都市区　高端发展　绿色崛起

中共河北省委书记周本顺同志指出:“廊坊是打造河北环首都经济增长极的战略突破口。河北现在正在打造两个增长极。一个是沿海还增长极,一个是环京津的增长极。两个增长极都有突破口,环京津的突破口就在廊坊”。周本顺同志站在全国的宏观高度,突出京津几经发展的特点,结合廊坊的经济发展区位优势,从政治到经济、从国内到国外、从宏观到微观、从局部到全局、从历史到现实、从理论到实际、从环境到生态、从互利到双赢、从挑战到机遇、从优势到差距、从体制到机制、从法制到规划、从竞争到互补、从改革到开放、从科学到创新从战略到战术、高屋建瓴、深入浅出全方位、广角度、多层次深入精辟论述了,打造河北环首都经济增长极的战略突破口地位意义、发展目标与思路脉络战略突破口的理论依据,本文按照这一要求,提出以京津冀协调发展为目标,确立“环京津增长极要以打造‘环首都经济圈’国家战略为依托、已确立‘京津廊都市区为载体’”作为战略突破口的关

① 李景元,河北工业大学教授、研究员、博导,廊坊市应用经济学会会长,中共廊坊市委、市政府专家咨询委员。

键部位。以此为切入点“增长极与战略突破口的理论依据、实现战略突破的机遇与挑战、实现战略突破的运行对策”延伸讨论。

一、增长极与战略突破口的理论依据

知己知彼、换位思维、读懂北京、读懂天津,也要读懂自己。读懂自己,首先要懂得运用什么经济理论,才能够按照市委五届五次会议关于“高端发展绿色崛起奋力打造河北环京津新增长极战略突破口”战略方向快速发展。经济增长极、都市连绵区、外溢与内吸、战略突破口等经济理论问题。

1. 增长极相关理论

经济增长极理论是20世纪40年代末50年代西方经济学家关于一国经济平衡增长抑或不平衡增长大论战的产物。增长极理论最初由法国经济学家佩鲁(Francois Perroux)提出,许多区域经济学者将这种理论引入地理空间,用它来解释和预测区域经济的结构和布局。后来法国经济学家布代维(J. B. Boudeville)将增长极理论引入到区域经济理论中,之后美国经济学家(John. Frishman)、瑞典经济学家缪尔达尔(Gunnar Myrdal)、美国经济学家赫希曼(A. O. Hischman)分别在不同程度上进一步丰富和发展了这一理论,使区域增长极理论的发展成为区域开发的流行观点。增长并非出现在所有地方,而是以不同强度首先出现在一些增长点或增长极上,这些增长点或增长极通过不同的渠道向外扩散,对整个经济产生不同的最终影响。他借喻了磁场内部运动在磁极最强这一规律,称经济发展的这种区域极化为增长极。

增长极对地区经济增长产生的作用是巨大的,主要表现在:(1)区位经济区位经济是由于从事某项经济活动的若干企业或联系紧密的某几项经济活动集中于同一区位而产生的。例如,某一专业化生产的多个生产部门集中在某一区域,可以共同培养与利用当地熟练劳动力,加强企业之间的技术交流和共同承担新产品开发的投资,可以形成较大的原材料等外购物资的市场需求和所生产产品的市场供给,从而使经济活动活跃,形成良性循环。区位经济的实质是通过地理位置的靠近而获得综合经济效益。(2)规模经济规模经济是由于经济活动范围的增大而获得内部的节约。如可以提高分工程度、降低管理成本、减少分摊广告费和非生产性支出的份额,使边际成本降低,从而获得劳动生产率的提高。(3)外部经济外部经济效果是增长极形成的重要原因,也是其重要结果。经济活动在某一区域内的集聚往往使一些厂商可以不花成本或少花成本获得某些产品和劳务,从而获得整体收益的增加。

2. 都市连绵区相关理论

都市连绵区是若干个都市区沿综合交通走廊连绵分布而形成的巨型城乡一体化区域,是国家的经济核心区。都市连绵区属于城市的功能地域,由一定规模以上的中心市及与其保持密切社会经济联系、非农业活动发达的外围地区共同组成。“都市连绵区”是若干个都市区沿综合交通走廊连绵分布而形成的巨型城乡一体化区域,是国家的经济核心区。“都市连绵区”属于城市的功能地域,由一定规模以上的中心市及与其保持密切社会经济联系、非农业活动发达的外围地所组成。

大城市连绵区一般是呈带状分布、规模很大的城镇集聚区。以若干个数十万以至百万人口以上的大城市为中心,大小城镇连续分布,形成城市化最发达的地区。这里集中了全国相当大一部分人口和经济活动,多具有世界意义,并常拥有国际性大海港。在大城市连绵区内除居住区,工业区和商业服务区外,还有农业功能区等。大城市连绵区的经济效益虽高于放射形的大城市区,但因人口与经济过分集中,人类活动与自然环境间的生态平衡遭到破坏,故在规划时要防止它的继续扩大。

3. 外溢与虹吸效应相关理论

区域的外部直接投资的技术外溢效应是指外部直接投资对相关产业或企业的产品开发技术、生产技术、管理技术、营销技术等方面产生的影响。通过国外、本地区外转型经济体中的外部直接投资(FDI)所产生的技术外溢的比较,FDI 确实对本地区经济存在着外溢效应,外溢效应的规模和范围对于不同的经济体来说,并没有一致的实际证据。本地区和外部投入方工业的特征以及他们之间的系统差异决定了 FDI 的外溢效应。这些外溢效应是否容易实现取决本地区从事投资和学习吸收外部先进知识和技能的能力与动机。这种溢出的投资包括金融资本、人力资本、管理资本技术资本、文化资本知识资本等要素。与外溢效应相对应的是虹吸效应,对于外部对于本地区、本领域对于外部的外溢效应适应程度,也就是说,如何构建外部的溢出的金融资本、人力资本、管理资本、技术资本、知识资本、文化资本虹吸的政治、经济、文化、法律等诸多的社会环境。

与外溢虹吸效应想密切相关的是经济辐射经济共生理论。经济辐射

(Economic Radiation)经济辐射是指经济发展水平和现代化程度相对较高地区与经济发展较落后的地区之间进行资本、人才、技术、市场等要素的流动和转移,以及思想观念、思维方式、生活习惯等方面的传播,以现代化的思想观念、思维方式替代与现代化相悖的旧习惯势力,从而进一步提高经济资源配置的效率。经济辐射的特点具体表现为:经济辐射的前提条件是经济对外开放和资源自由充分流动;双向辐射,缩小差距。在经济辐射中,发达国家(地区或城市)与落后国家(地区或城市)存在着互相辐射;辐射的速度和程度与其距离有关。经济发达的国家(地区或城市)对落后国家(地区或城市)的辐射距离越近关系越好,反之亦然;经济辐射的媒介主要是交通网、信息网、关系网等,即经济辐射是通过交通、信息和各种关系进行的。

4. 区域经济发展战略相关理论

区域经济发展战略是指对一定区域内经济、社会发展有关全局性、长远性、关键性的问题所作的筹划和决策。说得更具体些,是指在较长时期内,根据对区域经济、社会发展状况的估量,考虑到区域经济、社会发展中的各方面关系,对区域经济发展的指导思想、所要达到的目标、所应解决的重点和所需经历的阶段以及必须采取的对策的总筹划和总决策。区域经济战略规划的有效性包括两个方面,一方面是战略正确与否,正确的战略应当做到组织资源和环境的良好匹配;另一方面是战略是否适合于该组织的管理过程,也就是和组织活动匹配与否,一个有效的战略一般有以下特点:目标明确——战略规划的目标应当是明确的,不应是二义的;目标要先进,但经过努力可以达到,其描述的语言应当是坚定和简练的;可执行性良好——好的战略的说明应当是通俗的,明确的和可执行的,它应当是各级领导的向导,使各级领导能确切地了解它,执行它,并使自己的战略和它保持一致。

市委五届五次会议关于"高端发展绿色崛起奋力打造河北环京津新增长极战略突破口"战略方向就充分地体现了上述特点。

5. 战略突破相关理论口理论

战略突破口原意是战争军事理论的组成部分。在敌战略防线上打开缺口的作战行动称为战略突破,有些国家的理论认为,战略突破是指突贯敌战略防御全纵深的行动。战略突破是战略进攻的一种样式,目的是动摇敌战略防御的稳定性,为投入后续力量分割围歼敌方重兵集团创造条件。战略突破对战争的进程有重大影响,它通常由一系列连续或同时进行的若干个进攻战役构成,在敌防线上打开数个战役突破口,而后将各个战役突破口扩大成战略突破口。通过该突破口投入大量的兵力、兵器,歼灭敌有生力量或夺取重要战略目标。实现战略突破必须具备的条件是:有利的战略形势;在战争全局或重要的局部上占有优势的兵力、兵器;周密的战略计划和充分的作战准备;在突破行动中正确的作战指挥等。将战略理论借用到经济区域发展领域来推动本区域经济的某些方面的突破。上述理论体现了周本顺书记的讲话和中共廊坊市委五届五次会议精神以此来研究实现战略突破的机遇与挑战问题。

二、实现战略突破的机遇与挑战

知己知彼、换位思维、读懂北京、读懂天津,也要读懂自己,就要切实把握打造“环首都经济圈”国家战略为依托、已确立“京津廊都市区为载体”作为战略突破口的关键部位。以此为切入点“增长极与战略突破口的理论依据、实现战略突破的机遇与挑战”,机遇与挑战的来研究机遇、挑战,实现市委“高端发展绿色崛起奋力打造河北环京津新增长极战略突破口”战略方向确立环京津发展的突破就要明确显示发展的战略机遇和面对的挑战。

(一)实现战略突破的机遇

1. 环京津发展已经成为国家战略

我国《关于制定国民经济与社会发展“十二五”规划》提出的“实施区域发展总体战略”、“实施主体功能区战略”“打造环首都经济圈”是国家战略构架。站在京津冀三省市经济与社会发展的高度来考虑问题,特别是党中央与河北省“打造环首都经济圈”规划,京津冀的协同发展越来越成为京津冀三地高度关注的战略问题。近几年来,京津冀三地的成功合作已经昭示了协同发展的广阔前景。这一问题已经成为区域经济与社会发展的热点问题,是市委“高端发展绿色崛起奋力打造河北环京津新增长极战略突破口”战略方向确立环京津发展的突破重要机遇。

2. 京津两市特别是北京两市对于京津冀协调发展取得高度共识

北京市委书记郭金龙表示,对于打造河北环经济新增长极的载体,“打造首都经济圈”,这对北京市是一个鼓舞、鞭策,也是一项光荣、艰巨的任务。北京市要摆正位置,提高服务、辐射的能力和协作能力,打造好“首都经济圈”。北京市发展和改革委员会主任张工表示,北京市将以三个转变、八个辐射努力“打造首都经济圈”。北京作为“首都经济圈”的核心城市，要抓住机遇，通过三个转变推动发展。一是从过去注重功能集聚特别是经济功能集聚向功能疏解和辐射转变；二是从过去更多强调外省市保障北京向主动为外省市提供服务转变；三是从过去强调服务首都自身向通过服务区域、服务全国来实现自身发展转变。北京市辐射和带动“首都经济圈”发展有很多资源优势。北京市可以在金融资本、生产性服务业、科技、市场和流通、总部经济、人才和教育资源、信息、高新技术和现代制造业等八个方面加强对区域的辐射。《天津市“十二五”规划》中，从北方经济发展中心的角度，对于环首都经济圈发展方式、产业布局、高端发展、对应互补、外溢虹吸等方面也确立相应的发展举措。

3. 河北省委高度重视

对于打造环首都经济圈，河北省委省政府做出了全面的战略部署。2013 年省委书记周本顺同志来廊坊调研时强调从长远的看，廊坊应该把自己放在大北京世界级都市连绵区的重要组成部分来规划布局。从世界的巴黎、东京、纽约、柏林等都市圈的形成来看，都有一个都市连绵区，连绵区在一定时期内，都是发展最快，最有活力的地方，珠三角的都市连绵区，长三角的都市连绵区，都证明了这一点。北京现在提出建设世界城市，天津也提出建设过街化中心城市，将来这个世界级的都市连绵区在哪里呢？在河北，首先是在廊坊。廊坊应该是发展最快、最有活力的地方。廊坊区域内的城市发展、产业发展空间是非常巨大的。世界级的都市圈的核心城市，大城市病也日益突出，作为连绵区的一部分，为避免化解这种大城市病也都承担着重要责任，并且把对接京津做河北省的战略增长极。综上所述可看出战略机遇难得。

(二)战略突破的挑战

在京津冀区域内，在都市连绵区的核心部位，京津廊都市区必然是战略突破的载体。廊坊作为河北环京津新增长极的突破口机遇与挑战并存。其挑战主要表现如下方面：

1. 发展错位，运行失衡

但由于京津冀分属三个不同的行政区域，京津廊都市区这种行政分割就更明显。行政运行体制、产业发展战略及其财税政策等一系列相关的制度有着很大的不同，廊坊在这方面，在两市之间相互之间形成“体制与政策孤岛”,这造成了毗邻接壤的三个地区在经济发展上严重错位、极度失衡,各项政策措施“脱节断档、割裂运行、抛开河北、运行阻塞”的现象十分明显,这些都造成了河北省与京津两地特别是北京的经济发展差距巨大。这一状况严重制约着环京津、环渤海地区经济的进一步发展,制约京津廊区域一体化和市委“高端发展绿色崛起奋力打造河北环京津新增长极战略突破口”战略方向确立和实施。

2. 夹缝发展,形成位差

鉴于上述问题的存在,我们要充分认识北京的强大的政治经济优势、天津的特殊政策优势错位环境下,廊坊市及河北省在两强市夹缝中的经济“位差”,确立廊坊是河北省缩小与两市位差的结合部和关节点,是填充经济位差、促进京津冀协同发展的衔接部位,如何消除“大树底下不长草、霓虹光照灯下黑”、“炮打隔山子、借山买老牛”的现象,廊坊与京津同城对接这不仅是廊坊市发展的问题,更重要的是河北省经发展的战略性问题,对河北强省与快速发展举足轻重。时打造河北环京津新增长极的中大战略问题。因此,我们首先要解京津廊都市区经济一体化的认识问题。亟待完善区域经济发展的协调运行机制。进而充分发挥省市行政机关推动都市区经济与城市群体发展的主导作用。消除“行政壁垒、画地为牢、以邻为壑、以大欺小、诸侯经济”现象,客服经济活动中还有“行政座次、官衔对接”等计划经济时期官商一体的残余思想。

3. 生态发展,环境滞后

周本顺书记强调要明确产业的指导政策,“要有自己名取得的绿色产业的亮点,污染企业,高能耗企业不能够进来,这扇大门要坚决关死、坚决关住。我们宁可丢几个项目,慢一点,也不能把这些项目引进来。要建设生态城市。根据世界都市圈的一般规律,都市圈里的中小城镇,都是分部的星罗棋布。对于廊坊来说,环北京一个城镇带,还天津一个城镇带,但每个城镇带必须是生态的,要减轻北京天津的生态压力。同时,只有我们的城市建设是生态的,才能得到中央的允许,才能够发展,外界才不会给我们施压”。“发挥环京津的优势关键在于发展环境。这方面还积累了一定的问题,同时也是廊坊市“高端发展绿色崛起”关键问题之一。

4. 体制机制,有待变革

从体制机制上来讲:首都与廊坊不存在领导与服从、命令与执行的关系，而是在市场机制、价值规律下互利双赢关系。在市委“高端发展绿色崛起奋力打造河北环京津新增长极战略突破口”战略方向确立和实施中，是“行政战略突破，还是经济发展战略捅破”？是“新增长极经济发展功能带还是行政权力运行带”？毗邻接壤的京津廊区域是“画地为牢，还是交叉兼容”？在现代区域经发展中是“以邻为伴，还是以邻为壑”？在区域经济合作中，资源配置利益协调方面是“双向行为，还是单边行动”等。在市场经济条件下，“国家调控市场，市场引导企业”。经济的关系与运行的角度来看：北京不大，廊坊不小；北京不能自大，廊坊不能自卑。“尺有所短，寸有所长；长有长的优势，短有短的特点”。要求是区域经济的主体相融、技术经济协同；优势互补、长短兼容；科学发展，互利双赢，体制机制是廊坊市在京津廊区域发展的主要制约因素。这涉及与京津两市的体制机制的对接的问题，这些问题单凭廊坊市是不能解决的，河北省应该给政策，应该从省委省政府的层面进行战略发展的高层协调，有必要会同国家发改委等有关部门进行协调，才能解决体制机制问题。

5. 观念形态，尚需创新

中共河北省委速记周本顺通知强调：廊坊要继续走在“解放思想、改革开放、创新驱动、科学发展”的前列。廊坊改革开放创新驱动在全省是靠前的。廊坊在河北省也是相对富裕的地区，但与国内开放地区比差距还是明显的。廊坊的眼界要进一步放开、目标要进一步提升、思路要进一步拓展，通过解放思想，把改革的红利、开放的动力、创新的潜力进一步释放出来，实现科学发展，在全省起到带头示范作用。“高端发展绿色崛起奋力打造河北环京津新增长极战略突破口”战略方向，实现思维方式的创新。思维方式创新就是，开动脑筋与时俱进；纵向延伸横向发散；全方位广角度的思考问题，“理性的不一定是现实的”、“直观的不一定是肤浅的”、“有趣的不一定是有效的”、“原始的不一定是落后的”、“合理的不一定是可行的”、“失败的不一定是消极的”、“离奇的不一定是无益的”、“模糊的不一定是混乱的”、“精细的不一定是高明的”、“传统的不一定是保守的”、“过去的不等于现实的”、“他人的不等于自己的”、“借鉴的不见得是有用的”“远来的和尚不见得念好经”、“外国的月亮不见得圆”。廊坊要继续走在“解放思想、改革开放、创新驱动、科学发展”的前列。这就要求廊坊在市委和广大干部群众在“高端发展绿色崛起奋力打造河北环京津新增长极战略突破口”战略方向确立和实施中,打破思维定势,确立全新的观念形态。

6. 高端发展,行动滞后

“有中生新,无中生有”体现的是原创性的问题。这就是在实现“高端发展绿色崛起奋力打造河北环京津新增长极战略突破口”战略中,“自主创新、独立产权”。避免“人云亦云、爬行主义”。高端制造业、高端服务业、源于高端发展思维。在高端发展前沿上,针对“有中生新”“无中生有”还有行动滞后问题。在京津廊都市区不光是要对接精进的高端辐射,高端产业的转移,更重要的还有自己高端产品,要实施知识产权战略,要有廊坊叫得响的品牌,要有国内领先、世界先进的专利技术,要有驰名的商标,在这方面还是缺乏超前意识。

三、实现战略突破的运行对策

按照“高端发展绿色崛起奋力打造河北环京津新增长极战略突破口”的发展方向,实现战略突破,应采取相应的对策:

1. 区位一体,发展城镇

高端发展绿色崛起奋力打造河北环京津新增长极战略突破口首先要解决京津廊一体化与城镇化的问题。站在京津廊一体化的角度我们要充分认识北京的强大的政治经济优势、天津的特殊政策优势错位环境下,廊坊市及河北省在两强市夹缝中的经济“位差”,确立廊坊是河北省缩小与两市位差的结合部和关节点,是填充经济位差、促进京津冀协同发展的衔接部位,“与京津同城对接这不仅是廊坊市发展的问题,更重要的是河北省经发展的战略性问题,对河北强省与快速发展举足轻重”。因此,我们奋力打造河北环京津新增长极战略突破口中,对党和国家的发展区域经济战略及京津冀经济一体化格局要有足够的认识。“坚持大中小城市和小城镇协调发展,提高城镇综合承载能力”,要“把城市群作为推进城镇化的主要形态”,“高效协调可持续的城镇化格局”,具备城市群发展条件的区域,要加强统筹规划,以特大城市和大城市为龙头,发挥大中城市的作用,形成若干用地少、就业多、要素集聚能力强,人口分布合理的新城市群。以增强综合承载能力为重点,以特大城市为依托,形成辐射作用大的城市群,培育新的增长点。以上论述了国家区域发展战略,大中小城市的关系;我国的城镇化建设;大城市在形成辐射作用大的城市群,培育新的经济增长极的功能与义务。“远亲不如近邻”,“近邻不如对门”,这样,北京、廊坊两个城市的主管部门完全可以平等协商,对等交流,就能解决问题。

2. 体制机制,消除障碍

奋力打造河北环京津新增长极战略突破口中,就要破除体制性障碍和行政区划的束缚,在不同的行政区划格局的环境下,使市场经济与国家行政宏观调控协同吻合,在都市区与城市群体经济发展中区里完善区域经济发展的协调运行机制。进而充分发挥省市行政机关推动都市区经济与城市群体发展的主导作用。彻底破除“行政壁垒、画地为牢、以邻为壑、以大欺小、诸侯经济”现象,彻底克服在经济活动中“行政座次、官衔对接”等计划经济时期官商一体的残余思想。政府主导、经济对接、借势京津优势,充分利用省委、省政府狠抓京津地区发展的战略机遇,发挥廊坊的前沿优势,加速融入,实现京津区域经济一体化。实现京津廊都市区经济一体化的格局框架内,解决三省区政府调控与市场经济资源配置的有机衔接问题;解决高端城市科技辐射与低错位环节对接问题;解决都市区经济与产业经扩散问题;解决全方位产业对接、人才智力对接、高科技成果转化、金融平台、商务中心、基础建设等方面同城对接问题。

3. 科学发展,绿色崛起

实现“高端发展绿色崛起奋力打造河北环京津新增长极战略突破口”战略中,就要依托京津走廊特别是廊坊市的区位优势,形成京津廊都市区一体化,以打造环首都经济圈为切入环节,实现京津走廊的绿色崛起。进而实现京津冀协同共生的经济发展格局,促进推动环渤海经济区域取得发展。廊坊市要结合国家与河北省的“十二五”发展规划,在打造环首都经济圈、实现京津走廊的京津崛起暨廊坊市在京津廊都市区一体化发展过程中,确立体现自身环首都经济圈的特定地理位置的优势的发展定位,并以此为出发点确立体现地缘优势的发展战略与相应的实施对策。坚持科学发展观,从科学发展方式出发,运用区域经济、产业经济、地缘经济、都市区经济等现代经济发展理论,立足于廊坊廊坊市的地缘区位优势,从构建环首都经济圈入手,来整合区域资源,并通过京津廊都市区经济一体化这一载体来进一步实现京津走廊的绿色崛起。

4. 读懂自己,发挥优势

读懂自己实施“奋力打造河北环京津新增长极战略突破口”战略中具有

重要意义。廊坊的区位优势，深刻地揭示了在“构造环首都经济圈、京津廊一体化、打造河北环京津新增长极”中对京津两大城市补充与贡献，这种共献体现了京津廊都市区经济发展过程中的对周边区域发展的相互依赖关系。这一相互依存充分体现了竞争市场发展的互补性。京津廊都市区一体化在周边区域城镇化的作用与现实意义。运用现代管理理论，对京津廊都市区一体化的发展形成的优势、劣势、机遇、挑战进行了全方位的分析。在“奋力打造河北环京津新增长极战略突破口”中廊坊市实施“同城共生全面对接战略、政府主导战略、区位优势战略、工业园区战略、集群发展战略、农业园区战略、县域经济战略”，在这些方面廊坊市大有可为。

5. 政府作为，功能定位

政府在区域经发展中处于主导作用，要切实把握自身的角色和定位，在公共服务均等化上大有作为。必须注重实现基本公共服务均等化，引导生产要素跨区域合理流动。这就要重视、遵循市场经济规律，突破行政桎梏，在缩小差距中实现基本公共服务均等化。按照党中央十七大报告的要求，在区域经济一体化进程中，结合目前国务院有关部委协调938北京公交车被堵的结果，可以清晰地看到，在突破行政区划过程中，必须注重实现基本公共服务均等化等方面，不仅仅是功能定位不明确的问题，确切地说，是政府责任不到位而造成行为缺位。笔者在4月9日、4月10日接受新华社记者李志勇、吕国庆，燕赵都市报记者程建辉采访的谈话及其新华网、河北新闻关于采访报道引起多方的关注，数百家网站转发。原因就是切中目前区域经济发展中政府主体责任和公共服务均等化等要害问题。在采访中，笔者曾鲜明指出，在公共服务均等化方面，按照公共经济学的理论，结合十七大报告精神可以看出，有关公共服务产品均等化的要求，市内公交和长途客运均属于公共服务产品均等化的范畴，均属政府控制，只是控制方式不同。因此，政府有责任解决类似问题，不能全部丢给市场。这一问题的发生，说明政府在相互沟通、配合以及协调机制等方面存在不足。推动区域经济发展，就要让公共服务产品上向流动。近年来，北京方面的电信、公交等公共服务产品逐步向廊坊市流动，但廊坊市的相关产品却很少进入北京。例如，在建设北京和天津的轻轨中，廊坊市提出在当地建一站的建议未被采纳，是不符合共公共服务产品的均等化要求的。客车运输属于公共产品，由政府制定，无论是北京的公交运输，还是廊坊的长途运输，虽然运输方式不同，但都是市政交通，都由政府制定价格和运营方式，经营者(公交公司、运输公司)只是执行者。当公交运输与长途运输出现矛盾时，责任不在车主，而在政府，因为北京、廊坊两地政府部门沟通不畅，制定了冲突的政策。由于廊坊市委高姿态势，主动对接，圆满化解冲突。

站在党和国家区域经济发展战略及其与之密切相关的公共服务均等化要求延伸分析观点，很显然，这些是与"十一五"规划要求及党的十七大精神相吻合。我国社会主义市场经济条件，我国对私有产品实行"国家调控市场，市场引导企业"，充分发挥价值规律及市场进行资源配置的基础作用，而国家对公共产品采用的是"国家控制为主，市场机制为辅"。这一领域包括政府直接运行的纯公共产品的提供，指导运行的准公共产品的提供，就目前公共生产服务领域包括"科教文卫等事业，公共交通，城市燃气、电力、热力、供水、园林绿化、公共环境等行业，同时也包括：民航铁路、长途客运、移动电信、固定电信、邮政业务、能源供应等垄断和相对垄断的行业性企业，都具有事业功能，是全民性、公益性、社会性民生问题，光靠市场不能解决全部问题，也不能有市场全部主导解决，这些公共产品的提供和公共服务必须是政府起主导作用"。当上述问题随着区域经济一体化进程加快，政府主体要主动介入，明确主体责任和功能定位。

6. 综合平衡规划落地

目前在我国，"区域经济"实际上说的是跨行政区域之间的经济合作，就京津冀都市圈及京津环渤海区域发展现在也是呼声强烈，有很多实质上的进展，但还不尽如人意，受很多体制上的分割、行政制约。大家都认为区域合作势在必行，区域合作可以实现共赢，但真正落实的时候，受各种各样局部的、行政的、短期的、个别企业的局限和羁绊。这个问题说到底就是要不要落实科学发展观的问题。科学发展观的内涵和外延都很丰富，其中一个要求就是实现良性能的、多层次性的、深度的区域合作。因为科学发展观的基本内涵笔者认为是实现资源的可持续的优化配置，发展要配置资源，资源是为了发展而配置，整个配置好了就是科学，科学体现优化配置。现在我们很多资源、很多生产要素、很多市场仍然分割在各个行政区域之间，从政府到民间的层次都还存在很多的问题。那么就环渤海来说，无论是京津冀，还是环渤海，研究讨论甚至一定的高层论坛比较多，但是有些实质性问题还没有实质性的展开。在一定程度上，还存在着"天桥把式光说不练"、"瘸子打围坐着喊”的现象。解决这些问题,一方面笔者认为要本着科学发展观的要求,深入做一个合作的规划,这个规划应该是兼顾多方面利益,能够统筹、协调各个方面的市场和资源的一个计划,是高层次的一个有权威的规划。做这样一个规划最基本的东西是环渤海地区基础设施的整合问题。

7. 主动出击,创新发展

主动作为、创新发展就是实现“有中生新,无中生有”问题。本质是实现科技创新。科技创新是指创造和应用新知识和新技术、新工艺,采用新的生产方式和经营管理模式,开发生产新产品,提高产品质量,提供新的服务的过程。科技创新是开放的复杂巨系统工程,包括四类:观念与知识创新、技术创新以及现代科技引领的管理创新。从微观上讲,科技创新有助于企业占据市场并实现市场价值,从而提升企业核心竞争力乃至区域竞争力;从宏观上讲,能推动技术的创新发展,促进整个社会生产力的提高,同时减少环境污染,满足社会需求,解决社会问题。实现观念创新、知识创新、技术创新、管理创新。2013 年 8 月 14 日国发〔2013〕32 号《国务院关于促进信息消费扩大内需的若干意见》针对全球范围内信息技术创新不断加快,信息领域新产品、新服务、新业态大量涌现,不断激发新的消费需求,成为日益活跃的消费热点。我国市场规模庞大,正处于居民消费升级和信息化、工业化、城镇化、农业现代化加快融合发展的阶段,信息消费具有良好发展基础和巨大发展潜力。与此同时,我国信息消费面临基础设施支撑能力有待提升、产品和服务创新能力弱、市场准入门槛高、配套政策不健全、行业壁垒严重、体制机制不适应等问题,亟须采取措施予以解决。加快促进信息消费,能够有效拉动需求,催生新的经济增长点,促进消费升级、产业转型和民生改善,是一项既利当前又利长远、既稳增长又调结构的重要举措。提出信息发展消费战略,面对于这一现状,廊坊市从创新发展出发,应该全方位考虑这一战略的实施。

四、结论

按照中共河北省委书记周本顺同志在廊坊的讲话精神的“知己知彼、换位思维、读懂北京、读懂天津,也要读懂自己”要求。阐述了经济增长极、都市连绵区、外溢与内吸、战略突破口等经济理论涵义;深入剖析了实现战略突破的机遇与挑战;在此基础上,从“区位一体、发展城镇;体制机制、消除障碍;科学发展、绿色崛起;读懂自己、发挥优势;政府作为、功能定位;综合平衡、规划落地;主动出击、创新发展”提出了相应的对策。对于市委五届五次会议关于“高端发展绿色崛起奋力打造河北环京津新增长极战略突破口”战略方向快速发展有重要的现实意义和决策参考依据。

对接京津高端辐射

北京高新技术外溢辐射途径方法研究
——基于廊坊市的考虑

王爱峰①

【摘要】:北京作为我国的科技中心,高新技术成果丰富,本文通过研究北京技术、知识资源外溢辐射的途径与方法,分析廊坊市的区位、产业现状、知识吸收能力,为廊坊市有效吸收利用北京的高新技术资源,提高自主创新能力提出相关对策与建议。

【关键词】:高新技术　技术外溢　知识转移　创新平台

北京不仅是我国的政治文化中心,还是科技中心,高等院校、高水平科研机构和高水平科技人才队伍在北京呈现出高度集聚的态势。在高额的R&D投入之下,北京涌现出了很多高科技成果,但北京市城市扩张很快,土地等资源非常缺乏,创业成本高昂等因素制约了这些高科技成果的本地产业化,这些科技成果向外扩散成了必由之路,甚至扩散到了深圳、珠海这样的地方(如清华大学在深圳和珠海建立了科技园区)。廊坊市位于京津之间,与北京市紧密接壤,交通与通讯等基础设施完备,具有得天独厚的区位优势,在环保等因素制约下,廊坊市要通过各种途径和方法,借力北京的科技高势能,发展绿色产业和知识密集型产业来提升廊坊市的产业结构,以达到可持续发展的目的。本文通过研究北京高新技术外溢辐射的途径与影响因素,探索廊坊市有效利用北京的高新技术资源的方法。

一、北京市的科技优势

由于种种原因,我国的很多科技资源在北京集聚,从高等院校来说,北

---

① 王爱峰,北京理工大学管理与经济学院副教授,管理学博士。

京市211以上重点高校就近30所,科研基础雄厚,中科院、社科院、各行业研究机构和很多民间研究机构也分布在北京各地,各大企业总部也纷纷迁至北京。2010年以来,北京市每年投入R&D经费近500亿元,而河北省全省年R&D投入则不足30亿元。在巨大科技资金投入下,北京高科技成果也纷纷涌现,2012年北京高新技术企业1103家(河北省438家),2012年北京市发明专利授权数11209件(河北省954件),2012年技术交易金额4979526.85万元,交易额位居全国第一位。北京科技资源丰富,但北京市的空间制约决定了北京市必须向外转移辐射技术成果,实现产业化,廊坊与北京近在咫尺,已经具有相应的产业基础,应当认真研究技术转移的途径与规律,与北京做好对接,促进高新技术在廊坊地区的成果转化。

二、北京高新技术外溢的途径与影响因素

(一)高新技术外溢的途径

高新技术涵盖新原理、新技术、新工艺、新材料领域,从技术的载体上来看,包括硬系统和软系统两大部分,硬系统包括材料、机器、设备等方面,软系统包括蕴含在材料、机器和设备中的知识与方法等。一般来说,技术外溢是指外商投资、跨国贸易等对东道国相关产业或企业的产品开发技术、生产技术、管理技术、营销技术等产生的提升效应,本文对技术外溢概念进行扩展,引到区域间技术与知识流动对接受方的影响,包括技术扩散的部分内涵。从具体技术外溢的内容来说,方法、经验的外溢更为重要,因为技术硬系统的转移相对容易而且模式单一,知识的流动过程和流动机制就非常复杂,影响因素较多。从知识分类来说,知识又可以分为隐性知识和显性知识,由于隐性知识具备难以用语言明确表达的性质,因此内隐性特征是造成知识转移过程困难的重要因素之一,显性知识的扩散主要通过大众媒介,隐性知识的扩散必须通过面对面的交流。

北京高新技术(包括知识)外溢的途径主要由以下几类:

1. 技术贸易

技术贸易是我国市场体系的重要部分,是连接科研和生产的桥梁和纽带,属于市场体系中的生产要素市场。目前北京政府和各科研机构建设的技术转移中心、技术交易机构、生产力促进中心、中小企业发展中心等机构,都是技术贸易的媒介。技术贸易是技术转移的重要渠道,通过贸易的形式,

技术接受方通过购买技术硬系统和软系统,促进技术成果的生产力转化。技术贸易形式简单,技术转移迅速,但技术接受方需要付出大量资金,在接受方自身知识储备不够,消化能力不强的情况下,会有技术引进失败的风险,本模式适合相对成熟的技术转移,特别是那些已经经过市场检验的技术。

2. 双方合作,建设成果孵化机构

高新技术是"新"技术,往往尚未在市场上得到验证,在成果的转化过程中,会遇到技术风险和市场风险,为分担风险,可以由技术供给方和需求方共同建立成果孵化机构,引入风险资金,建立风险和收益分享机制。可以考虑双方共同建立科技园区,促进高新技术的成果化与市场化。

3. 人才流动,信息共享

研究发现,人才的流动是隐形知识传播的重要形式,也是技术外溢的核心渠道,通过人才的流动,人才接受方可以获得技术的核心内涵,特别是有利于技术软系统的提高,从而真正掌握高新技术的核心内容,保证引进技术和创新的成功率;在信息时代,信息收集与处理能力是自主创新能力的重要内容,在技术与知识低势能地区,通过密切关注技术知识高势能地区的科技信息,获得科技情报,是高新技术转移的重要渠道,这种方式适合显性知识的传播。

4. 投资设厂,直接转化

高新技术成果拥有者直接投资或者以成果的形式入股企业,实现成果的产业化与市场化。目前一般采用后一种形式,即成果拥有者以自己的知识产权作为投资参与企业,组建股份制公司,包括专利权、专有技术、软件著作权、商业秘密等,根据公司法第二十七条,对作为出资的非货币财产应当评估作价,核实资产,不得高估或者低估作价,这种技术转移形式中,知识产权价值的评估是个难点。

(二)高新技术外溢辐射的影响因素

对于技术外溢的影响因素,国内外的学者提出了很多观点,对于影响因素的总结各不相同。基于环北京地区的技术资源分布、产业结构、经济发展水平和基础设施实际情况,本文提出如下影响因素:

1. 地理因素

一些研究认为,空间变量是新技术扩散的重要印象因素,新技术在技术源周边地区的集聚原因就是地理临近，研究证明地理因素对知识（尤其是隐性知识）与创新活动的关系具有正面影响，有助于企业的技术、知识溢出和创新绩效的提升，地理距离越近，越有利于技术的扩散。当然，地理因素不是技术溢出或辐射的充分条件，需要转移介质的作用与知识的交换为前提。

2. 产业与技术外溢介质的配套性

高新技术外溢包括技术从高势能地区向低势能地区的转移过程，但技术的移过程不是凭空进行的，技术不会自动的从高势能地区流向低势能地区，而是需要一定的介质或载体方可进行。技术转出方和技术接受方需要有相配套的产业基础，需要相互匹配的知识转移渠道，从另一方面说，技术供应方与技术接受方在目标技术的生存与生长环境方面应当有足够大的交集，产业与介质的配套性在很大程度上影响着技术外溢的成功率。具体来说，廊坊应当具有一定的高新技术产业基础，北京要有与这些产业相应的高新成果，北京和廊坊之间技术、产品交易渠道畅通，有人才交流与信息交流的通道。

3. 高新技术接受方的创新环境与资源禀赋

创新环境包括软环境和硬环境两方面。软环境包括政策环境、政府动机与引导力、文化建设、企业家精神等方面。要制定相应的政策法规，鼓励创新行为，提供创新支持资金；政府要有促进创新的紧迫感和使命感，加强创新行为的引导；大力打造创新文化，通过各种媒介进行创新宣传；企业家应当负起经济与社会的双重使命，不仅要最求利润，也要承担起相应的社会责任，培养创新人才，有敢于创新的勇气和魄力。打造硬环境主要指基础设施，如 ICT 设施、交通设施、生活设施、休闲设施等，通过硬件建设，“种下梧桐树，引来金凤凰”，吸引高新技术产业和高水平人才前来安家落户。

4. 技术知识基础及吸收能力

研究表明，在技术与知识的转移中，接受方的技术知识基础与吸收能力至关重要。加强技术基础就需要加大科研投入，优化各种投入的关系，改善基础设施，提高科研水平，曾经有观点认为技术供给方与技术需求方的知识势能差越大，知识转移的速率就越快，但实证研究表明，只有在技术接受方的存量知识达到一定的阈值后，势能差与转移速率才会呈现明显的正相关关系，否则甚至表现为负相关。技术接受方的吸收能力也很重要，要加强吸收能力，除要求一定的知识存量外，更重要的是大力增强组织的学习能力。

三、廊坊市的对策

近年来,随着发展成本的提升,北京高新技术产业逐渐开始进行价值链的区域分工。高科技企业通常将总部、研发机构和销售总部设于中关村科技园区,而将部分生产加工部门转移至国内其他地区甚至海外。由于河北省拥有丰富而廉价的劳动力资源和自然资源,因此部分北京高科技企业将生产制造部门设在了河北省。特别是廊坊依据其地域优势,成为京津高技术成果转化基地、项目投入基地,京东方平板显示器产业园、汉王制造等500亿元以上电子信息项目均落户廊坊,华为、富士康、中兴、京东方等国内知名高科技企业也纷纷进入廊坊地区。

(一)通过SWOT分析,做好统筹规划

SWOT分析又叫优势、劣势、机会、威胁分析,廊坊市应当认真分析自己优劣势,面临的机会和威胁,也要认真分析北京的优劣势、机会和威胁,要进行动态分析,不仅要分析当前态势,更要科学预测未来变化趋势。严格来说,北京过去相当一段时间内对河北地区的技术辐射效应并不强,究其原因,由于北京周边地区的人才受到北京较高的工资报酬、更多的发展机会及企业成长性好等条件的吸引,大批流向北京,造成北京市周边地区人才的“虹吸”效应。但从当前现状来看,由于北京房价的持续上涨,生活费用昂贵和糟糕的空气、交通等原因,这些人才回归北京周边的趋势在增强。北京日益上涨的土地价格、越来越拥挤的空间等因素促使北京的科技资源必须在北京以外地区找到转化的基地,这给廊坊市带来了极大的机遇,廊坊与北京近在咫尺,各种条件便利,有利于降低北京技术成果转化的成本。廊坊应当立足实际情况,抓住机遇,有所为有所不为,制订科学的科技发展规划,做好统筹谋划。

(二)打造一支高水平的创新人才队伍

高水平的创新人才队伍是科技产业的基础,要通过培养、引进、交流等多种方式提高人才的数量和质量。加大教育投入,提高人力资本素质。在加大政府对教育投入的同时,应积极运用民间资金发展多种类型和多种层次的教育。鼓励和大力发展各种岗前培训、在职培训和技术培训,改善和提高目前的人力资本状况积极推行用人制度改革,采取积极有效措施,鼓励各

类优秀人才的聚集。

(三)搭建创新服务平台与高新技术孵化器

创新服务平台是把各创新资源和创新条件整合成有机统一体的一系列“软”、“硬”要素的集合体,是服务企业等创新主体创新活动的公共结构,是有效沟通创新资源供给方、需求方的桥梁和纽带,信息共享与资源共享是起核心功能。高新技术孵化器是分解创新风险,促进新技术转化的重要方式。廊坊应当通过搭建创新服务平台、与北京合作组建高新技术孵化器的方式,加强与北京的技术交流与合作,降低信息不对称程度,促进高新技术成果在廊坊转化为生产力。廊坊还可以利用地域优势,定期开展协作交流活动,鼓励北京市高水平专家到廊坊挂职交流,促进知识转移。

(四)多种措施提高本地技术基础与知识吸收能力

技术接受方必须拥有足够的技术基础,在此基础上才可能培育相应的知识吸收能力。知识吸收能力包括知识获取能力、知识消化能力、知识转化能力和知识利用能力,其中,知识获取能力是指企业接近外部知识源、并通过某种方式搜寻、评估和获取新知识的能力;知识消化能力是指企业理解和解释所获得的外部新知识的能力;知识转化能力是指外部知识在企业内流动和扩散,与现有知识有效融合并产生新知识的能力;知识应用能力是指将转化后的知识应用于企业的经营实践,有效把握和开发市场机会,并产生商业化成果的能力。要提高知识吸收能力,需要提高员工素质,组建高水平的科研队伍,积极组织研发活动,获得一定的先验知识,同时还要改进组织模式,建立学习型组织,最好拥有高质量和高密度的社会资本。

四、结论

北京具有高度聚集的高新技术资源,具有很高的知识势能,廊坊与北京紧密接壤,拥有独特的地理优势。廊坊应当认真分析北京与廊坊的实际情况,抓住机遇,建立创新服务平台,鼓励人才交流,构建社会网络,与北京实现科技对接;优化环境,提高本地知识存量,增强吸收能力,吸引高新技术成果在廊坊落地,开花结果。

参考文献

[1]柳卸林,高太山．中国区域创新能力报告2012[M]. 北京:科学出版社,2013

[2]百度百科．技术外溢. http://baike. baidu. com/view/388810. htm

[3]E. Von Hippel Sticky Information and the Locus of Problem Solving: Implication for Innovation [J]. Management Science, 1994, 40(4):429 -439.

[4]Howells, J. R. L. Tacit Knowledge, Innovation and Economic Geography [J]. Urban Studies, 2002,39(5 -6):871 -884

[5]王爱峰．邯郸市技术扩散与产业结构互动机制研究报告[P]. 2010

[6]崔玮,王平．北京高新技术产业集群对津冀经济辐射的实证研究[J]. 中国市场,2008(12)

[7]孟庆敏,科技服务业机构与中小企业之间的知识转移研究[D]. 江苏大学博士学位论文,2012

基于发展互补的都市圈一体化研究
——以天津和廊坊为例

许红军[①] 张 雷[②] 金 庆[③]

【摘要】:京津廊都市圈作为京津冀区域的核心,对京津冀乃至整个环渤海区域经济发展,具有重要意义。本文从多个角度分析京津廊一体化的必要性与可行性,结合各自产业优势指出天津、廊坊未来发展定位,以及如何基于发展互补对接京津廊一体化。

【关键词】:都市圈 城市定位 一体化 发展互补

"都市圈"是指一个或多个的核心城镇,以及与核心城市具有密切经济联系的,具有一体化倾向的临近城镇组成的区域结构。"都市圈"一体化的根本意义是打破行政界限的束缚,实现区域联动互补发展。

京津廊都市圈以突出的区位优势、密切的依存关系、明显的功能互补、雄厚的经济实力、快速发展的区域合作,正成为京津冀地区物流、人流、信息流联系最为密切的"黄金三角区"。京津廊区域产业分工与合作的发展,在京津冀区域合作中占有举足轻重的地位,研究京津廊区域如何实现产业的分工与合作,达到都市圈的互补与联动发展,具有重要的现实意义。

一、京津廊都市圈概况

(一)区域整体概况

京津廊是京津冀经济圈的核心区域,而京津冀地区是中国继长三角、珠

① 许红军,中国民航大学经济与管理学院副教授,管理学博士。
② 张 雷,中国民航大学经济与管理学院硕士研究生。
③ 金 庆,中国民航大学经济与管理学院硕士研究生。

三角之后第三大最具发展潜力的经济区域。京津冀区域发展规划总体上是一个“8 +2”的模式，包括北京、天津两个直辖市和河北省的石家庄、廊坊、保定、唐山、秦皇岛、沧州、张家口、承德8市。

京津廊都市圈处于京津冀的核心地带，包括北京市、天津市和廊坊市，总面积34785平方公里，2012年末总人口达3918.45万人，2012年的GDP总量为32697亿元，占到整个京津冀经济区的62.28%。

该区域具有独特的区位优势、雄厚的工业基础，国内领先的技术设备和科研环境，是目前中国北方最具发展潜力和活力的经济区。

总体上来看，北京、天津作为两核带动廊坊已经形成“两核一走廊”式的发展模式。

（二）天津市概况

天津市位于北京和廊坊东侧、渤海之滨，北起蓟县黄崖关，南至大港区翟庄子沧浪渠，南北长189公里；东起汉沽区洒金坨以东陡河西干渠，西至静海县子牙河王进庄以西滩德干渠，东西宽117公里。天津市域面积11946.88平方公里，疆域周长约1290.8公里，海岸线长153公里，陆界长1137.48公里。目前，天津市常住人口为1413.15万人，2012年GDP总量为12885亿元，增速13.8%，全国排名第一位。

天津市地处华北平原东北部，环渤海湾的中心，东临渤海，北依燕山。天津距北京120公里，是拱卫京畿的要地和门户。对内腹地辽阔，辐射华北、东北、西北13个省市自治区，对外面向东北亚，是中国北方最大的沿海开放城市。天津海陆空交通便捷，铁路、公路四通八达。长期以来，天津港与180多个国家和地区的500多个港口保持贸易往来，是连接亚欧大陆桥距离最近的东部起点。2012年，天津港货物吞吐量达到4.77亿吨，位居世界港口前10位。

（三）廊坊市概况

廊坊市于1989年4月，经国务院批准为省辖地级市，现辖广阳区、安次区两个区，三河市、霸州市两个县级市，大厂回族自治县、香河县、永清县、固安县、文安县、大城县六个县。90个乡镇3222个行政村，辖区面积6429平方公里，总人口为436万人，2012年地区生产总值1793.8亿元。廊坊市作为京津冀都市圈、环渤海经济带的腹地，正演变成京津冀一体化发展的核心城市。

廊坊区位优势独特，与北京、天津紧邻，素有“京津走廊上的明珠”之称，市区距北京40公里、天津60公里，与京津两个机场相隔70公里，距天津新港100公里。既得近海之利，又得京津辐射效应。毗邻东北、华北两大工业基地，属产业和人口高密度区，不仅市场容量大，而且有丰富的资金、技术、人才、信息等资源，蕴藏着广阔的发展空间。廊坊市目前拥有一个国家级、三个省级经济技术开发区。地处京津中间的廊坊是京津交通的桥梁与枢纽，目前区域内有京山、京沪、京九、大秦、津保五条铁路干线，京津塘、京沈、津保三条高速公路和京开、京哈、京福、京津、津保五条国家级公路纵横交错，形成了依托中心城市和空港、海港的独特优势近几年，依托京津，承接京津经济溢出效应，廊坊不断发展壮大。

二、京津廊一体化必要性与可行性

（一）必要性

作为国内三大城市圈之一的京津冀都市圈经济发展总体水平一直落后，人均GDP较长三角和珠三角都有较大差距；另外，在工业化为主导的发展阶段，京津冀都市圈第三产业在国民经济中的比重也远远落后于另两个三角洲都市圈地区。北京作为中心城市经济实力在全国仅次于上海，第三产业还要高于上海，具有较强的服务和辐射能力。天津虽然被定位于“北方经济中心”，但是GDP仅相当于北京的56%，作为经济中心缺少足够大的经济规模和辐射力。廊坊位于京津两大核心城市之间，但产值在河北省只排在第6位，并没有很好地发挥其区位优势。因而京津廊一体化，实现联动互补式发展就显得尤为迫切。

1. 产业同构，缺乏互补性

北京、天津及廊坊在产业政策上追求大而全，均强调“一个都不能少”，导致产业结构自成体系、自我封闭我结构趋同继续加重，相互之间争夺资源、投资等使得整个区域资源无法有效配置，总体水平远落后于长三角、珠三角。

特别是京津两地，一直以来都是抱着“各自为战”的意识，两市产业结构雷同，大量的重复生产、重复建设，分工不明确，双方经济竞争的动机强烈，不注重经济的互补合作，严重影响了区域整体经济的发展。在传统经济体制下，京津都形成钢铁、化工、建材、电力、重型机械、汽车等传统产业，目前又在竞相发展电子信息、生物制药、新材料等高新技术产业。

另外，廊坊将发展重点定位于做强电子信息、装备制造、新型能源、文化休闲等产业，与京津存在竞争关系。在京津走廊上规划的高新技术产业带，京津廊更是自成一体，三地都强调产业链的完整，既电子信息产品的研发又做电子元器件生产，造成重复投资且各自优势不明显，产业上的互补优势没有得到充分利用，区内无法形成有创新能力的产业链和产业集群。

基于产业同构的现实，迫切需要三地制定一体化的发展战略，形成一脉相承的产业链，共享产业利润，共担风险。

2. 缺乏良好的协调与合作机制

京津廊都市圈虽然从地域上看是一个整体，但由于分属三个不同的行政区域，特别是同一区域存在北京、天津两大直辖市，区域内部协调的难度较大，使得京津廊在区域上难以进行统一的经济发展规划，缺乏良好、有效的协调发展机制。

北京、天津和廊坊特别是京津两地在制定发展规划时，往往只考虑自身的情况。双方总体发展规划纲要中，都表现出良好的合作姿态，但在专项规划里，却还是各打各的算盘，甚至不顾资源等条件限制，追求“大而全”的发展目标。在实际工作中，从功能定位到具体项目，双方首先考虑本地区的利益，很少从区域整体出发统筹兼顾。而京津双方整体发展规划中的不协同，一定程度上致使廊坊无法很好的定位自己。

由于缺乏跨行政区统一的产业规划，京津廊地区的中心城市和各卫星城找不准自己的产业定位，无法形成错位发展、优势互补的格局，这些因素制约了京津廊都市圈经济和社会的快速发展。京津廊都市圈迫切需要建立一个统一的协调机制，合理安排利用资源以达到增强区域整体竞争力的目的。

3. 要素流动不畅，经济联系不紧密

由于行政壁垒高筑，“政府自己搭台自己唱戏”，作为京津冀核心的京津廊区域生产要素无法充分流动，各个行业形不成完整的产业链，企业间形不成产业集群，“京津廊”城市圈只能被称为“京、津、廊”。

据调查，北京市每年 400 多家研发机构转让出 1400 项研发成果，其中 1000 多项转让到了京津冀以外的地区。而北京现代和天津一汽丰田等大型

公司,在京津之间也没有形成有效的产业联动。

反观珠江三角洲和长江三角洲已形成配套的产业集群,形成了有实质性联系的经济圈。而环渤海地区尚未真正形成有机联系的经济圈,总体发展水平和势头也不及前两个地区。

京津廊的协调发展,必须消除京津两大核心城市之间以及与廊坊之间相互脱节的现象,打破彼此间空间联系松散的现状,避免由于地区产业梯度落差过大而形成产业悬崖。

4. 京津辐射效应未充分发挥

北京已经进入工业化后期,城市的发展已经到了一个关键转折点,聚集效应的负效应凸显,已经到了发展扩散作用的时候了。天津虽然处于工业化的中后期,其聚集效应还是大于扩散效应的,但我们也不能为此而任其盲目地对周边资源发挥虹吸作用,而是要超前规划,提前布局产业结构,甩掉产业链的低端环节,对周围地区进行产业转移。

城市区域化是巨型城市发展的必然。城市发展必然导致其向外扩张,但摊大饼式的单级扩张方式已无法维系,发展战略形态要进行革命性的变革,即由原先的单极城市扩张,改变为组团式城市群的培育,才能克服过去城市化进程中的发展弊病,真正实现区域经济一体化。京津廊应该形成“双核 + 一廊”的基本模式,形成京津为经济核心,廊坊为产业走廊的区域形态。

京津的极化效应远远大于扩散效应,使其不断将资本、市场、人才吸引到增长极点上,而京津的经济发展,尚未达到经济成熟期,体现在其经济总量和集聚效应、扩散效应的强弱对比。由于核心城市的带动不明显,滞后了整个区域的经济发展,无法很好带动廊坊融入“双核 + 一廊”的模式,从而令区域一体化进程减缓。

(二)可行性

1. 国家战略规划提供机遇

2004 年 2 月 12 日,国家发改委地区经济司召开京津冀区域经济发展战略研讨会,最后达成加强区域合作的“廊坊共识”;2004 年 6 月 26 日,环渤海合作机制会议在廊坊举行,会议达成《环渤海区域合作框架协议》;2004 年 11 月,国家发改委正式启动“京津冀都市圈区域规划”编制;2011 年 5 月,《京津冀都市圈区域规划》上报国务院;十二五规划纲要里也把京津冀列为重点发展的区域。

随着京津冀区域规划上升到国家层面，其核心区域京津廊迎来了难得的发展机遇，特别是京津之间的廊坊从政治、经济、文化、环境各个层面都获得一个良好的氛围融入到京津廊一体化中。

2. 区位优势

京津廊位于京津冀地区的核心区域，现代化的空港海港，衔接南北、贯穿东西的公路网和铁路网让京津冀都市圈成为全国重要的交通枢纽。区域内京津城际铁路已开通，天津去北京 40 分钟就可以到达；北京的轨道交通、公交系统延至廊坊；“三纵五横两翼”的高速路网格局构建出京津廊 1 小时同城交通圈，即京津廊三地路程不超过 1 小时。经济一体化交通先行，京津廊三地便捷的交通为区域一体化建设提供了保证。

天津港已建成 25 万吨级深水航道、30 万吨级原油码头集装箱物流中心、散货物流中心等港内以集疏运信道为重点的配套工程；已建成北疆集装箱、南疆能源和散货、东疆保税等港区，使得天津作为京津廊的窗口成为面向东北亚、辐射全球的现代化国际深水港。天津港的建设为京津廊三地大型装备制造产业链的发展提供了保障。

3. 综合资源优势

京津廊作为环渤海区域的核心区，独有的政治、信息、科技和人才资源，发达的总部经济，不断积聚的科技人才资源为都市圈的发展奠定了良好的基础。

京津廊都市圈是全国最接近国家政治的区域，所谓“近水楼台先得月”，政策上的优势是其他地区无法比拟的。北京、天津作为四大直辖市之二，云集了众多国内一流高校和科研院所，为经济一体化提供强大的科技、人才支持。区域发展用地方面，京津廊都市圈备有滨海新区 1200 多平方公里的可开发土地资源和廊坊市 6429 平方公里的土地资源作支撑；拥有渤海湾丰富的海洋资源和天津港天然优良港口。

综合资源方面的优势为京津廊一体化提供了生产要素支撑。

4. 产业基础雄厚

京津廊都市圈背靠京津冀经济区这一北方最大的产业密集区，集中了全国最重要的大中型企业，基础工业实力雄厚，发展潜力巨大。国家 114 家央企，有一半以上在这里聚集。

拥有信息传媒、科技创新、金融服务、文化体育等高端产业；通信设备、计算机及其他电子设备制造业；汽车制造、医药制造等现代制造业；石油开采、加工、综合化工以及现代农业生产等基础产业。

三、京津廊都市圈一体化下天津与廊坊城市定位

（一）天津市城市定位

1. 北方经济中心

2006年国家将天津定位为北方经济中心，京津之间长达多年的北方经济中心之争画下句号。

从区域经济发展看，长江三角洲和珠江三角洲分别有对区域经济发展起巨大带动作用的上海、深圳和广州等经济中心城市，中国北方地区也需要一个强有力的经济中心城市来带动整个区域的发展，而目前天津已具备这样的基础和条件。

天津应以滨海新区的发展为重点，不断增强城市功能，充分发挥中心城市作用，将天津市逐步建设成为经济繁荣、社会文明、科教发达、设施完善、环境优美北方经济中心。

2. 国际港口城市

始于唐贞观年间的天津海港是全市的核心战略资源，1984年，天津被列入全国十四个沿海开放城市，作为环渤海区域的核心城市，天津定位国际港口城市当仁不让。

天津拥有我国北方最大的港口和进出口货值最大的海关。2012年天津口岸进出口总值超过2042.52亿美元，天津港货物吞吐量突破4.77亿吨，其中北京、河北、山西、内蒙古等省区市的货物占60%以上。

天津港不仅是天津的港口，更是京津廊乃至整个环渤海区域的港口。天津港应以国际航运物流疏散枢纽为支撑，成为整个大北方国际港口。

3. 现代制造业基地

天津在现有加工制造业优势与港口优势基础上，定位为大力发展电子信息、汽车、生物技术与现代医药、装备制造、新能源及环保设备等先进制造业。充分利用北京地区的科研优势，打造京津廊区域科研转换基地。

滨海新区以港口建设为龙头，大力发展以汽车工业、国防科技、装备制造、石油化工为重点的先进制造业，以航运物流、金融创新为重点的高端服务业；空港区以航空航天、现代制造业为发展重点；京津走廊上的武清区大

力发展电子信息、新能源新材料、生物制药产业，与北京、廊坊实现全方位对接；天津高新技术产业园区积极促进科技与经济相结合，成为天津高科技成果、科研信息和科技人才的集散地。

4. 北方金融中心

近代天津曾是中国北方的金融中心，对北方经济发展起到过重要作用。银行出现以前，天津已有数十家钱庄、票号，其中最早、也是最有名的就是嘉庆二年（1797 年）山西人雷履泰在天津开办的日升昌票号，它以首创中国汇兑业务而闻名。辛亥革命后，天津金融机构的数量、规模及业务辐射范围在当时仅次于上海居于全国第二，成为北方的金融中心。

2006 年 5 月，国务院发布《关于推进滨海新区开发开放有关问题的意见》，明确提出“鼓励天津滨海新区进行金融改革和创新”的意见；2009 年 10 月，国家发改委批复了《天津滨海新区综合配套改革试验金融创新专项方案》。国家政策上的重视与支持为天津金融业发展提供了难得的历史机遇。

目前，天津响螺湾商务区和于家堡金融区已初具规模。借助中央给予天津市的金融改革试点的政策和机会，将天津市发展成为中国资金输往海外和外国资金进入中国的中转站，成为中国的“华尔街”。

（二）廊坊市城市定位

1. 京津产业转移及对接平台

北京、天津两个特大城市发展到目前阶段，交通、资源、环境等承载量已不堪重负，有庞大的产业转移需求。京津产业升级及工业企业生产的各类成本上升，一些不符合京津城市发展定位的产业被转移和扩散出来，比如，北京市近来多次强调要将高耗能、高耗水的项目转移出去。但这些转移和扩散出来的产业与廊坊的发展方向却并不矛盾，可以使这些产业在廊坊得到进一步发展。作为京津走廊，廊坊市当仁不让的要承接京津的产业转移。

另一方面，廊坊具有靠近京津的有利区位、低廉的商务成本、优越的投资环境，积极发展面向京津的配套产业基地，做京津产业对接平台。不仅来自北京的清华大学、中科院等科研院所在这里建设产业化基地，而且像华为、富士康、中兴通信等一批来自技术密集型企业在廊坊进行规模化投资。在集成京津的技术与来自南方的资本方面，廊坊具有得天独厚的优势，搭建好有效组合各地优势资源的接纳基地。廊坊应充分利用京津两地的资源，根据京津产业布局引入关联投资项目，实现和北京、天津的全方位对接。

2. 京津廊电子信息产业走廊

首先，廊坊近邻京津拥有发展电子信息产业技术、人才优势。北京高科技人才云集，具有超强的科研能力；天津作为传统的工业城市，技术基础扎实，而廊坊作为京津走廊，与两地交通极为便利，京津地区的研发成果能够极其方便地以较低成本在廊坊得到转化。

其次，世界范围内的电子信息产业正在进行新一轮转移，国内南珠三角、长三角产业转移为廊坊发展电子信息产业带来机遇。廊坊紧邻消费市场、丰富且低成本的劳动力和智力资源、优惠的产业政策成为吸引电子信息产业转移的重要承接地，再加上京津地区是 IT 公司产业转移的优先选择地区之一，这使得廊坊在吸引电子信息产业外资项目方面，具有更多机会。富士康、华为、中兴的入驻就是很好的范例。

再者，京津巨大的市场空间和配套需求带来的机遇。京津强大的经济实力和个人购买力，使京津两地的市场空间十分广阔，而城市居民较高的文化科技素质，使两市居民对于电子信息产品的需求十分巨大，近在咫尺的大市场是廊坊电子信息产业发展的重要拉动因素。此外，北京地区电子信息产业配套体系还不完善，“两头在内，中间在外”的产业状况需要周边地区为其填补生产制造环节，并集聚更多地为北京大型骨干企业和跨国公司配套的厂商，这是廊坊发展电子信息产业的重要机会。

3. 旅游休闲商务中心

廊坊是全国首家通过 ISO 14001 环境管理体系认证的城市。廊坊从城市的整体规划、功能布局、建筑风格以及城乡一体化等方面，更多的融合了时代文化的内涵，体现出了新兴城市的朝气、活力、温馨和人文关怀。与人流如潮、车水马龙、高楼林立的京津都市环境相比，廊坊城市安静，街道宽阔，更贴近现代都市人向往的田园生活，这座城市本身就是一个大景区。廊坊应抓住旅游业由传统“游山玩水”向“休闲度假”转变的市场趋势。比邻京津，廊坊需要与京津错位发展，建设现代休闲会展旅游名城，打造京津走廊，休闲之都。

面向京津的高端顾客、休闲顾客，廊坊休闲商务中心的打造应侧重从高尔夫、会展、温泉度假和观光农业着手。高尔夫及会展满足高端商务人士的休闲商务需求，温泉度假和观光农业则面向普通度假休闲游客。

借河北省打造环京津休闲旅游带之机，廊坊充分发挥区位优势，抢占新兴高端市场和京津休闲度假市场。高端商务以高级商住、康体娱乐、会议展览为发展重点，休闲度假以温泉度假和观光农业为发展重点，把廊坊建成京津之间休闲居住、休闲办公、休闲创作、休闲会展、休闲洽谈、休闲保健、休闲娱乐、休闲观光等高品质健康生活的首选之地。

4. 京津地区农副产品的供应中心

2012 年末京津两核的常住人口总量为 3482.4 万人，巨大的人口数量背后是巨大的市场，廊坊西距北京 40 公里、东距天津 60 公里，发达的高速公路网条件下廊坊具有成为京津的“菜篮子”一切区位优势。特别是与北京、天津接壤的地方，具有发展农副产品得天独厚的条件。

四、基于京津廊一体化的天津廊坊发展对策

（一）政策一体化

首先，京津廊三地需要建立定期的规划联席会议制度，主要研究区域交通、产业、重大基础设施、环境保护、水资源综合开发利用等跨区域重要的规划项目，协商推进区域一体化发展和规划协作的有关重大事宜，并提出统一的规划意见和政策措施。让京津廊都市圈的发展规划落在一张图上。

为保证京津廊统筹规划协调顺利执行，三地规划主管部门应设立京津廊规划协调小组，落实三地统一的规划方案。

（二）产业一体化

天津应着力打造研发转换基地，主要发展航空航天、石油化工、装备制造、电子信息、生物医药、新能源新材料等先进制造业和现代物流商贸、金融保险等现代服务业，并适当发展大运量的临港重工业。积极在区域内发展相关配套项目，促进形成产业链条。同时，积极推动京津廊电子信息产业走廊。

廊坊作为北方先进制造基地、旅游休闲度假区和现代化农业基地，是京津高技术产业研发转化及加工配套基地。廊坊应该努力提高自身发展水平，更好的承接来自京津的产业转移完成产业分工中的工业制造环节。大力发展电子信息产业、汽车零配件、木材加工及家具制造业、印刷包装业、休闲旅游及会展业，与京津全面对接。

加快京津地区产业转移，优化京津廊产业对接，解决京津廊出现的产业

同构和“京津廊都市圈”内产业链断裂等问题。进一步优化都市圈已形成的产业梯度，并通过产业转移和聚集，修补并延长区域内断裂的产业链。

（三）交通一体化

京津廊都市圈社会经济一体化的基础是交通一体化，构建京津廊“1小时都市圈”一体化顺利实现的保障。

轨道交通系统。在现有京津城铁的基础上加设廊坊站，每隔1班在廊坊停一下。京廊之间开通廊坊至首都二机场轻轨，与北京地铁4号线对接，延长亦庄线、通州线至廊坊；轻轨将北京新机场与固安县城、霸州市区及津保客运专线连接，从而实现廊坊中南部地区快速进京；天津地铁1号线延长至武清区，加强天津与京津走廊的联系；修建滨海新区直达天津机场的轻轨，与天津地铁2号线相连，以使滨海新区更好地融入京津廊都市圈。

公路系统。修建京津第二高速从廊坊市南侧路过，这样京津走廊上就有南北中三条高速公路，联系更为紧密；修建蓟县经大厂、香河直达廊坊高速，填补南北方向上高速公路的空白；大香线北延，对接北京平谷；平香线南延，对接天津市崔大线；利用北京南中轴路向南延伸至固安、永清。

城际公交系统。开通廊坊至武清的公交线路；开通廊坊市区至首都国际机场客运专线，北京公交开通至香河第一城客运线。开通武清至亦庄巴士专线，中间经停京津走廊主要地点。

（四）市场一体化

构建一个统一的大市场。首先，相互开放和发展要素市场，突破体制障碍，合作发展劳务、金融、产权、房地产、技术等要素市场，促进区域资源的优化配置。其次，京津廊三地联手完善商品市场，发展物流与贸易合作，建设区域农副产品统一市场。再次，启动京津廊旅游市场一体化，共同制定旅游发展规划，发挥各地特色，统一规划旅游精品线路，打造区域旅游市场，发展区域一体化大旅游。

参考文献：

[1]邹军，徐海贤．以统筹规划促进统筹发展——刍议长三角一体化规划[C]．城市规划年会论文集，2004

[2] 冯淑静．适应区域经济发展，全面对接京津廊一体化[J]．特区经

济,2010(10)

[3] 杜稳灵,王华,王肖蓉. 京津廊产业分工与合作机制研究[J]. 经济研究导刊,2009(33)

[4] 刘璐. 京津廊经济互补谋划[C]. 中国·廊坊机遇都市区辐射功能的京津廊一体化研究——同城全面对接暨京津廊经济一体化学术会议,2010

[5] 侯婧. 区域经济一体化背景下廊坊市的发展定位[J]. 区域经济,2012(1)

廊坊市产业结构优化升级的技术与经济关系问题

徐　斌①

【摘要】:人们对技术与经济关系的认识随着社会的发展而不断深入,经济的发展依赖于技术的贡献,而技术的进步同样离不开经济的支持。技术与经济存在着矛盾统一的关系,适宜的技术能加快经济的发展,不适宜的技术会对经济的发展造成伤害。本文回顾了国内外经典的技术关系理论,据此分析了廊坊市产业结构优化升级中如何处理好技术与经济的关系问题。指出,廊坊市的产业结构优化升级要选择适宜技术,运用低碳技术,并注重企业和劳动力技术能力的培育与提升,为了加快产业结构优化升级的步伐,廊坊市必须要优先重点发展工业生产性服务业。

【关键词】:产业结构　廊坊　优化升级　技术与经济

区域经济发展的快慢要受到多种因素的影响,在众多影响因素中技术无疑是最重要的一个。有关研究表明,适宜的技术可以大大提高区域经济的增长速度,而不适宜的技术很可能会拖缓区域经济增长的脚步。技术对区域经济的可持续发展具有双重影响,一方面技术对经济发展有无法估量的价值;另一方面技术也可能对区域经济的发展带来某种消极后果。技术与经济可持续发展存在这样一个相互关系:技术促进了经济发展, 或者更准确地说是技术的积极作用促进了经济的可持续发展,消极作用损害了经济发展的持续性;而经济可持续发展又促进了技术的发展。可见, 技术与经济可持续发展之间是相互依存和影响的关系。

---

① 徐　斌,河北工业大学廊坊分校副研究员,经济学博士,廊坊市应用经济学会副会长。

一、国内外关于技术与经济关系问题的研究成果

(一)技术经济矛盾统一原理

20世纪80年代初,徐寿波先生曾在中国第一部技术经济学专著中就技术与经济的关系做过专门的论述。他指出:"技术和经济的关系是种辩证的关系,它们相互之间有着统一,又有着矛盾。"

一方面,任何技术的社会实践在所有条件下都必须消耗人力、物力和财力,也就是说,技术的应用不能脱离开经济,技术和经济之间存在着互相依赖和互相统一的关系;许多先进的技术往往同时有着很好的经济效果,它们在社会生产实践中得到了广泛的采用和推广,促进了国民经济的发展,同时,由于这种技术在实践中大量地采用和推广,反过来也推动了这种先进技术的提高和发展;这种现象就是技术和经济之间相互促进,共同发展的辩证关系的普遍表现。另一方面,由于各方面内部和外部因素的影响,技术和经济之间也常常有着互相对立、互相矛盾和互相限制的一面;比如,某种技术从它的费用消耗来说也许是最节省的,但是技术上不可靠,不符合于当地的条件,没有发展的前途;也有某种技术从技术本身来说(不从经济性来说)是比较先进的,但在当时当地的经济条件(包括资源、物质和人力等条件)和技术条件下,由于它们的经济效果不及另一种技术的经济效果好,因而,这种较先进的技术就不能在生产实践中被广泛使用。

(二)适宜技术理论

适宜技术并不是指某种特定的技术,而是指一定技术含量的资本与掌握一定知识技能劳动力组合达到最佳配置时经济得到有效快速发展时的技术水平。

适宜技术最早由 Atkinson and Stiglitz (1969) 首次提出,他们将之具体表述为"本地化的做中学"(Localized Learning By Doing),即厂商的"做中学"(Learning By Doing)要受到当地特定的投入要素组合的制约。早期的适宜技术观认为,适宜的技术选择应该与自身的资源禀赋结构相一致,从而指出与发展中国家的经济发展需要相适宜的技术,是一些劳动密集型的技术;中期的适宜技术观认为,适宜于发展中国家经济发展的技术是一组本土创造的、界于土技术和国外先进技术之间的中间技术;现代的适宜技术观

则认为，技术的适宜与否取决于使用方的技术能力的高低。

Acemoglu and Zilibotti (2001)认为发达国家研发技术时只考虑发达国家的要素禀赋结构，而不会考虑发展中国家的要素禀赋结构。由于发展中国家的要素禀赋结构不同于发达国家的要素禀赋结构，因此，尽管发展中国家可以像发达国家一样获得最新的技术，发展中国家所采用的技术和本国的要素禀赋结构之间还是会存在着不匹配。这种不匹配造成了发展中国家和发达国家之间在全要素生产率和人均产出上存在巨大的差距。

林毅夫(2006)在 Acemoglu and Zilibotti(2001)的模型框架基础上，通过构建模型来分析发展中国家的技术水平和这个国家的要素禀赋之间的(动态)关系，得出了三个结论：(1) 发展中国家最适宜的技术一定不是发达国家最先进的技术；(2) 在一定条件下，发展中国家的经济发展速度可以大于发达国家的经济发展速度；(3) 在一定条件下，某些发展中国家最终可以追赶上发达国家。

(三)低碳经济与低碳技术

2003 年的《英国能源白皮书》最先提出低碳经济概念，其要点是提高能效、采用可再生能源以及采用 CCS (碳捕集与封存)等来减少大气中的碳含量。近年来，西方发达国家已经由“高碳生产方式”转变为“低碳生产方式”，由“高碳消费方式”转变为“低碳消费方式”，纷纷走上了低碳经济发展之路，其他各国随后也开始效仿发达国家做法，开始采用低碳技术，少用化石燃料，节能减排，开发新能源以保护环境、补充能源和改善全球变暖现况。

所谓低碳，就是减碳甚至无碳，是指较低(或者是零)的温室气体(二氧化碳为主)的排放。低碳技术是近年来才出现的一个新概念，关于它的内涵的界定，学者们的基本共识是：低碳技术是用以支撑低碳经济发展的重要途径和手段，是一种适应低碳经济发展需要的技术。

可以说，低碳技术是指能适应低碳经济发展需要，减少温室气体排放，防止气候变暖而采取一切减碳、无碳或者去碳的技术手段。低碳技术不仅仅是指人类为了降低大气中二氧化碳含量而采取的具体的工具、设备，而是包括工具、设备等物质手段以及方法、知识和各种活动方式的总和。低碳技术大致可以分三类：减碳技术(尽可能降低碳排放的节能技术)、无碳技术(无碳排放的清洁能源技术)和去碳技术(碳回收、碳吸收与碳储藏及固定技术)。

低碳技术是针对大气中碳含量过多的问题而提出来的,即通过低碳技术,可以在经济增长、能源消费量增加的同时实现碳排放量的减少。这是低碳技术的显著特征。低碳技术通过控制碳排放量,将大气中温室气体的浓度降低到一个相对稳定的程度,有利于减缓或消除全球气候变化影响,维护生态系统的平衡。在促进经济发展的同时,也能够缓解能源短缺的危机,实现人与自然的和谐发展。

二、技术与经济关系理论在廊坊市产业结构优化升级中的运用

(一)廊坊市产业结构优化升级现状

1. 取得的成就

2012年的廊坊市政府工作报告对廊坊过去五年在推进产业结构优化升级工作中所取得的成绩作了客观的总结。在过去的五年中,廊坊市坚定不移推进产业结构调整,实施高端发展和创新引领战略,转变经济发展方式取得明显进展。三次产业结构进一步优化,由2007年的13.2∶56.6∶30.2调整到2012年的11∶54∶35。目前看来,廊坊市已经初步形成了金字塔形现代产业体系框架。华为中国片区总部落户廊坊,润泽国际信息港、中国联通华北基地、汉能全球研发中心等一批高端项目进展很快;富士康、中轻造纸装备、南玻玻璃、航天振邦、燕达国际健康城、中商国际农产品交易中心、亚太国际家居材料城等一批重大项目已经建成投产;精雕数控机床、首钢大型冶金装备制造基地、碳纤维研发生产中心、鲁能生态城、爱晚香河国家养老示范基地等项目正在加快建设。值得一提的是廊坊市的电子信息产业近年来发展势头强劲,主营业务收入增长3.7倍,高端装备制造业和现代服务业增加值年均分别增长19.3%和16.7%。此外,廊坊传统产业转型升级步伐加快,累计完成技改投资1697.4亿元,实施技改项目3527个,新奥集团、汇福粮油、梅花集团等一批骨干企业转型升级。在节能减排方面,廊坊市以落实"双三十"工程为重点,实施505项减排工程,万元地区生产总值能耗累计下降15.8%,二氧化硫、化学需氧量等主要污染物排放量分别削减19.8%和21.8%,圆满完成省下达任务。

2013年以来,廊坊围绕电子信息产业、装备制造业、现代服务业和城郊都市型农业四大产业和新兴高端产业,实施重大项目攻坚,引领产业结构加速优化,让廊坊的经济走上了高端化可续持发展的道路。

2. 存在的问题

在肯定廊坊市产业结构优化升级方面所取得的成就的同时，也应当看到和发达地区在这方面还存着不小的差距。拿目前廊坊市三次产业结构比例“11:54:35”来说，和发达地区差距就不小。国家统计局公布2012年宏观经济数据显示，从三大产业在GDP中的占比来看，2012年第二产业占45.3%，第三产业占44.6%，两者之间差距历史上首次缩小到1个百分点之内。2012年，长三角16城市三次产业结构比例调整为3.8:48.2:48，第二产业与第三产业占比基本相当。对比可以看出，廊坊市第一产业比重高于10%，第三产业比重低于40%，还达不到全国平均水平，和先进地区比更是存在着较大差距。目前，世界主要发达经济体的第三产业占GDP比重均较高，美国、日本、欧洲都超过了70%。

显然，廊坊市的经济增长更多地要靠第二产业，第三产业的发展还处于滞后状态。

除了产业结构问题依然突出外，廊坊市在产业结构优化升级问题上，还存在着其他一些问题，如：新兴产业集群化水平低确，传统特色产业升级缓慢，土地资源制约日益加剧、融资困难、项目建设面临着被赶超的危险等。

（二）廊坊市产业结构优化升级中技术与经济关系的处理

1. 适宜技术的选择

根据国内外适宜技术理论的研究成果，廊坊各产业的发展不应当花大代价追求国外较先进的技术，而应当根据廊坊本地资源禀赋情况选择最适合自己的技术。比如，廊坊市水资源严重短缺，多年平均水资源总量8.04亿立方米，人均占有量仅200立方米，相当于河北省人均水平的2/3，更不足全国人均水平的1/10，是河北省唯一没有地表水源和水库的设区市，水资源短缺已成为制约经济社会发展的重要瓶颈之一。这样的水资源状况，客观上要求廊坊要引进开发节水技术，三次产业的优化升级过程中都要考虑生产服务过程中节水技术的推广应用。

适宜技术的选择对廊坊市产业结构的优化升级而言有着极其重要的作用。以农业的发展来说，在耕地有限的条件下，廊坊农业发展的瓶颈已经显现，能不能引进国外都市农业生产技术，加以消化吸收来发展具有廊坊特色的都市农业呢？日本的都市农业发展了近半个世纪，日本都市农业主要有以下8种形式：市民农园、银发族农园（日本专为65岁以上的退休“银发族”

开辟的)、农业公园、民宿农庄、观光农业、农村留学、自然休养村、体验农业。廊坊可以借鉴日本模式来发展都市农业,不仅可以增加GDP,提高资源利用效率,增加就业,还可以净化空气、美化环境、方便市民生活、增加市民生活乐趣。

2. 低碳技术的引进、开发与推广

近年来,随着工业化、城镇化的快速发展,廊坊市区空气质量、部分流域区域环境问题日益显现,“十五小”、“新六小”等高耗能、高污染企业时有反弹,曾经引以为荣的环境比较优势正在迅速减弱、甚至消失。

从廊坊的三次产业结构来看,第二产业仍在廊坊经济总量中占半壁江山,而环境污染主要来源就是第二产业在生产过程中碳排放。客观地讲,这些年廊坊经济的发展和第二产业的贡献密不可分,但这些工业企业在为地方经济做出贡献的同时,由于技术选择不当给当地环境生态造成较大破坏,这也是不争的事实。廊坊要保持经济的可持续发展,必须要大力促进第二产业的技术升级,制定政策鼓励工业企业在生产过程中引进、开发并应用低碳技术。一方面,有关部门要严格执行国家环保法律、法规和政策;另一方面,政府要行政手段和市场手段并举,调动企业引进开发低碳技术的积极性,强制和引导企业推广应用各种适合自身情况的抵碳技术。

3. 企业与劳动力技术能力的培育与提升

当今的适宜技术观认为,技术的适宜与否取决于使用方的技术能力的高低。因此,企业技术能力与劳动力技术能力的高低对廊坊地方经济的长远发展是至关重要的。在产业结构优化升级过程中,如何提升企业与劳动力的技术能力是一个不容忽视的重要问题。

有学者研究表明,外资的技术溢出效应很不明显,未能对中国内生技术能力的培育起到促进作用。从这个角度看,中国“以市场换技术”的战略在提高内生技术能力方面的效果并不明显,利用外资并非培育内生技术能力的有效途径。从技术引进到自主创新的技术开发,其中重要环节是对引进技术的消化吸收。引进技术的消化吸收是指对引进技术的掌握、应用、复制而开展的工作,以及在此基础上的创新。企业要做好引进技术的消化吸收工作,就必须在这方面加大资金投入,引进技术的消化吸收经费支出包括:人员培训费、测绘费、参加消化吸收人员的工资、工装、工艺开发费、必备的配套设备费、翻版费等。就企业技术消化吸收再创新环节而言,存在着市场

失灵和政府干预的理论和政策空间，因此，加强技术吸收，促进技术引进和技术开发有机统一，核心是政府如何通过各种政策手段，达到这一目标。

鉴于企业增加投入培育自身技术能力的动力不足，廊坊市政府应当制定相应政策扶持企业技术能力的培育。可考虑鼓励企业科研立项，在科研经费适当向企业倾斜；有关部门无偿向中小企业技术人员、农民提供各种形式的技术培训；提供税收等优惠条件支持企业引进高级技术人才；政府要在精神和物质上大力表彰企业、农民的技术创新行为；有关部门加大科技信息服务力度和深度；鼓励企业和科研机构联合开展技术创新活动。

4. 优先发展工业生产性服务业

伴随着生产组织方式的变革（如弹性生产方式的采用）和专业分工细化的趋势，制造业企业基于自身核心竞争力，对价值链进行分解的趋势也就变得非常明显，它们将自身价值链的一些支持活动，甚至是基本活动都外包出去，例如，人力资源活动、会计活动、研发设计、采购活动、运输、仓储、售后服务，等等。这些外包出去的业务就逐渐形成了独立的产业，这些产业在为客户提供专业化服务的同时，自身的业务水平也不断提高，同时分工也更加细化，提供服务所发生的成本的也在不断降低，规模经济效应和学习效应不断得到释放，进而又推动制造业企业将更多业务进行外部化，从而进一步促进了生产性服务业的发展。

近几十年来，工业生产性服务业在发达国家得到充分的发展，逐渐形成了一个完整的产业链，这条产业链能够为企业提供从产品立项到产品营销与服务的全方位支持。

廊坊第二产业企业为数众多，客观上存在着各种生产性服务需求，因此，廊坊生产性服务业的发展潜力巨大。生产性服务业实质上就是为保持工业生产过程的连续性、促进工业技术进步、产业升级和提高生产效率提供保障服务的服务行业。发展生产性服务业是第二产业发展的客观需要；也是工业企业优化升级、提升技术能力的重要保障。发达的生产性服务业能大大加快廊坊市产业结构的优化升级步伐。

参考文献

[1]徐寿波．技术经济学概论[M]．上海：上海科学技术出版社，1980

[2]韦镇坤．适宜技术与我国不同地区经济增长的比较研究[J]．贵州

社会科学,2008(6)

[3]杨文举. 适宜技术观演变的文献述评[J]. 科技进步与对策,2008(4)

[4]林毅夫,张鹏飞. 适宜技术、技术选择和经济增长[J]. 经济学(季刊),2006(7)

[5]周彦霞,秦书生,马娜. 我国发展低碳技术的政策支持[J]. 科技管理研究,2013(5)

京津功能扩展与产业对接

——从河北视角看如何发挥环京津优势

李　蕾①

【摘要】:京津冀地区正逐渐崛起为中国经济增长第三极,随着京津城市功能拓展加速,如何用好京津的“溢出效应”,做好产业对接工作,是河北面临的重大机遇。目前,制约京津功能拓展和产业对接的因素主要包括规划衔接不畅、城市承载力偏弱、产业承接不足、创新合作不够、推进机制不力等几个方面。在明确河北与京津关系的基础上,做好京津冀融合的大文章需要从以下几个方面发力:加强顶层设计,完善合作机制;共同搞好生态环境保护和建设;合力推进京津周边基础设施和公共服务有效对接;合力打造转变经济发展方式的先行区;科学推动产业对接。

【关键词】:产业对接　区域经济　扩展　融合

国家“十二五”规划明确提出,“推进京津冀区域经济一体化发展,打造首都经济圈,推进河北沿海地区发展。”京津冀地区是我国北方乃至东北亚地区最具活力的区域之一,蕴藏着巨大的发展潜力。相对于长三角地区和珠三角地区,京津冀地区特点更为鲜明。随着京津城市功能拓展加速,河北省如何用好京津的“溢出效应”,做好产业对接工作,需要从理念、政策、制度等方面进一步创新和完善。

一、从数据看京津冀地区的崛起

通过对长三角、珠三角、京津冀地区近5年来的经济数据比较分析发现,京津冀地区经济社会发展呈逐年上升趋势,未来必将和长三角、珠三角地区

① 李　蕾,中国矿业大学2013届项目管理专业在读研究生。

一样,成为中国经济增长的重要支柱。

(一)GDP 占全国比重

京津冀地区日益增强。2012 年,三大经济圈地区生产总值(GDP)19.51 万亿元,占全国 GDP 比重 41.38%,比 2008 年上升 4.09 个百分点。其中,长三角地区 GDP 为 9 万亿元,占全国比重 19.08%,比 2008 年上升 1.9 个百分点。珠三角地区 GDP 为 4.79 万亿元,占全国比重 10.16%,比 2008 年上升了 0.69 个百分点。2012 年,京津冀地区 GDP 为 5.72 万亿元,占全国比重为 12.14%,比 2008 年上升了 1.51 个百分点。可见,京津冀地区对我国经济的贡献度日益增强,自 2008 年以来连续四年保持稳步增长。(见图 1)

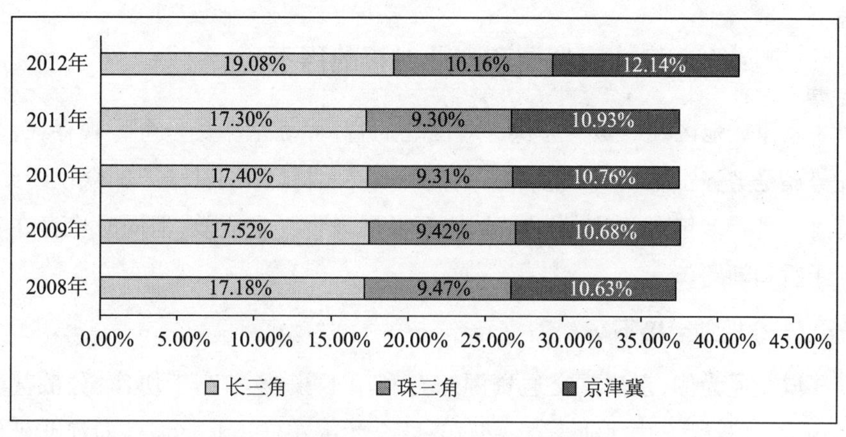

图 1　三大经济圈 GDP 占全国比重比较图

(二)GDP 增速:京津冀地区稳步领跑

2005 年,长三角地区、珠三角地区、京津冀地区的 GDP 增速分别为 13.5%、15.8% 和 13.1%,京津冀地区增速最低。2008 年以后,受宏观经济波动的影响,三大经济圈的经济增速均进入调整期,京津冀地区表现最为稳定,2008 年和 2009 年先后超越长三角地区和珠三角地区。2008—2012 年,京津冀地区有四年的经济增速高于珠三角地区,连续五年高于长三角地区。2012 年,长三角地区、珠三角地区、京津冀地区 GDP 增速分别为 9.6%、9.5% 和 10%,已稳步领跑三大经济圈。(见图 2)

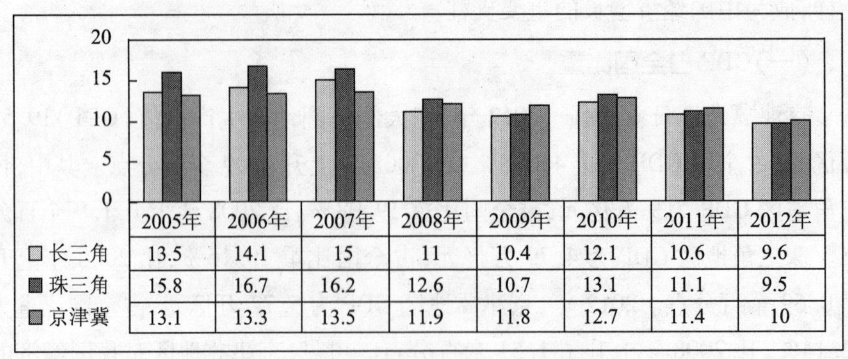

	2005年	2006年	2007年	2008年	2009年	2010年	2011年	2012年
长三角	13.5	14.1	15	11	10.4	12.1	10.6	9.6
珠三角	15.8	16.7	16.2	12.6	10.7	13.1	11.1	9.5
京津冀	13.1	13.3	13.5	11.9	11.8	12.7	11.4	10

图 2　三大经济圈 GDP 增速比较(单位:%)

二、制约京津功能拓展和产业对接的因素

京津冀地区发展是一盘棋。对河北而言,环绕京津是一个客观存在,是优势还是劣势?是“大树底下好乘凉”还是“大树底下不长草”?众说纷纭,莫衷一是。多年来,京津冀的区域协调发展取得一定成效,但同时也存在各种矛盾和问题。

(一)规划衔接不畅

以交通为例,京津冀交通资源综合利用不够,竞争高于协作、分散甚于集约,各种运输方式间缺乏有效衔接,综合效率较低。北京城铁向河北延伸至今没有实质性进展。河北与北京接壤边界总长 1056.2 公里,现仍有断头路 39 条,北京有道路规划但河北省规划条件不一致的道路 17 条,河北省有规划对接但北京市暂无对接规划的道路 23 条,两地规划道路不一致的道路 17 条。如张家口至北京的高速公路常年堵车;兴隆县通往密云主要公路兴隆段已建成标准的二级公路,而密云段路面仅 7.5 米。

(二)城市承载力偏弱

一是城市整体规模较小。河北省的 23 个环京津县(市区)中,仅有涿州、三河 2 个中等城市。较小的城市规模决定了在承接京津产业、资金、技术、人才上的空间相对有限,各种要素发展的空间相对较小。二是城镇内生动力不足。截至 2013 年,环首都地区还有 24 个贫困县,人均 GDP、县均地方财政收入仅为京津远郊区县的 1/4 和 1/10。造成环京津地区既不能有效承接京津大城市辐射，也不能有力带动周边地区发展。三是城镇化率普遍偏低。河北省城镇化率已达46.8%，但依然低于52.6%的全国平均水平，环京津的兴隆、滦平、涿鹿、赤城、涞水等县，城镇化率更是在30%以下，与北京的86%、天津的81%相比落差巨大。

（三）产业衔接不足

京津冀缺乏明显的产业链衔接，缺乏优势互补的分工定位，缺乏统一开放的区域大市场，缺乏区域技术创新链和产业链紧密结合。这使得本应在本区域内部配套的产业和产品，非得舍近求远，另寻出路，增加了产业配套成本。从产业转移上看，20年来北京向河北转移的大型企业为数很少，天津的产业转移到河北的寥寥无几。目前京津的重要产业都在南方完成配套，比如汽车制造业，北京和天津是我国重要的汽车生产基地，与汽车发展配套服务的零部件生产有很强的市场需求，但京津汽车产业发展所需的汽车零部件，有80%左右要由京津冀以外的地区供给，其中绝大部分来自长三角。北京每年产生1.5万多项技术成果，大部分并未在北京周边区域进行有效转化。

（四）创新合作不够

在京津冀创新交流合作体系中，河北省明显落后于京津。2012年3月，国家教育部、财政部启动了共同申报协同创新中心的国家“2011计划”，第一批71个协同创新中心376家参与者中，河北仅有2家，第二批协同创新中心35家牵头单位与河北无缘。2011年8月，钢铁共性技术协同创新中心在北京成立，钢铁产能居全国之首的河北无一参与。2010年起中国创新驿站开始启动，先后分两批遍布国内27个区域和基层站点，共计83家，河北无一入内。2012年，北京市技术输入流向中26.7%留在北京，56.3%流向外省市，17%出口。其中输入到天津的只有0.8%，输入到河北的仅占2.4%。

（五）推进机制不力

河北还没有形成与京津沟通协调的长效机制。一是缺少信息渠道。获取京津发展规划、产业外移、资金外溢、技术外转等信息渠道还不够畅通。二是宣传力度还不够大。北京、天津将本地各项优惠政策与招商引资项目编印成册，免费发放，给企业提供丰富周到的投资信息服务。而河北有些地方还没有进行有计划、有组织的招商宣传。当有的投资人主动询问相关事项时,一些部门甚至无法提供有效答复和有关材料。三是落实力度还不够强。河北与京津决策层对接较多、协调落实层动作较少,导致对接合作达成的意向不少,真正落实到位的不多,签订的协议不少,真正付诸实施的不多,制定的措施不少,真正具体执行的不多。

三、如何科学定位京津与河北

做好京津冀功能扩展与产业对接,持久推进京津冀之间深层次、一体化的合作,关键先看河北与京津的内在关系,也就是需要回答好河北怎样看京津,京津怎样看河北的问题,并在相互关系协调中找寻和践行合作共赢的科学路径。

(一)河北怎样看北京?

首先,北京是首都。在新的历史时期、新的战略机遇面前,河北需要彻底摒弃原来那种"吃亏"的心态,把眼光放长远、放广阔一些。只有学会利用发展的政治性效应,才能加快主动融入首都经济圈。其次,北京是大市场。具体包括农产品供应、进京劳务以及旅游文化产业等。第三,北京是高端智库。汇集国内权威的科研机构和优质的人力资源,为新兴产业发展提供强力支撑。此外,京城众多的国家部委和评估机构,多为出台发展标准和衡量尺度的"集散地"和"试验田"。而首都政治中心、文化中心及高端服务业发展的定位,让河北的发展方式转变更具急迫性。第四,北京是资本库。北京拥有雄厚的资金规模和融资能力,2012 年,京、津、冀三地全部金融机构增量存贷比分别为 35.6%、90.5% 和 60.7%,再次说明北京金融资本溢出空间巨大,这将为京津冀区域发展提供强大动力。

(二)河北怎样看天津?

目前,河北在国家确立的"北方经济中心"天津面前,更多的也是扮演服务、支持的角色,这里既有政治性要求,也有国家战略性安排。因此,在这样的背景下,结合天津发展的历程、现状、内在模式和特点,津冀两地出现发展中的"三竞争"即资源竞争、港口竞争(腹地竞争、市场竞争)、产业竞争现象,实则是一种客观趋势。一般而言,区域竞争在短期内会造成双方深层合作、一体合作的强力障碍,但因为竞争的存在,会使市场力量牵引资源、产业的差异性配置,并集合相应的生产要素,而这正是区域形成个性化发展路径和成效的客观规律。在某种程度上,壁垒的阻隔力和市场力会产生博弈,市场力量大就会有突破。津冀两地的内在市场力很大,因此预期中突破合作障碍的可能性与驱动力也较强,只要河北坚持特色发展,在区域竞争导引下形成合理分工、集聚相应实力、产生互补效应,就最终能够实现两地的密切联系与合作。

(三)京津怎样看河北?

河北首都定位为京津城市扩张的"预备地",加快环京津小城市群的建设与发展(考虑到用水紧缺、生态保障等客观因素的制约,不宜提倡在京津周边建设中大城市),并加快这些小城市与首都公共基础与服务的一体化进程。在此需要赘言一句,应走出"不做首都睡城"的认识误区——只有先成为真正的"睡城",才能有下一步融为一体的内在推力,更何况"生活集聚"本身就必然会带来"产业集聚"。

四、做好京津城市功能拓展和产业对接承接地的建议

做好京津冀融合的大文章,建好京津城市功能拓展和产业对接的承接地;在体制机制、产业发展、基础设施、城镇体系、生态环境等重点领域加强合作,努力把京津冀地区打造成全国经济发展的新的重要增长极。

(一)加强顶层设计,完善合作机制

携手推进京津冀一体化发展进程,争取早日进入实质性操作阶段。完善高层协商机制,确保重点、难点问题的协商实现突破;完善部门协调机制,全力推进工作;研究和建立重点领域、地区对口合作机制,突出重点,尽快取得实效。

(二)共同搞好生态环境保护和建设

积极推进保水源、阻沙源、防风源等重点工作,并建立大气污染联防联控、生态环境保护联动等工作机制,进一步改善环首都绿色经济圈生态环境水平。加强两地生态产业发展和节能环保技术交流协作,加强"稻改旱"工程等项目合作,积极探索生态补偿的制度化、规范化。

(三)合力推进京津周边基础设施和公共服务有效对接

京津冀合作总的方向是同城化,总的原则是便利化。发挥好规划在基础设施建设中的引导作用,发挥好基础设施对经济社会发展的支撑作用,继

续加强能源项目、交通基础设施建设合作。充分发挥区域警务合作平台的作用,形成区域警务合作合力,营造和谐稳定的社会环境。

(四)合力打造转变经济发展方式的先行区

一是加强京津冀在科技创新方面的合作,共同推动科技攻关、科技成果产业化。加强两地文化合作、人才培养合作,特别是加强高等职教等适用人才的培养。二是推进京津冀两地产业结构优化升级。在新能源、电子信息等领域加强合作,提高两地产业协调发展水平。共同做好首钢河北产业基地的相关工作,推动在曹妃甸建成具有世界水平的循环经济示范项目。三是大力推广“订单农业”,积极发展节水农业、绿色食品,建立健全农产品物流配送体系,建立稳定的产销合作关系,保证市场供应,富裕农民群众。四是推进信息化合作,以信息化推进科学发展。

(五)科学推动产业对接

由于北京服务业比重已超70%,工业比重下降到了24%,因此北京工业的“机械性外移”空间已很狭小,且北京对高端制造业必然存在的高度依赖性,故应把河北承接北京产业转移重点放在服务业领域的同时,突出发挥河北土地资源、劳务资源、交通条件的比较优势,积极探索、持续创新地走宽、走长、走好“北京研发 + 河北制造”、“北京管理 + 河北运营”等产业对接路子,把河北产业融入北京产业链条,形成独具特色的产业协同格局。

信息化带动工业化机制研究

李　雪①

【摘要】:人类社会已进入21世纪,对处于工业化中期初级阶段的河北省而言,继续完成工业化无疑是现代化过程中艰巨的历史任务,与此同时,大力推进国民经济和社会信息化,也是覆盖河北现代化建设全局的战略措施。为此,正确处理工业化与信息化的关系,以信息化带动工业化,是关系河北现代化建设的一个极为重要的问题。本文首先分析了河北信息化和工业化的现状,然后对20世纪80年代中期以来的河北信息化水平和工业化水平进行相关分析,在此基础上对他们相互影响的机制进行分析,最后就河北今后实行信息化带动工业化提出具体措施。

【关键词】:信息化　工业化　相关分析　河北

在经济全球化的今天,信息已经渗透到人类生活实践的方方面面,信息与物质、能源一起构成了现代社会的三大支柱。信息是现代社会的重要资源和人类的巨大财富,是现代社会、经济、科技发展的基础,而信息化是信息技术在经济活动中广泛应用的过程。从工业经济到信息经济,从工业社会到信息社会,信息化逐步上升成为推动世界经济恶化社会全面发展的关键因素,成为人类进步的新标志。

改革开放以来,我国信息化建设和信息产业的发展取得一系列的成绩,信息化带动工业化的成效已有所显现。但由于我国是一个发展中国家,正处于工业现代化进程中,实现工业化和信息化同等重要。面对这一国情,党和政府高瞻远瞩,在十五届五中全会明确指出:“继续完成工业化是我国现代化过程中的艰巨的历史性任务,大力推进国民经济和社会信息化是覆盖

① 李　雪,河北工业大学企业管理学科硕士研究生。

现代化建设全局的战略措施。以信息化带动工业化,发挥后发优势,实现社会生产力的跨越式发展。”作为目前正处于工业化中期初级阶段、信息化总体水平在全国居中等偏下水平的河北来说,探讨信息化带动工业化机制是有很有必要的。

一、河北信息化现状分析

“十一五”期间,河北省信息化建设进入快速发展阶段,基本实现了“十一五”规划目标,各领域信息化成效明显,对国民经济和社会发展起到了极大的促进作用。

(一)经济信息化快速发展

农业和农村信息化深入推进。农业信息服务网络进一步健全,覆盖全省2000个乡镇、5万个行政村和40个大中型农产品批发市场。河北农业信息网整合了12个涉农部门,建立了农经、农情、农价三级共建共享数据库,设立服务栏目近万个,数据总量达3760GB,连续五年荣获“中国农业网站百强”称号。研制开发了40多个农业专家系统,推广面积达2000多万亩,增收节支10多亿元。“12316”三农热线、“千万农民短信服务工程”等服务平台,提供了快捷、方便的咨询服务。

信息技术与传统工业加速融合。据不完全调查,大中型制造企业70%实现了生产过程关键环节自动化控制,90%建设了管理信息系统,62%采用了数字化研发设计系统,85%建立了企业门户网站,48%应用了不同程度的电子商务。河北钢铁、唐山三友、冀东水泥、保定天威等33家企业入围中国企业信息化500强。钢铁、装备制造和石油化工的部分骨干企业开展了信息化综合集成应用,提高了企业自主创新能力和综合竞争力。2009年唐山暨曹妃甸被国家工信部批准为首批国家级信息化与工业化融合试验区。

电子商务和现代物流稳步发展。培育了河北国大、秦皇岛晨砻等30家电子商务以及开滦集团、秦皇岛港等10家现代物流示范试点企业,网上购物人数迅速增加,形成了以网上订货和物流配送为一体的电子商务运营模式。依托商务部新农村商务网,从2006年开始,每年举办三次“新农村农副产品网上购销会”,累计成交额达47亿元。

(二)电子政务建设成效明显

全省电子政务框架初步形成。实施了“112工程”,构建了全省统一的电子政务网络平台和信息交换与共享平台，重点推进了12个跨部门应用系统。

（三）社会信息化惠及百姓

社会信息化成为构建和谐社会的有效途径。河北远程教育网覆盖了全省所有中小学校，初步形成了集教育教学、科学普及、服务“三农”和人才培养为一体的综合教育服务平台，促进了城乡教育均衡发展。社保信息系统开通了12333电话咨询服务热线，全省企业养老保险监测数据库入库率达97.3%，低收入家庭住房保障管理信息系统投入运行；公共卫生信息系统实现了新农合管理、妇幼卫生监测、社区卫生服务等功能，提高了卫生系统行政管理效率及公共服务与应急处置能力，实现了重大疫情的网络直报。文化信息共享工程形成了专业艺术、群众文化、文物博物、民间艺术等大文化信息资源框架体系，每年可提供万册以上电子图书、200小时视频资源，信息总量达27TB，位居全国前列；建设了全省农村党员干部现代远程教育网，服务范围覆盖全省5万个行政村。实施了城市和社区信息化试点示范，11个设区市建设了数字化城市管理平台。

（四）信息基础设施日趋完善

信息网络实现跨越式发展。通信方面，2010年底全省光缆总长度达45.6万公里，是2005年末的2.33倍；局用和移动电话交换机总容量分别为961.4万门和8080万户；电话用户数为5604.9万户，其中移动电话用户数达4353.5万户，是2005年末的2.44倍；电话普及率达79.7%，较2005年上升29.5%。广电方面，全面推进有线数字电视整体转换和双向网改造，有线数字电视用户达370万户，双向网覆盖用户接近300万户；移动多媒体广播电视（CMMB）覆盖11个设区市城区，用户达50万户；完成了全省20户以上自然村的“村村通”广播电视工程建设，覆盖25万户农村家庭。互联网方面，2010年底全省互联网出省带宽达到1335G，网民数达到2197万人，网民普及率达到31.2%；互联网宽带用户达667万户，居全国第5位；全省行政村通宽带比率达95.1%。广电网、通信网、互联网融合加快，河北电视台实现了7套节目的低码流网上直播和部分栏目的网上点播，网站日访问量超过100万次。河北电台网站实现了9个频道的在线直播，阳光热线实现了网上视频直播和点播。信息网络已成为支撑经济社会发展的重要基础设施。

（五）信息产业高速增长

“十一五”期间，我省电子信息产业主要经济指标保持了年均30%以上的增长速度,明显高于其他产业。2010 年底,全省电子信息产业主营业务收入达 895.5 亿元,工业增加值 297.7 亿元,实现利税 174.51 亿元,平均增速分别为 35.98%、32.08%、44.24%,分别是“十五”末的 4.65、4.02 和 6.24 倍。产业链逐步完善,形成了太阳能光伏、通信与卫星导航、平板显示、半导体照明、应用电子五大产业链;产业聚集效应凸显,形成了“四基地”、“八园区”和环京津发展的格局。

河北信息化建设虽然取得一定成绩,但与当前国内外信息化形势和经济社会发展的需要相比,仍然有较大的差距。采用国家信息化评价体系进行比较,河北省信息化总体水平在全国居中等偏下水平。

二、关于“带动”的基础性分析

在信息化带动工业化的过程中,不同的传统企业其信息化进程表现出一些共性与个性。共性的如:战略层面:企业战略、规划与计划、产品与市场;管理层面:财务核算与管理、人力资源管理、质量管理、计算机信息管理;业务层面:订单、工程化、采购、仓库、调度、车间、仓库、配送、分销、服务等。对于每个企业来说,信息化带动工业化就发生在这些层面上,进一步说,信息技术与传统企业的融合互动必须在这些层面上逐一实现。其次,我们看到不同企业在信息化进程中有如下不同点:一是不同的传统产业受信息网络技术影响的敏感程度不同。根据不同产业接受改造后向网络经济转型的速度和深度可将其分为四类:①迟钝型:如建筑业、种植养殖业等。②适应型:如制造业、配送业等。③互补型:如出版业、零售业、娱乐业等。④摧毁型:如证券业、银行业等,其原有核心业务可以完全依靠网络进行,传统业务基本消失。二是不同的传统产业的信息化成熟度不同。依据传统企业使用网络信息技术的能力可将其分为三个等级,称为企业信息化成熟度等级:一级:企业信息初步数字化,重要部门使用计算机,但没有局域网和完整的企业内部信息流;二级:企业内部基本实现了信息流、资金流、物流的互动,但缺乏与上下游企业及外部资源的及时互动;三级:企业内部对信息的整合可以跨越各种业务且可以和外部关联厂商形成互动,整个企业变成“社会信息化生物链”中的一环节。河北省目前还存在一部分“信息化空白型”的中小型企业,已开始信息化的大部分传统企业处在一级,二级很少,三级几乎没有。因此,不同企业应根据自身的敏感度和成熟度进行定位。这是寻找融合点、选取带动方式的基础。三是不同的传统产业信息化进程的表现形态不同。主要指不同企业的产品形态不同、工艺流程不同、管理和组织架构不同,其信息化的表现形态就各不相同。因此,同行业的借鉴要比跨行业的借鉴更直接、更容易。

三、实施“带动”的基本原则

实施信息化带动工业化是一项复杂的系统工程,宏观上必须坚持以下三个原则:

(一)阶段性原则

以信息化带动工业化,以工业化促进信息化,走新型工业化之路,是今后二十年内,我国基本实现工业化的必由之路,必须分阶段实施。前 10 年为第一阶段近期,后 10 年为第一阶段远期。在第一阶段近期前 5 年,河北省要力争完成初级目标:到“十五”末期,省重点企业基本建立企业信息管理系统;大中型企业至少实现比较完善的财务管理信息化;绝大多数企业在十五期间应建立企业网站及主页,有条件的企业积极组织网上信息发布、网上采购及网上营销。只有实现这一初级目标,才能为河北省信息产业带动传统产业向新型工业转型打下良好基础。

(二)本地化原则

国际化的信息技术必须与本地化的实际需求相结合,必须立足于河北省情,进行全面的前瞻性的规划,统筹安排,突出重点,实用为主,逐步实施。在市场需求的引导下,企业进行运作,可吸收多元投资,分散与集中相结合,力避重复性建设。从“十五”末期到“十一五”初期,实施一系列的基础性子工程,积极开展集成应用、信息共享和数据整合,引导各行业各企业积极寻找自身的“带动”点。

(三)政府指导原则

随着市场经济体制的逐步完善和政企分开,政府对企业信息化只能起倡导、引导和指导作用,在政策、理论等宏观层面上,政府在推进企业信息化中起着营造环境、政策引导、组织协调等极其重要且不可替代的作用。

四、实施“带动”的基本路线

在我国信息化带动工业化的大环境下,河北省的企信息化带动工业化必须有阶段性目标。规划既要描绘出未来目标和方向,又要指出达到目标的策略、方法和计划。只有明确了起点、里程碑和终点,才可能绘出行动路线图实际可行的行动计划,而且,目标越具体、现实越清晰,行动才越有把握,目标才越有可能实现。一是走信息化捷径,实行工业化与信息化并举的战略;二要大力推进信息化进程,提高信息化对工业发展的带动能力;三是呼应信息化的产业切入点,促进河北省工业结构的战略性调整;四是在信息化带动工业化的地区布局上,要突出重点地区,实行以重点带一般、分步渐进的非均衡发展战略;五要优化工业规模结构,促进规模经营。

首都经济圈背景下廊坊产业升级策略研究

刘　雪①

【提要】:“十二五”期间,首都经济圈将提升为国家战略,北京产业转移和外溢将成为必然,作为首都经济圈核心区的廊坊市面临着产业结构优化升级的重要战略机遇。本文在首都经济圈即将形成的大背景下,在深入分析廊坊在首都经济圈中所具备的发展优势的基础上,结合廊坊产业结构发展现状,提出了首都经济圈条件下廊坊产业结构升级的总体目标、基本方略和工作重点。本文认为,综合各方面因素,廊坊在今后一定历史时期内,要立足首都经济圈这一基本环境,秉承环境优先、二产优先理念,实现产业结构更高更优发展。努力通过环境优化和产业结构提升,推进廊坊成为首都经济圈最具竞争力和影响力的区域次中心城市。

【关键词】:首都经济圈　廊坊　产业　升级

国家“十二五”规划提出,将在“十二五”期间,“推进京津冀区域经济一体化发展,打造首都经济圈”。廊坊作为这一战略区域的重要节点城市,将在承接北京产业转移、增强服务首都城市功能等方面有更多的担当,这无疑为廊坊产业结构转型升级和优化发展提供了绝佳的历史机遇。党的十八大报告强调指出:“推进经济结构战略性调整,是加快转变经济发展方式的主攻方向。必须以改善需求结构、优化产业结构、促进区域协调发展、推进城镇化为重点,着力解决制约经济持续健康发展的重大结构性问题”。因此,紧密依托首都经济圈背景,充分结合廊坊的发展实际,进一步调整产业结构,促进产业优化升级是廊坊经济发展的重大课题。

---

①　刘　雪,廊坊师范学院管理学院,硕士,副教授,研究方向区域经济发展、区域旅游规划。

一、廊坊产业升级的首都经济圈背景分析

随着近年来天津滨海新区、河北省唐山曹妃甸及沧州渤海新区等的崛起，京津冀地区将成为继珠江三角洲、长江三角洲之后，我国第三大区域经济增长极。首都经济圈即将提升为国家战略，进入产业转型、要素集聚、产业高端化的新阶段，打造首都经济圈大局将定。

作为首都经济圈重要的节点城市，廊坊与北京有着天然的人缘、地缘和信息缘优势。主要包括：

（一）区位优势

廊坊市所处区位十分优越，交通便利，位于北京、天津地域交界处，地处“联京津之廊、环渤海之坊”，距北京城区 40 公里，天津城区 50 公里，整个城市距首都国际机场 60 公里，中国最大的集装箱码头天津新港 105 公里。首都第二机场落户京廊交界间，更增强了其得天独厚的地理区位，为廊坊赢得了最高的区位指标。京廊地区由于自然形成的紧密空间布局和已经存在的相互融合的经济、社会、文化、民俗等方面的内在联系，客观上能够形成一个具有人缘、地缘和信息缘等密切联系的经济共同体，经济互补性较强。北京“十二五”期间提出建设世界城市和东扩南拓战略深入实施，使廊坊成为北京未来发展最现实最广阔的新空间。北京向西向北发展都是山区，向东向南都是指向廊坊，廊坊将是北京发展新空间的不二选择。

（二）产业优势

廊坊具有鲜明特色的现代产业体系已初具雏形。与首都经济圈其他地区相比，廊坊的工业结构与北京的相似性更高，在通信设备等电子信息产业上，廊坊已经具备相当的产业集群优势，对承接未来北京的产业转移具有很强的吸引力。近几年，廊坊产业结构持续优化，承接北京产业转移的主动性持续高涨，“两个环境”建设助推产业升级，具有鲜明廊坊特色和有利于承接北京产业转移的现代产业体系已见规模。廊坊市产业所有制结构具有较大活力，经济发展极具潜力。新奥、荣盛、华夏、汇福等本土精英迅速崛起。民营经济占据了“ 三分天下有其二” 的地位，千人拥有民营企业数保持全省领先。廊坊已成为首都经济圈的投资热土，西门子、LG、富士康、台塑等一批世界 500 强企业和跨国公司竞相落户，首钢集团、中建集团、中投公司等国内知

名企业纷至沓来就是最好的例证。

（三）环境优势

廊坊市要素成本低，发展环境良好，潜力大。劳动力、土地等生产要素成本相比京津较低，具有比较优势。区域内地势平坦，土地生产力高，具备现代工业开发和城镇布局的地形地貌条件，还具备发展生态无公害农业的土壤条件，与河北省环首都其他地市相比优势明显。廊坊市环境状况优良，生态环境宜居宜业。计划经济时代没有落户多少工业企业，廊坊反而避免了背上环境污染的沉重包袱。廊坊是中国北方最绿的平原城市，市区绿化覆盖率达46.5%，人均公共绿地面积12.7平方米。全年空气质量二级以上天数达334天，被誉为京津之间的“天然氧吧”。全市饮用水水源地水质达标率连年保持在100%。廊坊市基础设施比较完善。廊坊是全国交通网络最发达的地区之一。境内京山、京沪、京九、大秦、津保五条干线铁路，纵横交错，在7个县（市、区）设有客、货运输站。京哈、京沪、荣乌、大广、密涿支线、廊涿、廊沧等七条高速公路贯穿境内，并设有出口；G102（京哈）、G103（京塘）、G104（京福）、G106（京广）、G112（北京环线）五条国家级公路穿越境内，与40多条地方公路密联成网，通车里程3000多公里，公路密度接近发达国家水平。廊坊市具有良好的创业软环境。到2010年，行政审批项目削减66%，收费项目削减72%，分别减至135项和113项，廊坊成为河北乃至环渤海地区行政审批事项最少的城市之一。全市覆盖政府、企业、个人三大主体的社会信用监管平台正式上线，成为全国少数建成城市之一，荣膺全国唯一“2010中国最佳信用环境城市”奖。

（四）转型优势

廊坊市计划经济时代重大工业布局项目很少，产业结构重化工程度很低，向新型增长方式转型没有历史负担。从首都经济圈地区内部其他地区来看，很多地区是传统的能源重工业基地，重化工业一直是这些地区的支柱产业，但是，目前却面临着用水紧张的限制。除个别地区外，比如曹妃甸、滨海新区等沿海城市，其他地区由重化产业向多元化，轻型化转变是迟早的事情。廊坊市经济规模相对较小，重化工业发展薄弱，单位GDP能耗在河北省中属于较低水平，在低碳经济背景下具有很大的发展优势和广阔的发展空间。

二、廊坊产业发展现状分析

为贯彻落实国家“十二五”规划关于“推进京津冀区域经济一体化发展，打造首都经济圈”的精神，推进廊坊市经济社会又好又快发展，促进首都经济圈和京津冀一体化发展在全国区域协调发展中发挥更大作用，近年来，廊坊市确立了“主动融入、全面对接、同城一体、互补双赢”的对接思路，廊坊在对接北京、服务首都中经济社会取得了长足进步。

近年来，全市产业结构持续优化。2012 年全市地区生产总值实现 1793.8 亿元，增长 9.7%。其中，第一产业增加值 198.2 亿元，增长 3.0%；第二产业增加值 968.6 亿元，增长 11.4%；第三产业增加值 627.0 亿元，增长 9.0%。全市三次产业结构由上年的 10.8∶54.6∶34.6 调整为 11.0∶54.0∶35.0。

在确立产业发展新格局中，廊坊市以建立现代产业体系为方向，着力构筑高端定位、创新引领、集聚发展的产业新格局。电子信息成为发展最快的新兴支柱产业，华为、京东方、中兴等一大批高科技企业先后在廊坊建设生产基地。2011 年，廊坊电子信息产业增加值占工业增加值的比重超过了 20%，电子信息产业实现利税和工业增加值跃居河北省首位。重点项目中，高新技术产业、现代服务业和装备制造业项目数量和投资占全部项目总数和总投资的比例都达到了八成以上。高端产业已经成为廊坊经济高速健康发展的新引擎。此外，休闲商务、金融服务、健康医疗等现代服务业迅猛发展。而廊坊市在与循环经济发展密切相关的增长方式转变、产业结构调整、环境保护治理以及城市绿化、节能节水节地等若干领域，采取了很多措施，取得了显著成果，初步形成“高端、高效、生态、集约”的产业发展格局。

但是，由于发展基础薄弱，目前廊坊产业结构总体层次依然存在一些问题，主要有传统产业占比依然过大、产业层次偏低、劳动力素质普遍不高、基于二产发展基础上的现代服务业发展滞后等。

三、首都经济圈背景下廊坊产业升级策略

作为首都经济圈的核心城市，北京正处于产业转型升级的关键时期，产业发展呈现服务主导、科技主导的高端化趋势。北京是目前全国唯一一个第三产业增加值超过地区生产总值 70% 的城市，这标志着北京已经步入以服务型经济为主导的新阶段。在科技进步和信息化的推动下，适合首都功

能和资源特点的现代制造业迅速发展,以高新技术为主导的新型工业结构正在形成,汽车、电子信息、光机电、医药等新的支柱产业逐步确立,传统高消耗、污染型的重化工业正在逐步转移,高端制造和现代服务业共同构成支撑北京经济发展的主导力量。作为首都经济圈的重要节点城市,首都产业发展特点是廊坊的最大市情,廊坊的产业结构优化升级在充分结合廊坊自身发展条件的基础上,必须紧密结合首都产业发展这一背景。

(一)廊坊产业升级方向

立足廊坊产业发展现状和竞争优势,结合北京产业转移和功能外溢给廊坊提出的新命题,首都经济圈背景下廊坊产业升级应坚持如下方向:

1. 坚持高端引领

廊坊应从实际和首都圈建设需求出发,把握首都建设世界城市的高标准要求,坚持高端引领,优化经济结构,转变发展方式,把廊坊打造为首都世界城市科技副中心和未来创新产业基地。

2. 坚持区域联动

以首都为核心,处理好服务首都和首都服务的关系,积极对接京津,区内区外联动发展,促进京津冀一体化。着力发挥内部潜力,充分利用外部条件,开放合作,借资源、借市场、借人才,为我所用。

3. 坚持绿色发展

顺应全球绿色发展浪潮,以转变经济发展方式为主线,突出循环经济与节能减排,高起点、高标准构建循环产业体系和生态城镇体系,把廊坊建设成为首都经济圈旅游休闲之都、生态宜居新城。

(二)廊坊产业升级目标

立足廊坊正处于工业化中期这一基本市情,廊坊产业升级在总体战略上应坚持二产优先,大力推进传统产业优化升级和发展战略性新兴产业,在二产充分发展的基础上,实现对第三产业特别是高端服务业的带动和发展。在产业升级顺序上,要坚持以下目标:

1. 主动对接北京科技资源与国际运营中心,积极发展战略性新兴产业,改造提升传统优势产业

北京雄厚的科技力量,可为廊坊产业发展提供高端研发服务,北京众多的跨国公司总部与采购中心,可为廊坊发展战略性新兴产业提供更广阔的

国际分工协作空间。结合廊坊产业优势，应重点发展电子信息产业、装备制造，以及新能源产业、生物医药战略性新兴产业。

2. 对接北京高端服务业，承接智力资源与科技优势，优先选择发展金融后台与服务外包

北京作为全国政治与经济中心，金融、信息、商务、会展等高端服务业高度发达，国家机构、国内外大型企业集团总部高度集中，存在着巨大的高端服务外溢效应。结合廊坊区位与智力资源优势，可以选择金融后台、服务外包、现代物流等作为首都经济圈廊坊市特色现代服务业。

3. 对接北京都市消费品中心，有选择地重点推进都市型现代农业与都市消费品工业发展

北京作为全国人口最密集的大都市之一，消费品市场潜力巨大，如北京的蔬菜三分之二以上是经过京津塘高速与京开高速通道进入。结合廊坊区位优势与农业资源优势，可选择都市型现代农业、食品、家具等都市型工业为廊坊市特色都市产业。

4. 对接北京休闲养生文化，大力培育京郊生态休闲文化旅游产业

北京是全国最大的旅游客源地之一，国际性大都市生活方式集中体现的地区，随着北京居民收入的提高，旅游休闲、运动保健等服务需求日益扩大与提高。结合廊坊生态、文化资源优势，可以选择旅游休闲、养老保健为廊坊服务北京的特色服务业。

（三）廊坊产业升级策略

面对首都经济圈大局将定的重要历史机遇，为了更好地促进廊坊产业升级，应做到：

1. 充分发挥自身优势，主动对接，在服务首都建设中提升廊坊产业水平

在产业升级的总体思路上，廊坊应对接北京高端研发、总部经济、高端服务等优势资源，发挥区位优势、产业要素低成本优势、资源优势与生态优势，主动承接北京人才外溢、科技外溢、资金外溢、产业外溢，在服务首都建设中提升廊坊产业水平，应重点打造电子信息、装备制造、现代服务业与都市型现代农业四大主导产业；积极培育壮大新能源、生物科技等战略性新兴产业；用现代科技手段改造提升钢铁、建材、化工、家具制造、食品工业、纺织服装等传统产业；大力发展现代物流、金融保险、服务外包、研发设计、商务会展等服务首都的高端服务业，积极发展服务首都的城郊型都市农业和旅

游休闲产业。将廊坊市建设成为首都经济圈高科技产业化试验基地、首都经济圈高端制造基地、国际性服务外包基地和首都重要的旅游休闲目的地。

2. 坚持产业结构优化，打造首都经济圈的重要产业增长极

在产业升级总体发展目标上，战略性新兴产业、传统优势产业、现代服务业、旅游休闲产业与都市型现代农业应成为廊坊着力发展的主导产业。努力做到与京、津产高端产业配套协作、互补协调、一体化发展。坚持优化产业结构，努力提升高端制造与高端服务产业的比重。大力提高自主创新能力，构建区域产业创新体系。大力推进循环经济，实现物质与能量的链接与循环，确保首都经济圈产业、资源与环境的协调发展。通过方向明确，持续坚定的努力，实现京廊产业发展四个一体化。

(1)京廊高技术和现代制造业一体化。廊坊应着力发展高端现代制造业，提升电子信息、新能源、生物医药、装备制造、汽车等产业发展水平；通过标准提升、业态创新、信息技术和组织结构创新等途径，改造提升钢铁、家具、食品传统制造业。

(2)京廊现代服务业一体化。为了更好地服务北京世界城市建设，金融服务、信息服务、科技服务、商务服务、流通服务等生产性服务业的快速发展应成为廊坊的重要选择。

(3)京廊旅游休闲产业一体化。服务于北京国际一流旅游城市建设，落实首都大旅游发展理念，廊坊可通过建设休闲度假区、养生度假基地等方式，大力发展健康、养老等新兴生活服务业。同时，吸引民营经济、国际资本参与廊坊重大旅游项目开发，促进旅游企业集团化、规模化、品牌化、国际化发展，打造具有国际竞争力的首都京郊旅游品牌。

(4)京廊都市型现代农业发展一体化。廊坊应注意强化首都农业的城市农产品供应、科技示范、生态休闲等功能，严格保护耕地和基本农田，加强农业基础设施建设。加强“菜篮子”工程等农产品生产基地建设，全面提升蔬菜等鲜活农产品供应保障和质量安全水平。大力发展籽种农业、设施农业、节水农业、循环农业。开发首都农业新型服务业态，发展技术服务、金融服务、信息服务、流通服务、会展服务和市场服务，促进农业生产经营的专业化、标准化、规模化和集约化。与此同时，大力发展休闲农业。

3. 依托首都优势及发展需求，明确自身产业发展重点

为更好地实现产业升级，廊坊要充分结合首都经济圈重要节点城市的

特点,依托首都的优势和发展需求,明确自身产业发展重点。在产业发展中,注重以下四个方面:一是对接北京科技研发优势,建设高科技研发成果试验与高科技产业化基地。如对接北京种业优势,建设富于竞争力的种苗产业基地;对接北京中关村电子信息、新能源、生物医药等战略新兴产业研发优势,承接战略性新兴产业的国际产业链重点项目转移,建设廊坊战略性新兴产业创新基地;对接北京产业科技优势,全面改造提升钢铁与装备制造传统优势产业,承接国际性新材料与高端装备制造的产业转移,建设廊坊金属新材料与智能装备制造产业基地等。二是对接北京高端产业优势,发挥区位优势,承接北京高端产业溢出效应,重点建设廊坊金融后台,服务外包基地,承接北京高端产业链服务外包环节产业转移。三是围绕北京旅游休闲、养老保健市场,发挥区位优势、资源优势、产业优势,承接北京新城区与北京生态涵养区北京城郊旅游休闲产业转移,打造观光农业、休闲农业、旅游观光、文化体验、运动保健、养老服务、休闲度假、商务会展产业链。四是对接北京生活品质提升需求,建设服务首都的生态、高端"菜篮子"。如建设京郊科技农业基地,对接北京国际化籽种产业,开展农业科技试验、推广、示范。建设京郊设施农业基地,特别是京郊畜禽养殖基地的转移,服务北京的农业生态环境优化,承接北京规模化养殖业的空间扩张型转移等。

参考文献

[1]柏素敏,刘雪. 京津冀一体化条件下廊坊市主导产业发展途径思考[J]. 职业时空,2009(8)

[2]田晓静,王辉. 廊坊市借势京津冀一体化的产业结构调整与优化研究[J]. 商业文化(上半月),2011(6)

[3]宋建林,王中帅. 廊坊市产业结构空间布局优化研究[J]. 现代商业,2009(23)

[4]赵永新,张红. 环首都经济圈产业发展问题研究[J]. 产业与科技论坛,2011(9)

[5]佘时飞. 珠江三角洲产业结构升级策略研究——基于中山市产业结构调整的调研[J]. 企业活力,2010(5)

[6]曹传新,胡晓磊. 世界城市地区二级节点城市产业调控研究——以廊坊市为例[J]. 经济地理,2012(9)

[7]史焰青,李莉. 廊坊现代产业体系的构建研究[J]. 河北企业,2012(9)

[8]张红,付秀彬. 城市化视角下环首都经济圈产业融合研究[J]. 科技信息,2011(34)

[9]周艳华,彭玉旺."环首都经济圈"背景下廊坊市服务业跨越发展有效途径研究[J]. 商业经济,2011(17)

KE JI CHUANG XIN YU
HUAN JING JIN QU YU CHAN YE JIE GOU YOU HUA

产业结构调整途径

对廊坊市产业结构优化升级思考

王　光[①]　李久洲[②]

【摘要】:中共河北省委对于廊坊在环河北区域经济区中提出了"河北环京津新增长极"要求,中共廊坊市委五届五中全要求打造"环京津新增长极"、"经济结构要优"。本文立足省委市委的战略部署,从按省委产业结构优化升级涉及的基本问题、产业结构升级总体优化特点、产业结构升级优化的效应方面展开论述。涉及廊坊市产业结构优化升级有关的"产业结构优化升级目标"、"产业结构升级优化升级范畴"、"产业优化升级的关联效应"、"产业优化升级的扩散效应"、"产业结构的优化升级作用"。对于贯彻落实省委的发展要求,实施市委关于"高端发展,绿色崛起,奋力打造河北环京津新增长极战略突破口战略方向"具有重要的现实意义。

【关键词】:新增长极　产业结构　优化升级　延伸研究

中共河北省委书记周本顺同志来廊坊调研时指出:"廊坊已经进入了一个快速增长的时期"。"廊坊是打造河北环首都经济增长极的战略突破口"、"廊坊应该是发展最快、最有活力的地方。廊坊区域内的城市发展、产业发展空间是非常巨大的"。中共廊坊市委五届五中全会要求:按省委要求打造"环京津新增长极"、"经济结构要优"。这就是拓展提升廊坊区域内的城市发展、产业发展的空间,其本质是廊坊市产业结构优化升级的问题。本文从优化升级基本问题、产业结构升级总体优化特点、产业结构升级优化的效应、产业结构的优化升级作用来研究产业结构优化升级问题。

---

① 王　光,廊坊市科协副主席、工商管理硕士。

② 李久洲,廊坊市科协——应用经济学会科员,硕士。

一、产业结构优化升级涉及的基本问题

产业结构优化升级是产业结构合理化和产业结构高度化的有机统一。国民经济的各产业部门都要保持一定的比例关系,则是马克思社会资本再生产理论揭示的社会化大生产的客观必然性,是产业结构变动的普遍规律之一。包括三方面内容:

1. 产业结构合理化

即在现有技术基础上所实现的产业之间的协调。涉及产业间各种关系的协调,如各产业间在生产规模上比例关系的协调、产业间关联程度的提高等,还包括产值结构的协调、技术结构的协调、资产结构的协调和中间要素结构的协调。

2. 产业结构高度化

即产业结构根据经济发展的历史和逻辑序列从低级水平向高级水平的发展。包括在整个产业结构中由第一产业占优势比重逐级向第二、第三产业占优势比重演进;由劳动密集型产业占优势比重逐级向资金密集型产业、技术知识密集型产业占优势比重演进;由制造初级产品的产业占优势比重逐级向制造中间产品、最终产品的产业占优势比重演进。

3. 产业结构合理化和高度化的统一

产业结构合理化是产业结构高度化的基础;产业结构高度化是产业结构合理化的必然结果。推进产业结构优化升级是我国经济社会发展进程中的一项长期任务。党中央根据世界经济科技发展新趋势和走新型工业化道路的要求,作出了推进产业结构优化升级的部署,即形成以高新技术产业为先导、基础产业和制造业为支撑、服务业全面发展的产业格局。为我国推进产业结构优化升级指明了方向。

4. 产业结构优化升级要求

产业结构优化升级是指通过产业调整,使各产业实现协调发展,并满足社会不断增长的需求的过程中合理化和高级化。所谓产业结构优化,是指推动产业结构合理化和产业结构高级化发展的过程,是实现产业结构与资源供给结构、技术结构、需求结构相适应的状态。它是指产业与产业之间协调能力的加强和关联水平的提高,主要依据产业技术经济关联的客观比例关系,遵循再生产过程比例性需求,促进国民经济各产业间的协调发展,使

各产业发展与整个国民经济发展相适应。它遵循产业结构演化规律,通过技术进步,使产业结构整体素质和效率向更高层次不断演进的趋势和过程,通过政府的有关产业政策调整,影响产业结构变化的供给结构和需求结构,实现资源优化配置,推进产业结构的合理化和高级化发展。

5. 产业结构优化升级目标

①产业结构合理化。各产业内部保持符合产业发展规律和内在联系的比率,保证各产业持续、协调发展,同时各产业之间协调发展;②产业结构高级化。产业结构高级化是通过技术进步,使产业结构整体素质和效率向更高层次不断演进的趋势和过程。③产业结构效益化。

产业结构优化结果将导致使用最少的资源和能源,达到获得最大的经济效益的目的,即获得最大的投入产出比。

二、产业结构升级总体优化特点

1. 供给结构的优化

供给结构是指在一定价格条件下作为生产要素的资本、劳动力、技术、自然资源等在国民经济各产业间可以供应的比例,以及这种供给关系为联结纽带的产业关联关系。

2. 需求结构的优化

需求结构是指在一定的收入水平条件下政府、企业、家庭或个人所能承担的对各产业产品或服务的需求比例,以及以这种需求为联结纽带的产业关联关系。它包括政府(公共)需求结构、企业需求结构、家庭需求结构或个人需求结构,以及以上各种需求的比例。

3. 贸易结构的优化

国际贸易结构是指国民经济各产业产品或服务的进出口比例,以及以这种进出口关系为联结纽带的产业关联关系。国际贸易结构包括不同产业间的进口结构和出口结构,也包括同一产业间的进出口结构(即进口和出口的比例)。

4. 投资结构的优化

国际投资包括本国资本的流出,即本国企业在外国的投资(对外投资),以及外国资本的流入,即外国企业在本国的投资(外国投资或外来投资)。对外投资会导致本国产业的对外转移,外国投资则促使国外产业的对内转移。这两方面都会引起国内产业结构的变化。国际投资结构是指对外投资与外国投资的比例结构,以及对外投资在不同产业之间的比例和外国投资在本国不同产业之间的比例及其各种派生的结构指标。产业结构优化也要对国际投资结构进行优化。

5. 产业结构动态升级优化

产业结构优化的机理就是通过动态升级优化实现国民经济的持续快速增长,即:(1)调整影响产业结构的决定因素;(2)产业结构得到优化;(3)产业结构效应发挥作用;(4)国民经济得到持续快速发展。

三、产业结构升级优化的效应

产业结构优化升级是一个动态过程,是产业结构逐步趋于合理,不断升级的过程,在一国经济发展的不同阶段,产业结构优化的衡量标准不同;产业结构优化的原则是产业间协调发展和最高效率原则;产业结构优化的目标是资源配置最优化和宏观经济效益最大化。

产业结构优化升级过程中产业结构合理化和产业结构高级化是相互联系,相互影响的。产业结构合理化是产业结构高级化的前提条件,如果产业结构长期处于失衡状态,就不可能有产业结构高级化的发展。同时,产业结构合理化也总是一定高度基础上的合理化,产业结构合理化主要从静态状况或在一定阶段上要求优化产业结构,产业结构高级化主要从动态趋势要求优化产业结构,它是一个渐进的长期发展过程。产业结构高级化是产业结构从一种合理化状态上升到更高层次合理化状态的发展过程,因此,产业结构高级化是产业结构合理化的必然结果。

产业结构优化升级效应,是指产业结构变化的作用对经济增长所产生的效果,即对经济增长发挥着一种特殊的作用。由于产业结构的特殊功能,产业结构的高变换率能够导致经济总量的高增长率。促进产业结构优化有利于发挥产业结构效应,推动和保持经济的增长率。

1. 产业优化升级的关联效应

美国经济学家阿尔伯特·赫希曼(Albert Hirschman)在他的《经济发展战略》(经济科学出版社,1991)一书中详细分析了产业之间的关联效应。产业关联效应就是指一个产业的生产、产值、技术等方面的变化通过它的前向关联关系和后向并联关系对其他产业部门产生直接和间接的影响。前向关联效应就是指一个产业在生产、产值、技术等方面的变化引起它为其供应投入品的部门在这些方面的变化,或导致新技术的出现,新产业部门的创建等。后向关联效应就是指一个产业在生产、产值、技术等方面的变化引起为它提供投入品的部门在这些方面的变化,例如由于该产业自身对投入品的需求增加或要求提高而引起提供这些投入品的供应部门扩大投资、提高产品质量、完善管理、加快技术进步等变化。

2. 产业优化升级的扩散效应

美国经济学家华尔特·惠特曼·罗斯托(W. W. Rostow)在他的《从起飞进入持续增长的经济学》(四川人民出版社,2000)一书中阐述了主导产业的扩散效应概念。根据他的阐述,扩散效应是指某些产业部门在各个历史间歇的增长中,“不合比例增长”的作用对其他关联产业产生的影响。具体表现在三个方面:即回顾效应、旁侧效应和前向效应。回顾效应是指主导部门的增长对那些向自己供应投入品的供应部门产生的影响。在主导部门或新部门处于高速增长阶段时,会对原材料和机器设备等投入品产生新的投入要求。这些投入,反过来又要求现代设计观念和方法的发展,于是,便带动了为其提供投入品的产业的发展。前向效应是指主导部门的成长诱导了新兴工业部门,新技术、新原料、新材料、新能源的出现,改善了自己供应给其他产业产品的质量,或者通过削减其他工业部门的投入成本,提供进一步开发新产品和服务的条件,或者产生一个瓶颈问题。这样,主导部门产生了一种刺激力,促进需要其供应品的产业的发展。旁侧效应是指主导部门的成长引起它周围地区在经济和社会方面的一系列变化,这些变化趋向于在广泛的方面推进工业化进程。主导部门的成长,提供更多的就业机会,城市人口增加,需要更多的服务,甚至促进各种制度的变革。这样,新主导部门的出现常常改变了它所在的整个地区。

四、产业结构的优化升级作用

1. 体现生产技术创新

产业结构的优化升级,其核心是社会生产技术基础更新所引发的产业结构的改进,即由于新技术的开发、引进、应用、扩散,引起高新技术产业发展和传统产业的更替、改造,这说明产业结构的优化升级是以技术创新为前提的。

2. 强化结构转化更新能力

产业结构优化升级是增强产业结构转换能力的重要力量。在社会再生产过程中，产业结构协调化使技术有条件不断更新，促进产业结构不断更新并形成新的组合，增强传统产业向现代产业转换的能力，长线产业向短线产业转换的能力，技术含量较低的产业向技术含量较高的产业转换的能力，引起社会生产力发生质的飞跃，实现产业结构优化升级。

3. 提高经济资源配置效率

产业结构优化升级是提高经济资源配置效率的客观要求。产业结构实质上可以看做是资源转换器，产业结构优化升级是这一资源转换器运转的效率和质量不断得到提高的基础。

4. 支撑实体经济良性聚合增长

产业结构优化升级是实现经济增长的重要支撑力量。现代经济增长过程主要取决于产业结构的聚合效益，即产业间和产业内各部门间通过合理关联和组合，使组合后的整体功能大于单个产业或单个部门的功能之和。产业结构优化升级是增强产业聚合效应的重要手段，支撑经济全面协调可持续发展的重要力量；同时经济增长也为产业结构优化升级提供了相适应的物质基础，实现产业结构优化升级与经济增长的良性循环。

5. 提高国民经济整体素质

产业结构优化升级产业结构优化升级高度化的坚实基础来自于产业结构合理化，产业结构合理化是产业结构高度化的首要保证；以产业结构合理化促进产业结构高度化，以高度化推动结构在更高层次上实现协调即优化升级，相互在本身的运动中实现对方；是国民经济整体素质的提高和经济持续稳定健康增长战略高度举措。

五、结论

中共廊坊市委五届五中全要求打造“环京津新增长极”、“经济结构要优”。本文立足省委市委的战略部署，充分体现了国家“十二五”规划和河北省“十二五”规划，体现了河北省委关于廊坊市经济与社会发展的要求。按照国家与河北省的规划，对于廊坊市在产业结构调整中，把握“产业结构优化升级要求、产业结构升级总体优化特点、产业结构升级优化的效应产业结构的优化升级作用”，充分认识产业结构的优化升级重的“生产技术创新、强化结构转化更新能力、提高经济资源配置效率、支撑实体经济良性聚合增长、提高国民经济整体素质”的作用,是“高端发展,绿色崛起,奋力打造河北环京津新增长极战略突破口战略方向”的路径之一,具有重要的现实意义。

绿色崛起视域下廊坊市绿色产业发展对策

王　倞[①]

【摘要】实现廊坊市经济社会绿色崛起已成为其在区域整体发展中的特色化途径选择。绿色产业作为绿色崛起的重要实现载体,其经济价值、生态价值、社会价值显著。通过对绿色产业的释义,结合区域经济社会发展阶段性特点,分析了廊坊市绿色产业发展的动力机制与发展布局,提出了绿色崛起视域下廊坊市绿色产业发展的对策,以更好地实现与高端城市产业对接,提升廊坊市经济社会发展综合实力。

【关键词】:城市经济　绿色产业　循环转型　特色产业

一、绿色产业释义

(一)绿色产业的内涵

绿色产业是在城市经济运行发展中,以实现高效、低碳、可持续发展为原则的新兴产业形态,它将资源节约与环境友好理念贯穿于产业生产过程的各环节之中,是集经济价值、生态价值、社会价值于一体的产业形态。

绿色产业包括绿色工业、绿色农业以及绿色服务业等。其发展通过建立绿色产业发展示范区、绿色产业园区、生态县区等绿色生态项目加以实现。

绿色产业的发展有助于提升城市节能环保水平、促进城市经济结构优化、提高市民生活水平、塑造城市发展新形象。

---

① 王　倞,唐山师范学院经济管理系讲师。

（二）绿色产业的确定标准

1. 碳排放量低

低碳是绿色产业发展的本质特征，尽管尚未有统一的低碳标准，但应根据环境容量、人口容量及区域发展对产业的需求量等因素综合确定。依据廊坊市《“十二五”规划》的要求，在廊坊市可将产值能耗为0.25吨标准煤/万元以下的产业划归为绿色产业范畴。

2. 综合价值高

绿色产业应在其所属城市经济资源的配置中具有明显优势，即应具有很强的经济价值、社会价值、生态价值的创造能力，能不断地将现实及潜在的产业优势转化为发展的竞争力，能够在激烈的区域产业竞争中逐步发展、壮大。

3. 市场需求稳

市场需求是绿色产业生存、发展、壮大的必要条件。绿色产业的产品应在未来较长时期内、在区域市场具有较大的长期的稳定需求。廊坊市及环首都周边区域绿色产业的发展，主要通过稳定的市场需求来带动，获得经济与社会的双重效益。

4. 创新能力强

技术先进是新兴产业在激烈竞争中立于不败之地的基本因素，也是产业持续创造高价值的基本要素。产业的绿色化发展选择应集中体现技术进步，使产业具备能够快速吸纳先进技术进行再创新的能力。

二、廊坊市发展绿色产业的动力机制

（一）高端城市产业转移与分工的辐射

京津廊区域产业分工的进一步深化，京津产业转移规模的逐年扩大，为廊坊市实施产业结构的优化升级提供了重大机遇。廊坊市独有的区位优势，已成为对接京津高端城市发展与率先在环首都区域实现崛起的重要优势条件。在京津廊区域合作和对外开放的不断深化中，廊坊市主动承接京津产业转移和产业分工的优势十分明显。

（二）区域功能完善的要求

2011年，河北省提出建设环首都绿色经济圈的战略构想。在环首都绿色经济圈建设中，现代农业、新型工业、现代服务业等产业的优质发展是其重要内容。环首都14市县区均高度重视产业的低碳化、绿色化发展，力图通过城市产业合力、生态合力共同推进环首都经济圈建设，在地方政策、资金支持、产业优化、创新资源整合等方面均有所作为。作为环首都区域的重要核心城市，廊坊市产业发展水平及经济运行质量的好坏，极大地影响着区域功能的完善。同时，廊坊市在区域内亦担负着发挥产业绿色发展和社会绿色发展辐射功能。

（三）产业升级与结构优化的驱动

廊坊经济社会发展已进入到“转方式、调结构”重要阶段，产业升级与结构优化成为发展质量提升的重要内驱力。当前，廊坊市实现经济社会快速发展的首要任务即主动加快自身产业结构调整，优先进行产业升级。一方面，加速实现传统产业的绿色化改造，通过低碳化生产及企业产品的“绿色”升级和“绿色”新品研发，推动经济要素形成向产业链高端的集聚；另一方面，积极推动现代服务业、现代农业、信息技术等绿色产业的发展壮大，积极拓展对接京津的电子信息、新材料、新能源、环保产业等绿色新兴产业。

三、廊坊市绿色产业发展布局

（一）基本思路

实现廊坊市绿色产业发展，既应立足于对廊坊市现有产业结构的升级改造，又要着眼于未来绿色发展的需求；既要服务于城市快速发展期产业扩容的要求，又要遵循经济向高端服务型发展的趋势性规律。因此，现阶段对廊坊绿色产业的构建，可通过对相对“轻型化”的传统产业注入“服务”因素来不断提升产业的绿色化水平。

（二）保障要素

1. 行政支持

要实现廊坊市绿色产业的长足发展，固然离不开企业的主体性作用和市场机制的基础性作用。但就处于绿色崛起起步期而言，政府的鼓励、支持和引导尤为重要。为此，政府主管部门要先行树立起绿色发展观，把加快推进绿色产业发展和现有产业结构的绿色转型摆在城市发展的战略高度。

（1）统筹制定廊坊市绿色产业发展的专项规划，修订完善现有针对城市产业“转方式、调结构”的相关规划，从顶层设计层面着力促进绿色产业的高质量发展。

(2)及时采取多种方式和途径，由行政主管部门牵头，积极围绕培育绿色产业实践所形成的新的发展理念，在全市辖域内广泛宣传、精心组织，全面启动宣传绿色产业发展、绿色产品生产、绿色产品消费等“绿色”内容的公益化教育活动，为廊坊市产业发展营造社会文化氛围。

2. 行业协同

绿色产业的发展是一项涉及企业和产业，技术与制度以及政府部门等多个层面的复杂系统工程。因此，在加快廊坊市绿色产业推进的进程中，要把握好统筹兼顾、分类指导、突出重点、协调发展的基本原则。

(1)坚持依靠科技进步，综合运用现代经营管理方式、高新技术和信息化等手段着力提升先进制造业和现代服务业，加快其融合互动以培育发展绿色产业，重视传统产业和传统服务业的协同改造。

(2)着眼于拓展绿色产业的后端网络和增值空间，整合邻近乃至更大区域范围的绿色化产业资源，加快绿色生产与绿色消费的融合互动，进一步构建和完善相关产业间的绿色协作和共赢机制。

四、廊坊市实现绿色产业发展的对策

(一)深化绿色产业与城市发展的融合

建设宜业宜居、功能健全、环境优良的城市发展产业空间是绿色产业发展的重要基础性内容。廊坊市在依托绿色产业实现绿色崛起中，应着力推进绿色产业与城市发展的有机融合。具体而言，就是要坚持高起点规划、高标准建设、高效能管理的整体要求，围绕“绿色、科技、和谐、高效”的定位，推进绿色产业发展。

1. 参与区域化功能完善

积极主动参与京津冀环首都区域建设，强力推进科技教育、医疗卫生、文化娱乐等服务设施建设与功能升级，提高城市综合服务水平，提升城市功能化水平，助力区域功能化建设。建成与京津及邻近城市密切协作、设施共享、服务完善、环境优美的宜业、宜居大城市空间。

2. 实现多领域同步推进

坚持环境生态优化与经济发展同步推进，严格实行针对产业发展的环境评价和准入制度，统筹规划环境保护设施建设。加强廊坊市重要区域与生态敏感区的保护力度，着力推进城市绿化、生态隔离等工程项目，构筑保障自身、惠及周边、服务京津的城市生态安全体系。重点布局重点市镇的建筑节能、绿色照明、低碳交通、废旧电子产品收集与处理等技术项目，促成绿色产业及产品向城镇化建设惠及。

（二）建设绿色产业保障体系

1. 构建绿色产业发展政策体系

进一步创新廊坊市经济社会管理的体制机制，形成精简、统一、高效的城市管理服务关联体系，不断提升综合化的城市管理与产业发展的谋划能力、服务能力。全面落实河北省关于扶植绿色产业发展的宏观政策，加快研究出台廊坊市推进绿色产业发展的相关措施，在科技金融、绿色项目、节能改造等多方面实现政策突破。

2. 创新绿色产业技术服务体系

积极为绿色产业发展提供良好的科技服务环境，加快提升主导产业向绿色转型的能力。整合廊坊市域范围内的市级重点科技创新平台，大力引进科技服务机构，建立开放共享的运营机制，为主导产业和企业提供研发设计、检测试验、产权交易、成果转化等专业服务。完善廊坊市技术交易中心，努力使之成为项目丰富、中介活跃、交易手段先进、创新成果与创业资本直接连通的交易平台，集合全市及京津的重点院校、科研机构和众多实验室的科技文献、大型仪器、实验设备等资源，建设一批高标准的共享实验平台，形成区域范围内具有较高水平的技术服务市场。

（三）实现经济单线模式向循环转型

遵循循环经济和工业生态理论，分步骤、分阶段逐步淘汰传统上由“资源—产品—消费—排放”所组成的物质单项流动的线形生产形式，逐步确立起建立在物质资源循环利用基础上的产业经济发展新思路。努力形成企业之间相互协作、相互配套的产业生态循环链条。严格限制高能耗、高物耗、高污染、低综合效益的产业项目，主动淘汰落后的工艺、设备、技术、产品，将发展循环型绿色产业作为廊坊市产业发展的优先选择。

（四）促成产业走向高价值化

1. 促推传统产业实现现代化

政府通过设立绿色产业发展专项资金等，积极引导传统产业实现科技创新,消除“无技术、无创新”企业。加强高端产品的研发和从外域引进先进技术、工艺、装备,完善消化、吸收、再创新工作。运用新技术、新工艺、新材料,推动清洁生产和节能减排,促使传统产业向先进产业转化。

2. 助力新兴产业实现规模化

以廊坊市现有的特色产业基地建设为基本依托,努力抓好绿色产业发展的信息平台、服务平台建设,积极推进绿色产业范畴中的优势行业企业加快自身发展。以“引凤筑巢”、“招优育精”为基本原则,通过优惠政策等实效性手段,引进并培育优质绿色产业龙头企业、优质绿色产业项目,有效推进绿色产业发展的规模化水平。

3. 促成优势产业实现高端化

进一步提升廊坊市现有优势行业企业的自主创新能力,重点发展产业链条中的重要关键性环节。积极实施品牌战略,引导、鼓励企业创立驰名商标。重点发挥产业联盟、行业协会等经济组织的作用,建立高端化的行业联合发展机制。通过加强政府引导,推动优势产业的高层次升级。

(五)打造绿色产业集聚空间

积极整合廊坊市辖域内绿色产业资源,建立利益分享、风险共担的产业合作机制,搭建有效的创业创新平台,构建绿色产业的发展空间。按照专业分工、组团布局、功能配套、辐射带动等原则落实绿色产业核心区、联动区、辐射区规划,建成绿色产业集聚地,形成结构合理、功能配套的绿色产业发展格局。因地制宜地选择异质特色化优势产业,以做大绿色产业规模、做优绿色产业质量为基本目标,有效推动主导产业、优势产业的绿色化、专业化、协作化。

(六)加强跨区域绿色产业智力供给

积极实施服务于绿色产业发展的廊坊市高端引智计划,以“为我所用优于为我所有”的灵活性引智原则为指导,围绕优势、特色产业领域,通过“项目+人才”渠道积极引进京津产业人才和创业团队的强大智力,聚集一批服务于廊坊市绿色产业发展的高端服务团队。着力实施本土企业专业技术人才培养工程,努力培养造就一批掌握前沿技术、关键技术和共性技术的本土化骨干专业技术人才。完善绿色产业发展中产学研金等各领域的人才联合培育机制,支持和鼓励企业与工科类高校、科研院所等的紧密合作,共建一批高质量的人才培养、培训基地。根据廊坊市绿色产业、产品和服务的高端研发需要,加大对服务于相关行业领域的科研工作站、重点实验室、企业技术转化中心、高级人才创业园等智力创新创业载体建设的支持力度。

参考文献:

[1] 许抄军等. 产业支持与“两型社会”建设研究综述[J]. 科技和产业,2011(7)

[2]黄永香. 论发展“两型”产业的体制保障和政策措施[J]. 内蒙古农业大学学报(社会科学版),2012(2)

[3]冷俊峰等. 区域产业两型化发展水平评价研究[J]. 科技进步与对策,2011(5)

[4] 李平. 低碳产业集群的推进路径和策略研究[J]. 特区经济,2012(10)

[5] 刘传江等. 低碳产业发展研究动态述评[J]. 生态经济,2012(2)

服务外包与廊坊市产业结构优化升级

许馨文[①] 张宝雷[②]

【摘要】: 本文从产业集聚的视角,运用钻石模型理论分析廊坊经济技术开发区服务外包产业集聚发展的影响因素及其产业竞争优势,在此基础上构建经济技术开发区的服务外包产业发展的系统动力学模型,运用这一模型对廊坊经济技术开发区服务外包产业集聚发展的动力因素进行仿真模拟,运用仿真模拟结果构建廊坊经济技术开发区服务外包业集聚发展的竞合博弈发展模式。最后以廊坊经济技术开发区为例,对服务外包产业集聚发展的影响因素、趋势进行实证分析,并基于SWOT分析结论提出大力发展廊坊经济技术开发区服务外包产业的对策建议。

【关键词】:服务外包产业　产业集聚　钻石体系　竞合模式

一、引论

服务外包产业是一种基于通信网络基础上的产业,是现代高端信息产业、高端服务业的重要组成部分。发展服务外包是转变对外贸易增长方式、提高对外贸易的质量和效益,优化外商投资结构,提高利用外资水平,扩大大学生就业、提升结构升级具有重要意义。现有的主流文献主要是从生产模式转变和生产要素跨国流动的角度研究服务外包现象,从研究方法看,以实证研究为主。发展中国家承接服务外包规模迅速增长、服务外包规模迅速增长推动世界经济增长、政策与商业环境制约服务外包业、服务外包业促进生产率与技术进步、中国面临国际服务外包机遇的方面,看法基本一致;

---

① 许馨文,高级统计师,就职于廊坊开发区招商局,武汉理工大学博士,研究方向:产业经济。
② 张宝雷,廊坊师范学院。

在服务外包规模迅速增长推动参与国经济增长、服务外包对就业与收入影响、应对策略、计量方法国际服务外包的特征、动因与效应分析的方面，分歧较多，未形成一致意见。国际上现有的主流文献主要是从生产模式转变和生产要素跨国流动的角度研究服务外包现象，从研究方法看，以实证研究为主服务外包业定性分析较多，对具体到国家、城市、开发区服务外包业的定量模型少，因此本文以定性数据和定量数据为基础对经济技术开发区服务外包业发展建立系统动力学模型，弥补这方面研究的不足。

二、主要模型

（一）服务外包产业集聚发展的钻石模型

影响廊坊经济技术开发区服务外包工业发展的六大因素，分为直接和间接因素分析。直接因素包括区域服务外包产业发展的基本条件，包括产品的市场供应和需求、相关和支持性行业建设等四个因素，这四个因素是从产业发展环境分析。间接因素包括科技创新和应用支持和发展软环境（人员，政策支持等）支持双因素，这些因素及之间关系构成了“钻石模型”。在“钻石模型”的框架下，对各因子进行进一步分析，得到二级因子．应用灰色关联度分析方法即用各指标因素中的最优值作为参考数列，其余为评价指标作为比较数列，且各项指标（即各影响因素）相互关联，关联度越大因素的整体竞争能力的最重要的影响。

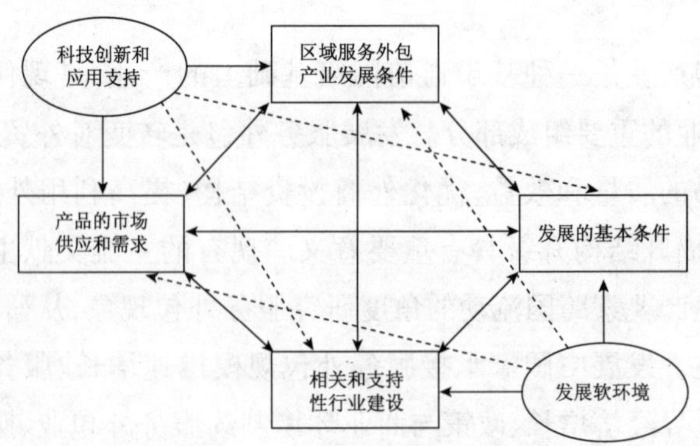

图1　区域服务外包产业发展影响因素钻石体系

（二）服务外包产业集聚发展的因果循环系统模型

开发区服务外包产业发展是一个多因素且因素之间关系复杂的系统工程，各因素的相互作用决定了产业发展的过程和最终结果。服务外包产业发展的动力是一个由服务外包产业发展、区域技术创新环境、区域政策环境、市场需求等子系统协同作用构成的复杂动态系统。这四个子系统又是分别由若干个要素协同作用构成的。服务外包产业发展动力的四个子系统内部之间有着相互作用和因果关系，且关系非常密切，在物质、资金变化及信息交流之间发生作用，从而使服务外包产业发展动力成为复杂的动态系统。将这四个子系统相互作用、互为因果的联系以因果循环关系连接起来，便构成服务外包产业发展的因果循环图。（见图2、图3）

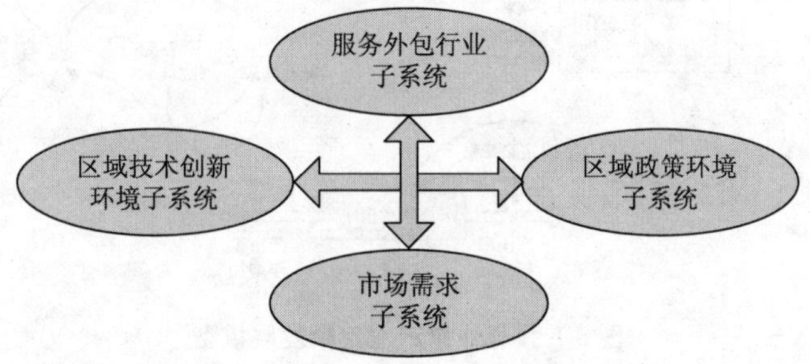

图2　开发区服务外产业发展动力结构图

开发区服务外包产业发展模型中的主要因果反馈关系如下：

（1）服务外包产业总产值的直接结果是固定资产，同时其价值受影响的因素是能够反映生产效率的总体状况的资产收益率指标。

（2）在收缴地方财政税收时，服务外包企业也能收到区域金融资源的配置和计划作用的影响，从而促进区域的技术创新环境、政策环境和其他各方面均衡作用，最终实现服务外包产业的协调发展。

（3）新产品的研制和产业化能够优化区域产业结构，并促进产业竞争力的整体提高和科技创新的推广开展的提高发展。新产品的价值能够通过技术和创新水平体现出来。他们之间也存在良性的互动关系。

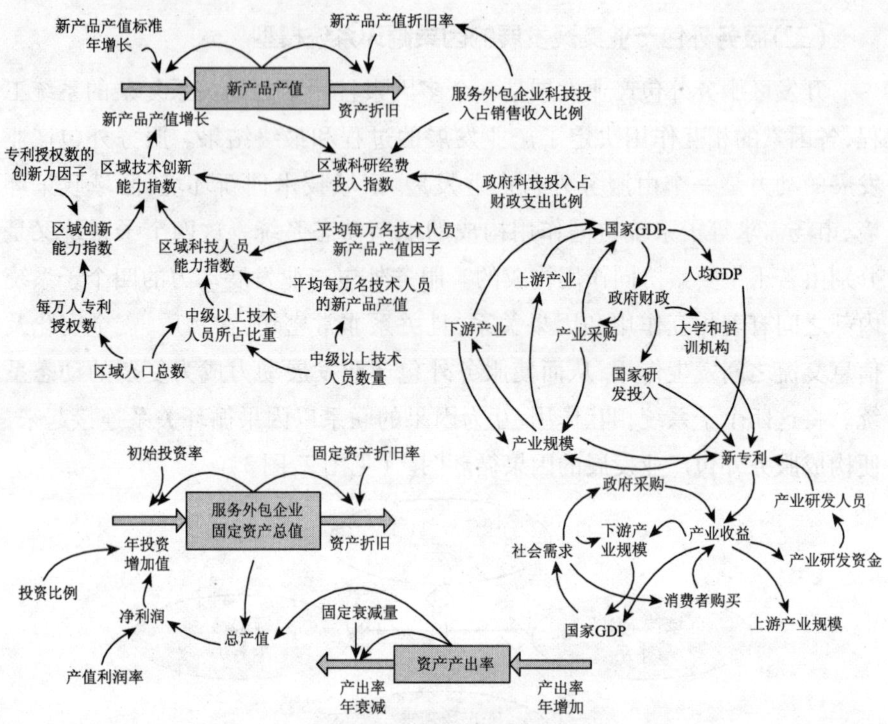

图 3　服务外包产业集聚发展模型

三、实证分析

(一)服务外包产业集聚发展的钻石模型仿真与分析

首先,为了方便不同单位的各种因素进行了比较,对廊坊市统计局网站的原始数据进行标准化处理,使其成为一个价值在[0,1]区间的相对数据,根据关联系数计算式进行计算,关联系数计算公式如下:

$$r(X_0, X_i) = \frac{1}{n}\sum_{k=1}^{n} r[x_0(k), x_i(k)]$$

其中,$r(x_0(k), x_i(k)) =$

$$\sum_{k=1}^{n} \frac{\min_i \min_k |x_0(k) - x_i(k)| + \rho \max_i \max_k |x_0(k) - x_i(k)|}{|x_0(k) - x_i(k)| + \rho \max_i \max_k |x_0(k) - x_i(k)|}$$

为分辨系数,可得影响因子关联系数表;再次,选择变异系数法确定指标权重。

各项指标的变异系数计算公式如下:

$$V_i = \frac{\sigma_i}{\bar{x}_i}(i = 1,2,\ldots,n)$$

其中，V_i 是第 i 项指标的变异系数，也称为标准差系数；σ_i 是第 i 项指标的标准差，$\bar{x}_i$ 是第 i 项指标的平均数。

经计算，各层因子权重分别是：

W_{AB} =（0.3383，0.1346，0.1502，0.0808，0.2118，0.0954）；

W_{B1C} =（0.6012，0.2647，0.1342）；

W_{B2C} =（0.3940，0.6060）；

W_{B3C} =（0.4330，0.5680）；

W_{B4C} =（1）；

W_{B5C} =（0.1080，0.8912）；

W_{B6C} =（0.5235，0.4809）。

根据关联系数进行排序，见表1。

表1　服务外包产业集聚发展影响因素排序

指标	排序
产业发展基础条件影响因子	1
产业相关与支持行业影响因子	4
产业自身发展影响因子	3
产业市场供应与需求影响因子	6
产业发展软环境因子	2
产业科技创新应用影响因子	5

从各个指标的权重 W_{AB} =（0.3383，0.1346，0.1502，0.0806，0.2018，0.0945）看，服务外包产业发展的基础条件影响因素的影响最大（W_{AB} = 0.3383），表明区域发展服务外包产业仍然严重依赖于发展的基本条件，尤其是自己的资源，发展地方经济综合实力，应该选择资源特点、产品市场前景好产业，通过深入挖掘资源潜力，一步一步、有计划地对各个区域进行支持。

（二）廊坊经济技术开发区服务外包产业集聚发展动力仿真模拟

在建立系统动力学模型时，进行数据仿真模拟的时候，对数据的年限要求相对较长，比较合适的年限一般是50年左右，但由于对廊坊经济技术开发区数据收集的局限，所以对其进行数据仿真时，本文从 2005 年开始对模型进行数据仿真。根据廊坊统计年鉴，以及统计局、财政局等相关网站查阅资料文献，获得 2005—2010 年历年数据。

运用 Vensim 软件对模型进行仿真模拟和政策分析，通过适当改变常数、表函数、方程参数与形式等，设计可能的实施政策，代入模型进行试验，在所获得的不同方案结果中进行区别、比较，选取有效解决系统问题的较优决策。在 Vensim 软件操作系统中，录入廊坊经济技术开发区服务外包产业相关资料数据进行模型仿真，预测 2010 到 2015 年 GDP、潜在市场需求、销售额、人员、创新能力及资产等变量的变化情况，部分结果如下图 4、图 5、表 3。

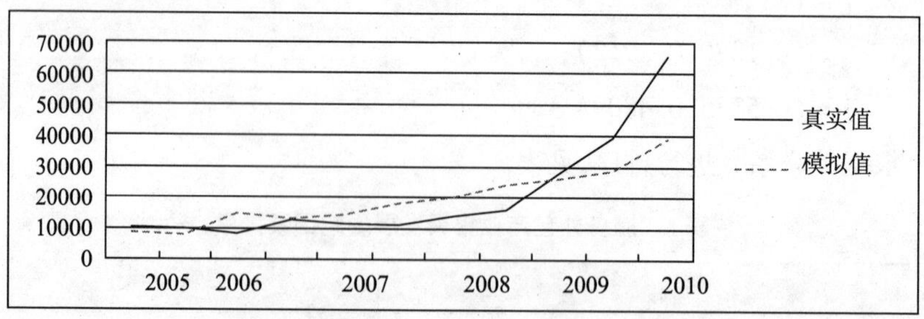

图 4　数据对比图

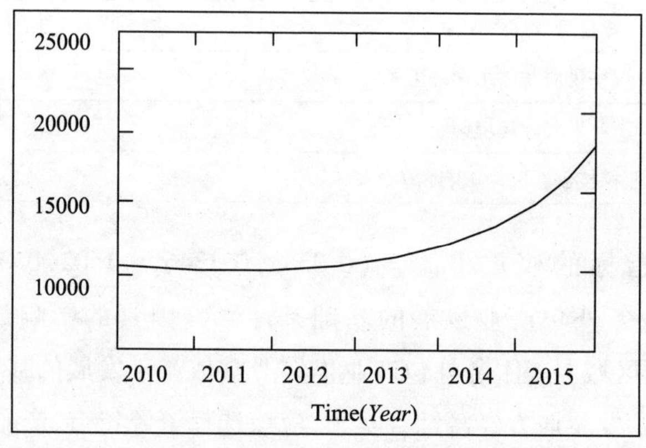

图 5　国内生产总值变动趋势模拟图

表2　仿真结果表

Time	2005	2006	2007	2008	2009	2010	2011	2012	2013	2014	2015
GDP	94.3	96.5	99.7	103.3	111.2	116.2	119.4	124.9	132.1	140.3	154.9
PQ(t)	1	1.13	1.23	1.28	1.34	1.45	1.63	1.73	2.1	2.4	3.6
SQ(t)	2.1	5.4	9.3	12.4	14.8	18.2	21.8	32.4	45.4	58.2	62.1
P(t)	124	139	148	163	173	197	201	298	301	324	421
TOC(t)	1	1.32	1.45	1.64	1.78	1.82	1.98	2.31	2.65	3.98	4.53
CI(t)	3.2	4.7	7.3	8.9	10.3	15.6	17.9	23.5	31.4	43.5	56.8

图4和表2给出了廊坊经济技术开发区服务外包产业发展趋势仿真。趋势仿真包括两部分，前5年是现状拟和，从2011至2015年是趋势预测。从图5和表3可知，根据对vensim软件运行结果的整理，从2005年到2010年的产值变动情况，模拟数据围绕在真实数据上下波动，运用模型预测的仿真值基本上反映了实际的行业发展状况。前5年表征系统状态的各主要变量总体均呈上升趋势，而从图表中给出的系统内外与产业相关的各主要要素的发展预测趋势来看，整体均呈增长态势。其中，从2011至2015的6年中预测销售量年均增长率达到31%，从业人员数年均增长率达到24%，资产总量年均增长率达到42%，创新能力年均增长率达到25%，GDP年均增长率达到60.1%，客户需求年均增长率达到26%。

四、京津廊地区服务外包产业集聚发展的竞合博弈模式

廊坊经济技术开发区地理位置优越，处环渤海经济圈的核心区域，但当前，廊坊经济技术开发区与京津之间尚未形成密切的经济、技术、人员、信息的交流和联系，没有形成产业高度集聚、区域经济高度一体化的高新技术带状增长极。相对于区域经济一体化格局的开放型经济而言，廊坊开发区与京津开发区之间还属于各自为政状态，开发区之间同质竞争激烈。在长期条块体制分割的背景下，京津冀都市圈开发区之间产业结构趋同现象明显，目前都在重点发展服务外包产业中的同质行业，服务外包产业链并未形成，区域内投资来源的争夺激烈。特别是天津滨海新区拥有土地资源丰富、政策宽松等优势，开发开放的步伐也更为快速，当前提出要打造世界先进制造中心，未来对廊坊经济技术开发区服务外包产业的招商引资等都会带来不小的挑战。廊坊开发区与京津开发区的功能建设方面差异也较大。廊坊开

发区目前难以依靠京津现有的城市服务和基础设施,对廊坊市区的依赖性很大,自建园区功能也需要进一步完善。区域整体发展比较缓慢,合作成效并不显著,这正是各方维护地方利益,追求各自利益最大化,使区域整体经济发展陷入“囚徒困境”的结果。

“京津廊”区域打造服务外包产业集聚区的明显优势。产业集群竞合模式能够充分提供产业博弈和竞合所需的交流和实施环境,即“产业集聚形态的京津廊区域服务外包产业竞合模式”。

形成“京津廊”工业集中区和地区的相对优势。一个地区形成的服务外包产业集聚区发展服务外包产业要有强烈的愿望和需求;包括基础设施、物流、信息技术、产业结构、开放度、综合环境优势、充足的人力资源、良好的投资环境和政府的支持。

(1)“京津廊”区域制造行业的龙头地位的国家比中西部。世界产业发展的经验表明,当制造业发展到一定程度,核心竞争力、促进第三产业增加值将逐渐开始依靠。随着制造业的成熟,其内部的专业化分工更为明显,更精细的专业分工有利于规模经济成本的进一步降低,这种专业化夹层也可以理解为是一种生产性服务外包。这种外包需求渗透到制造业的研发、设计、管理、物流等方面,以促进产业链上的制造业和服务业的产业融合。因此“京津廊”区域发展制造业促进服务外包产业发展的强劲需求。

(2)与服务外包大国印度比较,中国在基础设施方面具有无可比拟的优越性。“京津廊”区域的配套设施更是位居全国前列。物流领域,“京津廊”的区位优势突出,与信息化,产业结构和开放程度,“京津廊”区域也毫无疑问的顶部。

(3)服务外包主要依靠科技和知识的推广,人才是推动“燃料”。该地区是最密集的地区,国内的大学,拥有雄厚的人才储备。

(4)为促进服务外包产业发展,从乡村到城市几乎每年都有相关的优惠政策。虽然存在竞争的地方往往引起省,市、区政府提供更优惠的条件。

五、廊坊开发区服务外包产业集聚发展环境SWOT分析

(一)优势因素分析

1. 基础设施完备

廊坊经济技术开发区位于环首都经济圈,交通方便快捷,设施便利。综

合运输网络在廊坊和北京，大大降低了天津之间的距离，形成一个以廊坊为中心的2小时经济带。廊坊经济技术开发区面积大，人口密度相对较小，可供开发利用的土地资源十分丰富，易于开发建设服务外包产业园。区内基础设施配套，水、电、气、热、生产所需的能源供应齐全和相对京津地区价格低。

2. 充足的人力资源

与京津区域交通便利与良好的地理区位条件为廊坊经济技术开发区提供了充足的人力，其在该区域发展服务外包产业时发挥了强有力的基础性和保障性作用。

3. 相对低廉的生产成本

相对低廉的人力成本是中国服务外包业快速发展的主要原因之一，而廊坊经济技术开发区相比京津区域与其他的经济发达地区其人均工资水平更低。据统计，目前廊坊地区服务外包行业工作人员的平均月薪水平大约是上海的60%、北京的65%、天津的80%。在当地，服务外包企业在生产中无论是选择自己建房还是进行租房，都能够促使企业运营成本得到降低，同时提高经营利润。

(二)劣势因素分析

1. 外包企业和从业人数规模较小

企业小、从业人数少使得廊坊地区服务外包产业目前很难使能够产生品牌效应的优势集聚形成。廊坊市的服务外包企业和该行业的从业人数都较少，且其中的大部分是中小型企业，能够真正具备实力去承接出口外包订单的企业也非常少，还不能够形成优势集聚的品牌效应。

2. 市场开拓能力不强，外包出口总量偏小

廊坊服务外包企业主要集中在国内市场，且外包对象主要集中省内，国外市场只有两家企业，外包的出口量很小，只有20万美元，远远落后于深圳、天津、上海等发达城市以及西安、成都、武汉、中西部城市，还有很大的差距。绝大部分企业还没有建立自己的海外信息和销售渠道，不接近客户和市场，提供满意的服务，赢得国外客户订单的机会微乎其微。

3. 高端人才短缺

承接软件外包订单，企业不仅需要高层次软件设计人才和企业管理人才，但也需要在语言和了解软件开发人才。但由于地区收入差距较大，虽然

该省丰富的人才资源，而是由京津地区辐射，高端人才留不住，没有形成吸引，保持良好的环境。

4. 外包企业资质需要提高

CMM 认证使得软件企业不断实现国际化，已越来越多地被市场所认可。但由于投资大，复杂的过程，认证、认证过程的进展也从来不是立竿见影，同时该认证对企业资金链的要求较高，目前廊坊只有北大方正软件职业技术学院认证通过 CMM。

5. 企业融资渠道单一，融资能力差

软件外包企业的早期发展对资金的需求非常大，而廊坊经济技术开发区的大多数的软件企业都是民营企业，它们的规模小，固定资产少，加上风险投资体系和中小企业信用担保体系不完善，企业融资能力相对较差，因此也导致外包企业在短时间内难以迅速成长，发展后劲不足。

（三）发展机遇分析

目前，国际服务外包产业的发展趋势是经历了全球金融危机之后，越来越多的企业意识到降低成本，追求高质量的伙伴的重要性。我国凭借总体经济、人力资源、服务成本、稳定社会等方面的因素，再次成为全球服务外包的焦点。据商务部统计，中国服务外包企业已超过 1 万家，从业人员超过 200 万。由于北京、上海、大连等发达地区的综合成本较高，许多国内、国际服务外包企业已开始寻找新的低成本地区。廊坊经济技术开发区是功能齐全的园区，载体空间广泛，业务操作、成本相对低廉等优势，无疑将成为国内、国际服务外包企业考虑的目标。

1. 国外离岸服务外包业务加快向我国转移

据有关权威机构统计，目前全球财富 1000 强中 95% 的企业制定了离岸服务外包战略，未来 10 年间世界离岸外包市场会以年均 35% 左右的速度激增。作为一个国际服务外包的主要承包商，跨国公司已经大大先进的离岸服务外包产业的迅速发展，未来三到五年是国际服务外包产业转移到中国的黄金时期和战略机遇期。我国一直以来政治局势稳定，经济运行环境安稳，基础设施较为完善，人力资源丰富且用工成本相对较低，优惠政策力度大，将进一步成为众多跨国公司服务外包业务的主要承接国。

2. 服务外包产业成为区域内政策重点支持产业

河北省政府将建立环首都经济圈计划定位为核心战略。根据北京政府达成共识,双方将利用 3 ~5 年时间,实现使环首都经济圈的目标,将建立一个多元化的联合北京工业园区,重点发展高新技术产业、文化创意产业、会展及服务外包产业和生态旅游等新兴产业,以加快实现北京地区的产业转移。而计划中的环首都经济圈包括环绕廊坊市的三河市、大厂回族自治县、香河县、广阳区、安次区、固安县 6 个县(市)。这对廊坊经济技术开发区进一步发展服务外包产业,进而为促进廊坊开放型经济发展和经济结构的优化升级提供了新的历史性发展机遇。

3. 充裕的外资保障了产业发展

承接服务外包是当前新一轮开放的制高点,承接服务外包的能力和水平能够衡量一个地区的开放水平。截至 2011 年底,廊坊市利用外资规模已共计 41.6 亿美元,但是制造业占比重比较大,第三产业占比较少,尤其是现代高端服务业外资项目还很少,说明廊坊经济技术开发区应该进一步推进对外开放的深度和广度。同时服务外包产业是国际化的,目前已然是国外进行投资的关注重心,它能够促进对跨国公司吸引进来共同合作,不断提高利用国外投资的质量和方法水平,从而促进现代服务业发展和实现与国际的接轨同步。如广东市雨花台区建软件研发基地的东软,一期、二期工程投资多达 3.9 亿元,主要承担欧美服务外包订单,实现年产值 10 亿元。从对外贸易水平看,2011 年廊坊市进出口总额为 52.48 亿美元,其中出口额 25.04 亿美元,且以货物贸易为主。实现服务外包产业的发展,不但能够扩大与国外的合作,而且能够加快实现贸易增长方式的转变。2010 年在陕西西安服务外包收入 2.24 亿元中服务外包的出口占了 1 亿美元,比前一年翻了一番。在国际服务外包转移的时机下,能够使廊坊经济技术开发区在更高的起点上扩大对外开放,加快利用外资的步伐。

(四)发展挑战分析

1. 产业集群发育不足,龙头企业带动作用缺乏

与上海、北京、深圳、天津等城市已经建立起的各具特色的服务外包产业集群相比,廊坊市服务外包产业规模相对较小,缺乏龙头企业对产业链的带动作用,导致配套企业陆续选择外迁以获取更为优越的产业环境。而本地优秀企业外迁的趋势,又进一步降低了廊坊市服务外包产业的集群发育程度和发展效率。企业外迁现象日益严重,已经成为廊坊市产业结构优化升级的主要挑战之一。

2. 产业人才流失严重

随着天津、上海、北京等地服务外包产业集群的形成，服务外包产业的技术、管理、营销人才加速外流，以获得更好的创业、就业环境。据调查显示，廊坊市企事业单位技能人才外流呈逐年递增趋势，而且以高级技工及以上职业资格人才为多。行业中坚人才的流失，制约了廊坊市研发和产业化能力的提升，不利于产业可持续发展。

3. 周边城市的极化效应不利于廊坊市吸收外部资源

我国目前已经形成了以上海为龙头的长江三角洲地区、以深圳为龙头的珠江三角洲地区和以京津为中心的环渤海地区三大电子信息产业基地，这些地区的重点城市目前均已形成了各具特色的优势产业和强大的集聚效应，对各种生产要素和资源的吸引吸收能力极强。廊坊不但在与其争夺项目的竞争中处于下风，而且自身资源也在它们的极化效应下面临不断流失的危机。

六、廊坊经济技术开发区服务外包产业集聚发展的对策建议

根据上文中构建系统动力学模型仿真结论与产业“竞合”模式的服务外包产业发展路径分析，结合上述的影响因素分析、动力分析、博弈分析的结果，本文对廊坊经济技术开发区服务外包产业发展提出下述相关建议：

(一)构建大京津廊服务外包产业区域带

服务外包产业发展集聚区既是空间形态的集聚也是服务外包产业资源的整合，要以集聚区内现有服务外包企业资源为依托，以交通为纽带，实施空间形态的集聚和区域服务外包资源的整合。培育多个节点城市的增长极，加强城市的“协调极”作用，通过集中开发，形成主题各异、功能协调的三大服务外包产业发展基地。培育核心一级网络、节点二级网络和服务外包产业重点城市三级网络，逐步由核心、放射双向联系向网络化多向联系发展，建构核心一节点一网络的区域服务外包产业一体化体系。

“大京津廊服务外包产业区域带”是一个整体、宏观的概念，实现三个地区的服务外包产业共同发展，首先必须明确要有不同区域的园区共同规划。区域服务外包产业集聚和发展与制造业特别是先进制造业紧密联系且长期保持互动的良性关系，廊坊市各级政府部门要不断加快建设服务型政府机构，以先进制造业的现代产业体系为基础，促进先进制造业和现代服务业互

动促销策略,创新能力核心,发展廊坊经济技术开发区细分产业发展规划,形成服务行业及相关行业的价值链集聚,打造“一园多点,集聚发展”的服务外包产业园发展和总体要求。形成以“大京津廊服务外包产业区域带”为核心集聚区域,形成廊坊经济技术开发区具有区域特色的区域集群,形成具有准确定位、分工合作、配套互相补充的区域服务外包产业发展新格局。

(二)实施区域倾斜优惠政策

进一步地发展和促进廊坊经济技术开发区的服务外包产业发展的政策与法规,完善相关行业的管理水平和管理系统,通过企划的指导,政策和环境等措施,创造良好的服务外包产业的发展环境。廊坊经济技术开发区在发展服务外包产业园支持政策的基础上,制定有个性的、更具竞争力的“政策谷地”。各级政府增强保护知识产权的意识和法制观念、进一步完美保护知识产权的管理制度,对符合条件的服务外包企业给予政策保护和支持,推广典型模范企业先进经验,取得显著的社会效益和经济效益的项目给予奖励,为服务外包企业创造良好的经营环境。

(1)强化服务外包人才队伍建设,加快服务外包人才培养。优化配置的学校,社会教育资源,加强建设服务外包人才队伍,建立自己的服务外包产业人才系统。充分利用京津地区丰富的高校资源,开展服务外包相关教育活动,加强职业培训和在职培训,支持符合条件的服务外包企业开展培训机构业务,促进市场化、标准化,引进的知名的培训咨询公司,增强廊坊的服务外包培训机构实力,发展各种服务外包人才,重点支持客户信息市场开发。

(2)积极拓展离岸服务外包市场。根据廊坊经济技术开发区服务外包产业发展的实际,结合所属区域特点,积极引入国内外知名服务外包企业,促进廊坊当地产业发展。此外,选择本地的一些发展潜力大、优势明显、外包的能力强的企业,加大项目、政策、国际开拓市场等方面的重点支持,形成的一些龙头服务外包企业,其核心服务外包产业发展起来,形成规模效应,在国内外市场获取更大相对优势。

(3)通过政府采购支持服务外包企业。在政府部门和服务外包企业发展研究的基础上,研究制定服务外包政府筹措支援政策,重点支援一些服务外包企业的设立、政务外包公共支撑平台、创立政务外包公共品牌。

有效整合和配置各主要政务服务外包企业的服务资源、共同性的技术支持覆盖、集约化服务,保护知识产权、人才培养、公共服务品牌建设和营销在内的各种公共服务，形成支撑服务外包产业发展的政府采购公共服务体系，从而促进产业资源共享和高效利用。

财政、税务、知识产权、信息化管理等相关部门共同制作服务外包产业支援政策支持，地域性引导“政务服务外包产业联盟”。政府有关部门和企业定期收集重要的政府采购信息，企业和政府事业机构和行政管理知识培训，建立政府的服务外包企业进入和退出机制，成立统一的人员上岗资质要求，优先为政府鼓励所提供的服务，发挥政务外包市场服务外包产业的发展潜力。

承包工程电子政务外包服务的企业和实行行政许可、经济、技术实力雄厚、信誉好，保密管理严格的企业承包资质。

（三）创新投资方式加大服务外包产业投资

充分发挥商务部投资促进局、中国国际投资促进会、中国服务外包协会、中国服务贸易协会、投资促进机构相关机构在廊坊地区的分公司，制定企业外包战略和具体的意图，制定专项工作方案，通过多个定制服务，积极开展投资促进工作，力争部分国外企业将有一定规模的服务外包业务转移到廊坊经济技术开发区。支持服务外包产业发展；设立专项基金，在工业园区，引进和培养人才，跨国公司入驻，促进中外合作企业，专业认证提供财政支持，逐步形成了“以政府投入为引导，企业投资为主体，该社会广泛参与”的创业投资体系；金融机构的协调，加大信贷支持力度；实施人才战略，形成了服务外包人才的“吸引来，留得住，用得好”的良性机制；加强中介机构建设，为发展服务外包产业提供专业服务。

（四）建立并不断完善区域服务外包产业共生的机制

服务外包产业发展地区共生系统服务外包产业竞争力的可持续增长的保障。因此，充分必须考虑所有的利润，根据市场机制为主导的要素，通过流动地区服务外包实现，比较优势互补的原理，通过经济分工和合作，实现合作，开放的竞争革新的领域中的共生。此外，地域服务外包产业的发展环境的优化，政府在内的区域发展服务外包产业协会合作，市民社会组织与协会作为补充，形成统一的区域发展计划，全面革新和完美协调机制，制度与组织的建立和完善，市场信息技术支援系统支持系统、教育系统、金融支援系统和法律支援系统。

强化投资项目的招投标的透明度，建立供给需求信息双向互通路线，消除信息发布和渠道的不公平，有效引导很多公益组织的公共服务外包项目，实现充分的市场竞争，形成更现实、有效的离岸价格。公共服务外包的决策的阶段，依《国务院建设法治政府的意见》等的规定的要求，公众参与、专家论证、风险评估、合法性审查和集体讨论服务外包政策决定的必经程序。公共服务外包合同的投标的阶段，建立公开优秀的采购承包制度导入等公开竞争，程序完善的严格资格审查制度和相关法律法规，保障投标过程公开、公平、公正。社会调查广泛开展，推进决策科学政策决定的民主制度，完善政务外包的品种、数量、服务外包方式和方案在内的广泛的民意，听证会的召开座谈会等，注意增加基层群众的知情权、发言权和一定要决定参加权实行、民主决策和科学的决定，保障公开、公正。

（五）实施差别化战略和分散的专业化分工

建立一套针对不同区域制定差别化政策的资源禀赋、产业发展准备条件和发展产业需求调研评估体系。资源禀赋和产业发展准备条件评估体系应包括：地区发展某产业必备资源和能源储备程度、自然环境和生态环境允许程度、市场的成熟程度、交通和信息化等基础设施完备度、发展产业技术储备程度、人才储备程度、关联产业发展程度、煤电油气运等要素保障充沛程度等。当上述条件基本满足利于产业发展时，可选择该产业。同时，应通过与地区政府、行业和企业的深度交流、论证，明确地区和差别化产业政策之间直接充要性，有选择地制定和实施差别化政策。针对不同细分市场、不同档次的服务外包产品，地域间的合作关系形成互动，多边化加速信息流通速度和示范效应产生，政府、企业和民间资本服务外包产业的生产要素更多的投资和教育研究机构相关领域的提高集中力，新产品的开发和市场的时效外部经济形成。

（六）其他方面建议

（1）重点培养具有国际视野和能力的服务外包高端人才，以改变服务外包类型长期处于价值链低端的现象。因此，政府发挥主导作用，同时以市场为导向、促进产学合作，构建学研结合的人才育成系统，重点培育生物医药开发、动漫设计创意、软件工程师、系统架构师、金融服务、物流供应链管理等领域中坚人才不足型，加速廊坊区域服务外包人才培训中心建设，加速应用型服务外包人才培养。另外，不断引进服务外包产业的优秀人才，形成高层度领导人才，中坚人才不足型和应用型人才外包合理搭配的供给系统。

(2)打破可能产生区域合作障碍的京津廊区域之间的壁垒，推动在区域内的商品与要素的自由流动，包括外包产品的生产和销售、企业管理、基础设施和资源、投资、教育、培训，研究和开发平台建设，发展成果共享和区域市场的共享；共同打造共同的、一致的能够反映区域整体面貌和特点的区域服务外包产业品牌，提升品牌形象的结合与分享，交流与分享销售经验与营销渠道；强调区域信息资源的开放、透明，不断降低社会交易成本。

参考文献

[1]许馨文. 基于产业集聚的服务外包产业发展研究[D]. 武汉:武汉理工大学,2012

[2]池仁勇,王会龙,葛传斌. 英国企业集群的演进及分布特征[J]. 外国经济与管理,2004(2)

[3]豆建民. 我国地区产业结构趋同成因及其整合途径[J]. 生产力研究,2005(8).

[4]李强. 我国高新区产业集聚实证研究[J]. 科学学与科学技术管理,2007(5):105-107

[5]刘海云,国际外包的生产率效应和行业差异[J]. 中国工业经济,2009(8),71-79

[6]毛玉敏. 从东亚地区看中国的区域产业结构调整[J]. 世界经济研究,2003(11):75-77

[7]孟雪. 反向服务外包对我国生产率的影响——生产性服务业的实证分析[J]. 国际贸易问题,2011 (7):65-79

[8]母爱英. 论博弈分析在区域政策中的运用[J]. 经济地理,2003 (1)

[9]芮明杰. 跨国公司制造和服务外包发展趋势与中国相关政策研究,中国工业经济[J],2009(9):157-158

高端人才吸引与产业结构优化

孙洪滨[①]

【摘要】:本文通过阐述高端人才吸引与产业结构优化的辩证关系,分析廊坊市产业结构与人才结构的现状,结合本市“十二五”规划纲要发展目标,提出本市高端人才吸引与产业结构优化的建议及对策,为本市加快转变经济发展方式,优化产业结构,建设以“京津冀电子信息走廊、环渤海休闲商务中心”为标志性定位的生态宜居城市提供参考意见。

【关键词】:高端人才吸引 产业结构优化

一、前言

廊坊地处京津冀城市群发展的中心位置,随着京津冀区域一体化和首都经济圈纳入国家“十二五”规划,为廊坊乘势发展,强势崛起提供了前所未有的发展机遇。在这重要的历史时期,廊坊必须抓住机遇,依托京津高端产业环境,转变经济发展方式,优化产业结构,建设发展为以“京津冀电子信息走廊、环渤海休闲商务中心”为标志性定位的生态宜居城市。加快转变经济发展方式,首要任务是调整优化产业结构。从国际发达国家、地区和国际化大都市的发展规律看,在产业结构调整优化的过程中,必须提前布局、调整人才结构,加强在地区社会经济重点发展的产业中吸引高端人才。

二、高端人才吸引与产业结构优化的关系

产业结构优化,是指推动产业结构合理化和产业结构高级化发展的过

---

① 孙洪滨,2002 年毕业于河北工业大学工程管理专业,现就职于中国石油天然气管道工程有限公司技术经济室,中国矿业大学项目管理专业 2011 级在职研究生。

程，是实现产业结构与资源供给结构、技术结构、需求结构相适应的状态。产业结构优化与高端人才吸引具有紧密相关性、客观必然性。

第一，产业结构优化客观上要求必须吸引高端人才。

产业结构优化的过程，又是知识密集度增大的过程，也是人才结构优化的过程。产业结构优化的过程，客观上要求人才结构作相应地调整，不断增加高端人才所占的比例，以提供充分的智力和技术支持。因此，产业结构优化客观上要求必须吸引高端人才。

第二，吸引高端人才能够促进产业结构优化。

人才资源是经济社会发展中最具根本性和关键性的资源，是最为重要、最有潜在优势、最可持续发展和最可靠的战略资源。人才是推动经济社会发展的重要因素。推动产业结构优化，关键在人才，要发挥人才作为战略资源的能动性作用。

人才结构和产业结构的现状表明：凡是人才缺乏的产业，发展的速度就缓慢；凡是高端人才缺乏的产业，技术创新能力就弱，高附加值、高科技产品的比重就低。吸引高端人才能促进产业结构优化、加快转变经济发展方式、提高核心竞争力。拥有一批高端人才，对廊坊市转变经济发展方式，优化产业结构，具有重要的推动作用。

第三，廊坊要实现快速发展、强势崛起，必须坚持实施吸引高端人才与产业结构优化并举。

过去产业结构优化主要制约因素是资金，现在的主要制约因素是技术，从根本上看制约因素主要是人才。发达国家在现代化过程中都采取了优化人才结构先行的策略，高端人才储备先于产业结构优化。高端人才是产业发展的主要推动力，特别是随着现代产业科技的迅速发展，优化人才结构、吸引高端人才具有更特殊的意义和作用。产业结构优化为吸引高端人才提供需求平台，吸引高端人才反过来促进产业结构优化，将吸引高端人才贯穿于产业结构优化的始终，通过吸引高端人才来实现产业结构进一步优化。因此，要重视开发人才资源，优化人才结构，走人才强市之路，必须坚持实施吸引高端人才与产业结构优化并举。

三、廊坊市高端人才与产业结构现状分析

廊坊市推进产业结构调整，实施高端发展和创新引领战略，转变经济发

展方式取得明显进展。

2012 年廊坊市三大产业结构由 2011 年的 10.8∶54.6∶34.6 调整到 2012 年的 11∶54∶35,2012 年地区生产总值达到 1793.8 亿元,年均增长 11.3%。廊坊市产业结构与我国产业结构对比详见表 1。

表 1　廊坊市产业结构与我国产业结构所占的比例

单位:%

产业结构比例	2010 年		2011 年	
	中国	廊坊市	中国	廊坊市
第一产业	10.1	11.6	10	10.8
第二产业	46.8	53.6	46.6	54.6
第三产业	43.1	34.8	43.4	34.6

资料来源:中国统计年鉴和廊坊经济统计年鉴。

从表 1 中的数据可以看出,廊坊市的产业结构与国内平均水平相比还存在一定的差距,产业结构不合理问题仍然突出,尤其是第三产业占地区内生产总值的比例偏低,新兴产业集群化水平低,传统特色产业升级缓慢。

第三产业在国民经济中的地位高低已成为衡量一个国家和地区经济发达程度的重要标志。经济越发达,第三产业占国内生产总值的比重越高,高收入国家如美国、英国、法国、德国第三产业占国内生产总值的比例都在 70% 以上,见表 2。

表 2　高收入国家产业结构比例

单位:%

国内生产总值产业结构比例	2008 年	2009 年	2009 年	2009 年
	美国	英国	法国	德国
第一产业	1.2	0.7	1.8	0.8
第二产业	21.4	21.1	19	26.5
第三产业	77.4	78.2	79.2	72.7

资料来源:世界银行 WDI 数据库。

根据表 2 的数据可以看出,廊坊市的产业结构与国际高收入国家平均水平相比差距还很大,产业结构不合理,应重点发展以现代服务业为主的第三产业。因此,廊坊市在“十二五规划纲要”明确提出发展目标:到 2015 年,服务业增加值占地区生产总值比重达到 42%,高新技术产业增加值占地区生产总值比重达到20%左右。

产业结构优化决定了人才结构亟待优化，廊坊市长期以来面临人才总量不足、结构不合理、高端人才匮乏等问题：2011年，一、二、三产业的从业人员分布比例分别为32.4%、39.4%和28.2%，人才结构不合理，高端人才比例偏低，主要体现在以下三个方面：

(1)高级企业管理人才少。缺乏熟悉市场经济和现代管理的高素质公共管理人才和复合型管理人才。

(2)高级专业技术人才少。根据廊坊市“十一五”人力资源和社会保障局数据，地方单位中省以上专家35人，市管专家64人，享受政府津贴的专家25人，分别占全市地方事企业单位人才总量的0.19‰、0.34‰、0.13‰，高级职称的人才仅占事企业单位人才总数的4.5%。

(3)高级技能型人才少。根据廊坊市“十一五”人力资源和社会保障局数据，“十一五”末，机关事业单位技师、高级技师总量预计达到6000人，占技工人数的6%。高级工、中级工占技术工人的比例分别达到25%和40%。

四、廊坊吸引高端人才加速产业结构优化的建议

根据廊坊市“十二五”发展纲要，围绕产业结构优化，重点开发电子信息产业、装备制造业、现代服务业和城郊都市型农业四大产业和新兴高端产业，为了推动产业结构优化，使人才结构满足产业结构优化的需要，重点吸引以下三个层次的高端人才：

1. 吸引高素质的企业经营管理人才

由于经营者职业化、市场化进展缓慢，缺乏既懂经营管理又精通专业技术的企业管理人才，特别是缺少高素质的企业管理人才、缺乏“领袖级”的企业领军人物。应充分抓住京津冀人才一体化建设的机遇，加快吸引熟悉国际惯例和市场管理能力强的各种经济类型的高素质企业经营管理复合型人才。

2. 吸引高素质专业技术人才

高素质专业技术人才短缺是制约第三产业发展的瓶颈，注重第三产业高素质专业技术人才的引进，尤其是创新型专业技术人才。

3. 吸引高素质技能型人才

高技能人才的供求矛盾十分突出，持高级职业资格证书的求职者远远

不能满足实际需求量,应加快吸引康体休闲、现代物流、会展旅游、总部经济、网络经济等现代服务业所需要的技能型、实用型人才。

廊坊市要实现快速发展、强势崛起,必须坚定不移地实施“人才强市”战略,建设“人才高地”工程,在吸引高端人才的过程中,注重以下三方面的工作:

1. 健全多元化的高端人才引进机制

根据产业结构优化的发展方向,适时制定和调整吸引人才的政策,创新人才引进的方式,政府、企业、高校三方紧密配合,形成多元化的有效引才机制。同时,要充分发挥廊坊市地处京津走廊的地理位置优势,利用“环渤海经济圈”的快速发展,把握住京津冀人才一体化建设的良好机遇,畅通高层次人才引进绿色通道。

(1)充分发挥政府在高端人才引进过程中的主导作用。

政府在制定人才引进战略问题的时候,要结合廊坊市产业结构调整的发展方向,从国内外引进高精尖人才。政府职能应由管理为主转变为以服务为主,简化人才引进工作程序,加快建设高端人才信息网络平台,进一步完善和落实高端人才的各项扶持政策。政府还应进一步加强与企业的联系,增强高端人才引进政策的针对性和有效性。

(2)充分发挥企业在高端人才引进过程中的载体作用。

政府制定人才引进机制,通过引导企业加大技术创新和人才引进的投入,重点面向高成长性的科技型中小企业给予各项扶持政策,结合企业产品创新和重大项目的实施,吸引高层次创新人才,充分发挥企业在高端人才引进过程中的平台和载体作用。以经济技术开发区和高新技术园区为龙头,加速高端人才的引进和高新产品开发。以企业和项目为平台,提高引进人才的创新能力,加强高新技术推广应用能力。

(3)充分发挥高校和科研院所在高端人才引进过程中的纽带作用。

努力引进高等院校和高科研院所,带动高端人才的引进。政府出台系列政策支持和鼓励高科技企业与高校合作,通过建设博士后科研流动站、海外留学人员创业园、高科技成果孵化器、企业技术中心、经济技术开发区、高新技术园区等,打造引进高层次创业创新人才的基地。

2. 建立以高校为主体的高端人才培养基地

坚持高校为主体的“产、学、研”人才培养道路,加强与企业的战略合作,以企业需求为导向,创新"订单式"教育培养模式,培养出既掌握高新技术又具有一定管理才能的复合型高层次人才。高职、高专重点培养电子信息产业、装备制造业、现代服务业所需的先进制造人才和高级职业技术人才,为廊坊市产业结构调整和产业发展储备人才。

3. 建立和健全科学、合理的人才激励机制

以市场为导向,进一步完善与社会主义市场经济体制相适应的分配制度和激励机制。运用好薪酬、事业、福利、晋升、荣誉、培训等多种激励措施吸引、留住、用好高端人才。

(1)适当提高高端人才的薪酬,尽量减小同等级人才在京津冀地区经济收入差距;

(2)坚持按劳分配和按生产要素分配相结合,采取公平、高效的人才评估制度,根据引进人才对企业的具体贡献来评估贡献价值,将人才的收入与贡献价值挂钩;

(3)加大高端人才的奖励力度,设立专项奖励制度,重点激励在电子信息产业、装备制造业、现代服务业、城郊都市型农业、新兴高端产业有突出贡献的高端人才;

(4)鼓励大企业、大集团引进高级管理人才担任中高层管理职务;

(5)鼓励企业通过技术入股、技术分红、期权等激励机制吸引、留住人才,允许高端创业创新人才兼职、兼薪。

4. 进一步改善高端人才创业环境和生活环境

完善高端创业人才吸引政策,努力营造高端人才创业发展、安家生活的良好环境,提升吸引人才、留住人才的综合实力。

(1)改善高端人才的创新、创业环境。

建立高层次人才创业园,如海外留学人员创业园、高科技成果孵化器、企业技术中心、经济技术开发区、高新技术园区,并给予一些税收减免等优惠政策。

鼓励高端人才多参加高水平的国际、国内学术交流活动,了解先进技术的发展方向,掌握前沿技术,邀请国内外专家进行来本市进行各种培训和交流活动,营造浓厚的学术交流环境和良好的创业环境。

(2)改善高端人才的生活环境。

对于引进的高端人才,在住房安置、户口、子女上学等方面给予一定的

优惠政策支持,帮助高端人才改善居住环境。重视高端人才的医疗保健,必要时为高端人才配备专职保健医生,定期进行体检和疗养。

参考文献

[1]廊坊市政府文件. 廊坊市国民经济和社会发展第十二个五年规划纲要

[2]廊坊市政府文件. 廊坊市2013年政府工作报告

[3]廊坊市人力资源和社会保障局. 廊坊市“十一五”人才发展规划

[4]河北省人民政府. 关于大力加强高技能人才队伍建设的意见

[5]盛喜真. 通过优化人才结构提升产业结构. 经济日报[N]. 2004-1-28

[6]中国统计年鉴

[7]廊坊经济统计年鉴

借势区位优势优化廊坊市产业结构

韩强忠①

【摘要】:廊坊地处京津两大城市之间,在京津冀一体化的背景下具有优越的地理位置,廊坊市"京津冀电子信息走廊、环渤海休闲商务中心"为标志性的现代产业体系建设和城乡发展格局的定位,在京津走廊的经济发展中占有十分重要的地位。本文论述了产业结构调整和产业空间布局的基本理论,在调查廊坊市各区域经济发展实际、资源禀赋状况和产业结构情况的基础上,分析指出了廊坊市产业结构的特点及相关问题,提出了廊坊市产业结构调整和空间布局优化的政策建议,这对于廊坊市优化产业结构、实现可持续发展、全面建设小康社会具有非常重要的意义。

【关键词】:产业结构优化　京津冀　区域优势

国民经济产业结构调整和优化升级,是我国经济建设中面临的核心问题之一。地区产业结构直接影响着经济资源的重组整合和使用效率,是地方经济发展和社会进步的关键因素。廊坊地处京津两大城市之间,在京津冀一体化背景下具有优越的地理位置,近年来廊坊以加快转变经济发展方式为主线,确定了"京津冀电子信息走廊、环渤海休闲商务中心"为标志性的现代产业体系建设和城乡发展格局的定位,围绕加速转型和加快发展双重任务,在京津冀全面融合发展的大潮中,加快科学发展、富民强市步伐,经济获得了飞速发展,产业结构得到持续优化升级。廊坊要实现持续快速健康的发展,必须进一步深化城市经济功能定位,加强产业布局合理和产业结构优化,促进国民经济各产业间的协调发展,这是目前和今后一个时期内保持经济社会发展所需持续关注的问题。

---

① 韩强忠,武汉理工大学公共管理硕士在职研究生。

一、产业结构优化的内涵

产业结构优化是指推动产业结构合理化和高级化发展的过程,是实现产业结构与资源供给结构、需求结构、技术结构相适应的状态。产业结构合理化是指产业与产业之间协调能力的加强和关联水平的提高,主要依据产业技术经济关联的客观比例关系,遵循再生产过程比例性需求,促进国民经济各产业间的协调发展,使各产业发展与整个国民经济发展相适应。产业结构高级化,是遵循产业结构演化规律,通过技术进步,使产业结构整体素质和效率向更高层次不断演进的趋势和过程。产业结构优化过程就是通过政府的产业政策调整,影响产业结构变化的供给结构和需求结构,实现资源优化配置,推进产业结构的合理化和高级化发展。

产业结构优化的目标主要是要实现产业结构的高度化和合理化,通过产业结构整体素质和效率向更高层次不断演进的趋势和过程,最终实现经济的持续快速增长。从产业结构优化的对象角度来说,主要包括供给结构的优化和需求结构的优化。供给结构是指在一定价格条件下作为生产要素的资本、技术、劳动力和自然资源等在国民经济各产业间可以供应的比例,以及这种供给关系为联结纽带的产业关联关系;需求结构是指在一定的收入水平条件下政府、企业、家庭或个人所能承担的对各产业产品或服务的需求比例,以及以这种需求为联结纽带的产业关联关系。产业结构优化就是要对这些因素进行结构性调整,通过优化供给结构和需求结构,实现经济的持续健康发展。

二、影响产业结构优化的因素

1. 地区生产要素禀赋

地区拥有的劳动力、资金、技术和资源等生产要素是产业结构的天然基础和决定因素。地区之间生产要素禀赋的差异性决定了其产业结构的不同,并逐步形成了依托生产要素基础上的专业分工,这也决定了地区产业结构的发展水平和具体情况。随着科学技术的进步和生产要素转移的加速,生产要素和自然资源对产业结构的影响是相对的,许多原来难以采掘的资源得到开发,自由贸易和市场经济的发展可以弥补地区资源的短缺,缓解生产要素对地区产业结构的制约。因此,地区产业结构的发展水平将以该地区生产要素的供给状况为基础,产业结构优化依托于该地区生产要素供给状况的改变。

2. 科学知识和技术创新

科学知识进步和技术创新直接推动经济的健康持续发展,也是产业结构优化的主要推动力。科学知识要成为推动经济增长的主要力量,必须从知识形态转化为物质形态,从潜在的生产力转化为现实生产力,而这一转化正是在技术创新这一环节实现的。科学技术发展是影响产业结构优化的最主要因素,从历史角度来看,历次技术革命不仅促成了各个时期主导产业的变化,使各产业在产业结构中的地位发生变动,而且促进劳动力就业结构的调整。技术创新是一个不间断的过程,从动态角度看,技术创新过程是由科学研究形成新的发明,新产品开发、试制和生产,试产营销,新技术推广应用等环节构成的。技术创新是产业成长和发展的推动力量。技术创新促进产业发展的例子不胜枚举,现代科技在形成自己完整体系的同时,其他众多门类的自然科学、社会科学、技术科学与经济科学不断渗透交融,从而形成许多新的交叉点,推动国民经济各产业持续发展。

3. 需求总量和需求结构

需求是在某一时期内不同价格区间时消费者愿意而且能够购买的某种商品量或劳动量,需求是购买欲望和购买能力的统一。需求总量(Aggregate Demand)是一定时期内一个经济体系中各部门所愿意支出的总量,包括政府、企业和消费者支出的总和,也可以此分解为政府购买和净出口、投资和消费。20 世纪 30 年代的经济大危机促发了以需求为分析中心的凯恩斯革命,需求总量和需求结构对一国经济增长、供给结构、产业结构具有重大影响的认识进一步深化。地区产业结构优化受需求总量和需求结构的影响,需求结构是产业结构演进的原动力,旺盛的消费需求为地区产业的发展和扩张提供了市场保证,需求结构的变化又会引起产业结构的优化。

4. 人口规模与劳动力结构

人口规模具有数量与质量两个方面的内容,其中数量是指某一时点上人口总量,质量是指在既定人口总量中不同的人口构成。在自然资源基础、投资规模、科学技术水平既定的条件下,经济发展的速度取决于可供利用的劳动力数量以及劳动力结构。在经济发展初期,人口规模和劳动力数量对经济增长起主要推动作用;在经济发展水平到达一定层次后,劳动力结构、劳动力素质和劳动力文化水平起主要推动作用。现实地区经济发展中,产业结构的变动一方面引起落后产业衰退、劳动力需求减少并导致失业,另一方面引起新兴产业缺乏合格的劳动力导致形成岗位空缺。这就需要通过扩大人力资源和劳动力投资,调整劳动力结构,实现人口规模对产业结构优化的推动作用。

5. 地区之间的产业结构联系

现代经济社会中,不同地区专业分工和产业结构存在一定的差异,这促进了不同地区之间资源物资、科学技术和劳动力的转移交流,地区之间各种各样的经济联系也日益频繁。在社会主义市场经济开放的社会条件下,地区产业结构的优化受到区域经济体乃至国际经济体的影响越来越大。国际经济体之间的资源物资、科学技术和劳动力的流动,直接影响国家区域的产业结构,并通过地区间的经济联系间接影响其他地区的产业结构。

6. 地区政治因素影响

地区产业结构优化受到国家和地区政府政治管理因素的影响,国家和地区政府的经济发展政策、产业结构政策和经济管理体制,对国民经济各产业的发展方向和发展质量存在直接影响,这会引导和调控生产要素在不同地区和不同经济产业间的重组配置,从而影响地区产业结构的变动和优化。

三、廊坊市产业结构现状分析

廊坊市,位于河北省中部偏东,地处北京、天津两大城市之间,是河北省下辖的一个地级市,被誉为“京津走廊上的明珠”。廊坊距离北京市区和天津市区 40 公里和 60 公里,距离首都机场和天津港 70 公里和 100 公里,城市定位是京津冀城镇群中重要区域中心城市,承接京津部分城市功能,以发展高新技术产业和现代服务业为主的生态宜居名城。2004 年京津冀三方达成共识,正式确定了“京津冀一体化”发展思路,坚持以一体化发展京津冀都市圈,充分发挥京、津、冀三地经济发展方向的同一性、产业结构互补性的特点,促进生产要素的自由流动,加速产业的整合与重组,实行地区经济联合与协作,从而以整体优势参与对外竞争。

都市圈内隶属河北省的 8 个城市都在京津冀一体化过程中寻求自我发展的有效途径,廊坊依靠自身的土地、区位优势,以加快转变经济发展方式为主线,确定了“京津冀电子信息走廊、环渤海休闲商务中心”为标志性的现代产业体系建设和城乡发展格局的定位,致力于优化产业结构,凸现集群经济,发展高新技术产业,在京津冀加快融合发展的大潮中,经济获得了飞速发展,产业结构得到持续优化升级。例如:廊坊经济技术开发区地处环渤海经济圈、环京津经济圈的中心,大北京规划圈的腹地,包括40平方公里的"信息产业基地"。永清台湾工业新城位于京津之间的廊坊市永清县境内,新城建设顺应"北京城南计划"、"南资北移"、环渤海经济迅猛崛起的宏观大势,从着眼发挥永清比较优势,构建永清经济整体发展格局的形势出发,与深圳台商协会、东莞台商协会合作进行开发。为抢占现代金融服务领域制高点,打造新的经济增长极,廊坊市根据河北省"中国北方金融后台服务基地"的发展战略,着力开展北区"金融产业后台服务基地"建设,主动适应新的金融业务流程和服务模式,吸引越来越多的金融机构将自己的后台服务系统从总部分离出去,逐步转移到独立运作的金融后台服务聚集地。廊坊发展更致力于建设资源节约、环境友好型社会,重点发展高新经济、循环经济。经济总量保持连年快速增长,发展势头良好;工业经济效益明显提升,廊坊市规模以上工业企业在数量和利税方面均实现较大程度的发展,工业经济效益综合指数得到了明显的提升;产业结构逐步调整优化,主要得益于二、三产业的快速发展,三次产业结构进一步调整。

廊坊市经济能够表现出如此强的活力,获得如此傲人的成绩,诀窍是一个"借"字,依托区位优势,"借势"京津,通过对接交通、对接基建、对接服务、对接产业成功地打造了与北京的无缝对接。传统产业如食品、蔬菜、花卉、建材等努力打造京津的供应基地;制造业不断加强招商引资的针对性,围绕驻京跨国公司、大型龙头骨干企业、总部基地和各类科技研发中心,大力发展配套产业,从而促进先进制造产业及高新技术集群的形成和发展;高新技术产业确立了研发在北京,生产在廊坊的发展思路;服务业的目标是"做大做强做优",定位于消费型、服务型、生态型城市,努力吸引京津居民来廊坊旅游休闲、消费娱乐,各类大型企业及经济组织进行商务活动。廊坊的各类型产业正是通过找准定位,与京津分工协作、优势互补,才得以获得蓬勃发展。

四、廊坊市产业结构优化面临的问题

"十一五"以来,廊坊市经济持续以较快速度增长,经济实力总体水平不断提高,为廊坊市的大跨步发展缔造了良好的社会环境。但产业结构方面的一些问题已成为制约廊坊进一步发展的限制性因素,主要包括:

1. 资源环境压力日益增强

伴随经济快速发展带来的经济规模扩大、城市化快速推进和人民生活水平逐步提高,廊坊市对能源和资源型产品的需求产生了较快增长,廊坊相对低廉的劳动资料资源和环境成本,吸引国际、国内集团公司将一些资源、能源高消耗型产业转移进来,部分地区能源消费量远远高于能源产量,同时能耗和污染物排放仍处于较高水平,单位能耗创造的 GDP 水平较低和单位 GDP 二氧化碳排放水平较高的情况同时存在,廊坊经济发展对资源和能源的依赖性不断增强,资源环境压力面临日益增大的风险。

2. 高端支柱性产业相对缺失

廊坊市低技术产业和资源密集型产业在全市经济产值中仍占很大比重,规模以下企业产值占全市工业总产值比重较高,一方面导致产业附加值和利润率较低,另一方面家族式管理和小作坊式经营的模式,与现代化管理的要求不相适应,不利于高端产业和支柱产业的壮大成长。高端支柱性产业的相对缺失,导致经济主体产业在低成本生产要素基础上的竞争优势逐渐弱化,产业结构优化的步伐迫切要求我们未雨绸缪,突破"瓶颈"产业的制约,及早培育具有国际竞争力的高端支柱性产业。

3. 科技创新和竞争意识有待提高

产业机构优化的实质就是将劳动密集型产业转换为资本、技术密集型产业,通过资本不断替代劳动的过程,科技创新和竞争意识在这个过程中发挥着至关重要的作用。目前廊坊各产业科技创新能力不高,部分企业科技含量少、科技投入不足,导致企业科技创新和技术开发能力弱化,引起产品品种单一、性能低端,市场竞争能力低。企业自主知识产权和品牌意识淡薄,缺乏与国内外行业的沟通交流,品牌推广和宣传力度不足,本地民营企业多数存在小富即安的思想;外来大型企业,多以分公司、分支机构形式出现,自主开发新产品的权限受到限制,影响了企业发展。从产业机构总体来看,整体技术水平不高、低端产品总量过剩、高附加值和高新产品结构性短缺等问题较为突出。

五、廊坊市产业结构优化的建议

1. 借势京津冀，明确城市发展定位，充分发挥区位优势

依靠廊坊市的区位优势，充分融入京津冀一体化的区域经济发展圈内，深化“京津冀电子信息走廊、环渤海休闲商务中心”为标志性的现代产业体系建设和城乡发展格局的定位，积极推进京津廊基础设施的连接，承接京津两市和环渤海经济圈的主导产业服务的配套产业，最大程度实现京津的溢出效应。逐步建立完善地区产业发展互补机制，“借势”京津，通过对接交通、对接基建、对接服务、对接产业实现与地区产业发展的无缝对接。在京津产业分工中，北京属于知识型地区，天津属于加工型地区，廊坊应依托这个经济圈开展产业结构优化，形成既借助于京津又服务于京津的开放型产业链，逐步建设成分工协作、优势互补的消费型、服务型、生态型城市。

2. 推动科技创新，开发人力资源，提高能源利用率

科技创新是实现产业机构优化的最重要推动力，要通过鼓励科技创新、加大技术投入，推进以企业为主体的自主创新体系和创新型产业的建设，促进知识产权和专利制度的监理和完善，按照走新型工业化道路的要求，大力开发和推广节能降耗的先进实用技术，延长产业结构链条和持续发展动力。加强人力资源开发，是激活区域生产力和优化产业机构的决定性因素，要制定人力资源开发的综合规划，提高各级各类教育水平和市民综合素质，利用京津的人才聚集优势，促进企业与京津高校合作，通过引进人才、引进行业龙头企业等方式，协同共建研发机构、技术中心，推动企业的技术创新能力，增强各产业的市场竞争力和持续发展动力。

3. 改善发展环境，推进文化建设，加强城市营销

加强城市与区域规划的引导作用，高起点、高水平、高标准搞好整个地区的总体规划工作，加强公共事业建设、新能源开发领域利用，鼓励有利于资源节约和环境保护的产业建设，通过制定节能目标、加强能源基础管理来降低企业单耗水平，提高企业经济效益。努力推进生态城市建设，树立尊重自然的价值观和道德观，将环境友好型理念作为市民共识，把环境道德教育、环境经济意识、环境法治意识、环境科学意识有机结合起来，形成良好的社会文化氛围。通过媒体宣传、政策优惠、网络载体等方式加强城市营销，利用多元化融资、民间资金、争取国家投资支持等措施促进招商引资工作，

为廊坊的进一步发展提供有效的资金支持，促进廊坊产业结构不断得到优化升级。

4. 建立新型政府管理模式，引导产业结构优化升级

国家新一轮产业机构调整过程中，建立资源节约型和新型工业化产业机构尤为重要，政府要注重运用能源、资源产品的价格杠杆作用，加快发展金融、保险、咨询、物流、科技等知识型服务业，促进拥有新知识、新技术、新人才的服务行业发展，致力于服务业的结构升级和竞争力提升，发挥财政和税收政策的调节作用，增强公共服务、信息服务等社会职能，通过有效的奖惩机制，引导企业投资决策的合理化和产业结构的优化升级。

参考文献

[1]龚仰军．产业结构研究[M]．上海：上海财经大学出版社，2002：128－171

[2]曹帆，田婷婷．国内产业机构理论研究热点探讨[J]．东方企业文化，2011(12)

[3]王三芳．河南省产业机构现状及政策研究[J]．河南工程学院学报，2012(2)

河北省低碳经济发展模式研究

张　健[①]

【摘要】:近年来,以“低能耗、低排放、低污染”为特征的低碳经济,在全国范围内取得了迅速的发展。河北省正处于工业化的中期阶段,发展低碳经济对于河北省加快产业结构调整,改变经济增长方式,构建资源节约和环境友好型社会具有重大意义。本文结合河北省低碳经济发展现状,分析继续发展的优势条件,探索出一条有切换河北实际的低碳经济发展模式。

【关键词】:低碳经济　潜在分析　发展模式

一、低碳经济的内涵

“低碳经济”是人类为应对全球气候变化、减少人类生产生活活动中温室气体排放的背景下应运而生的。英国政府于 2003 年发表的《能源白皮书》中首次提出“低碳经济”的概念。是以低能耗、低污染、低排放为基础,提高能源利用效率,创建清洁能源结构,减少温室气体排放的新的经济发展方式。这一概念自提出以来,即在世界范围内取得广泛的共识,成为一种新的可持续的经济发展模式。相对于传统经济而言的,意味着能源结构、产业结构的调整和能源利用技术的创新,同时也意味着人们生产、生活方式的改变,是人类社会解决当前全球气候恶化与能源短缺问题的必然选择。

二、河北省低碳经济的发展状况

目前河北正处于全面建设小康社会、加速富民强省进程的关键阶段,工业化和城市化加速发展所带来的能源需求不断增长,经济发展与资源环境

---

① 张　健,中国矿业大学(北京)在职硕士研究生。

的矛盾之间的矛盾日益突出,因此,发展低碳经济,就成为河北实现经济社会可持续发展,构建资源节约和环境友好型社会的必然出路。河北省发展低碳经济的开端始于自2007年开始实施的"双三十"工程,经过全省一年不懈努力,河北省单位GDP能耗已由2006年的1.895吨标准煤/万元下降至2009年的1.640吨标准煤/万元,累积降幅达到17.21%,完成了"十一五"节能目标的84.62%。2009年1全省经济工作会议中明确提出,河北省经济发展要着眼于在转变经济发展方式上取得突破,以更大的决心和力度推进产业结构调整,促进河北省经济增长的科学化转型,加快实现"低碳经济示范省"的战略性建设。

二、河北省低碳经济发展的潜在分析

(一)发展低碳经济的基础坚实

经过几十年的发展河北省已经形成了门类比较齐全、实力比较雄厚工业,全省经济总量位居全国中上水平。近年来全省许多地区,一大批高科技的新兴产业迅速崛起,更是为河北省发展低碳经济奠定了基础。如2008年01月全球性保护组织WWF(世界自然基金会)在北京正式启动"中国低碳城市发展项目",保定市入选为首批两个试点城市之一。保定将"低碳经济"理念植入城市发展的新思维,该立足于新能源和可再生能源产业发展、新能源的综合应用和节能减排措施,在全国率先以低碳城市为目标制定全市发展规划,以"中国电谷"和"太阳能之城"计划为依托,探索城市发展的低碳模式,并为全球控制温室气体排放做出贡献。2008年3月,以"生态、科技、创新"为理念的曹妃甸国际生态城,目前已经进入全面开发建设的阶段。作为当今世界四种类型的低碳生态城市之一,曹妃甸国际生态城的建设同样有助于低碳经济在全省范围内的崛起。2009年省经济工作会议把加快建设唐山新能源汽车、张承千万千瓦级风电、保定中国电谷、宁晋晶龙等新能源产业基地作为2010年重要经济工作之一。

(二)发展低碳经济的空间广阔

在目前河北省的产业结构中,钢铁、装备制造、石油化工等能耗高的重化工业比例较高,而低能耗的第三产业和服务业发展相对滞后,产业结构失衡的矛盾比较突出。加上河北省节能技术整体水平较低低、能源管理漏洞较多,导致能耗强度和能源效率明显偏低。2009年,河北省单位GDP能耗虽然同比有所下降,但仍然高于全国平均水平(1.366吨标准煤/万元),居第八位。而今后一个时期内,随着河北省工业化和城市化的加速发展,能源需求量还会不断增加。因此,通过结构调整、技术革新和改善管理等途径,实现节能减排的空间比较大。

(三)发展低碳经济的资源丰富

河北省蕴藏着丰富的风能、太阳能、生物质能等清洁可再生能源资源,这是改善能源结构,发展低碳经济的重要资源基础。

(1)风电产业。河北省风能资源较为丰富,风能资源分布较广,尤其张家口、承德两市地势优越,发展风电产业大有可为。

(2)太阳能供热及光伏产业。作为新型能源的代表,太阳能行业一直在节约能源方面走在了其他行业的前端。河北省处于太阳能资源较丰富的地带,年辐射量为4981~5966兆焦/平方米,具有推广利用太阳能的巨大潜力。

(3)生物质能发电项目。河北省是农业大省,农作物秸秆大省和油料植物储量丰富,具有发展生物质能源产业天然优势。据九三学社河北省委调研,河北平原农作物一年两熟,秸秆资源丰富。同时河北省含油植物资源丰富,其中种子含油率在40%以上的植物有154种,可用作建立规模化生物柴油原料基地的乔、灌木树种有30多种,这为发展生物质能源提供了丰富的资源和发展空间。

(四)发展低碳经济的地理位置优越

河北省处于我国第三经济增长极——京津冀环渤海经济圈的核心腹地,同北京、天津构成了闻名遐迩的“金三角”。以京津冀环渤海经济圈为平台,借势京津辐射优势,引领产业整体升级,构建河北低碳经济区,能够与京津两地形成中国最大的绿色发展区域,具有获得国家战略支持的良好前景。

三、河北低碳经济的发展模式探寻

借鉴国内外低碳经济发展的规律和经验,以河北省发展低碳经济的巨大潜力为优势条件,积极探寻适合河北省发展实际的低碳经济发展模式,以实现河北省经济社会的可持续发展。

(一)以低碳产业发展为龙头

河北省作为重工业大省,发展低碳经济意义重大。利用低碳技术推进产业结构调整,发展具有低碳特征的产业,限制高碳产业的市场准入,构建符合现代产业体系要求的低能耗、低污染、低碳排放的产业结构是发展低碳经济的基本前提。

2009 年省经济工作会议表示调整产业结构、发展低碳产业,是发展低碳经济的重要途径。

首先,联合重组高能耗产业,大力发展循环经济,推进传统产业的节能降耗和减排。从以河北省目前经济结构来看,在很长时间内以重化工业为经济支柱的产业模式很难从根本上有所改变,因此将高能耗产业联合起来,重新组合碳密集产业和高能耗项目,对其进行集中化管理和生产,不仅有利于控制碳排放量,更能提升能源资源的利用水平。

其次,积极推进高新技术产业的发展,用高新技术改造高能耗、高排放的传统产业,发挥河北省的资源优势,努力开发风能、太阳能、生物质能等清洁能源。目前,河北省仍以煤、石油、天然气等高碳化石能源为主要能源,这成为河北省发展低碳产业的现实障碍,因而改变目前的能源结构是调整产业结构的重点和难点工作之一,同时也是实现低碳经济发展的重要突破口。

再次,大力发展低能耗、低污染的知识、技术密集型产业,推进产业结构优化升级。相对于钢铁、石油化工等重型工业而言,知识、技术密集型产业具有能耗低、污染小的特点。因此加快以金融保险、文化、教育、信息服务、现代物流等为代表的现代服务业和以 IT、生物制药等为代表高科技产业的发展,是河北省发展发展低碳经济的重要方向。

(二)以低碳产业园区建设为载体

2009 年 5 月,科技部社发司组织成立了低碳科技示范专家组,研究提出了《低碳经济科技示范区工作方案》。提出在不同类型城市、社区、行业建设低碳经济科技示范区,通过集成低碳技术在园区的推广探索可复制的模式,最终实现整个社会的低碳发展。河北省唐山市高新技术开发区、曹妃甸国际生态城、香河工业区等低碳产业园区已获得显著成效,为全省低碳产业园区的建设提供成功经验,引领其他地区产业园区的升级改造。

河北省建设低碳产业园区应注意以下几个方面的问题:其一,要有科学合理的发展规划,应选择地理位置优越、基础设施完善、自然资源丰富、服务设备齐全的区域进行开发,整体规划应有利于长远发展;其二,积极引进和培育绿色产业,开发和使用清洁能源,培育节能环保的支柱产业,产出低碳产品、创出低碳品牌，辐射和带动全体产业的快速发展；其三，建立严格的测算与评估体系，用数据监测园区规划设计、物流采购、管理体系、园区企业评估体系等各环节的系统运行，科学的实现低碳园区的经济发展目标；其四，学习国内外低碳产业园区的成功经验，吸取教训，降低建设投资风险。

（三）以低碳消费为市场牵引

实践表明，改变传统生活消费方式，是实现我国城市经济社会低碳发展的主要途径。目前，河北省正处于城市化进程中，在这个关键的转型期，建立以低碳消费牵引的市场机制，对于促进全社会生活方式和生产方式的变革具有积极地意义。

（1）政府通过宣传低碳知识、营造低碳文化氛围、引导全社会消费方式转变。目前来看，河北省居民的消费习惯中并没有明显的体现低碳意识，因此，政府可以通过加强舆论宣传工作，深化低碳理念，培养环保意识，让全体公民自觉加入到发展低碳经济的队伍中。

（2）各类社会组织在各自领域及职责范围内充分发挥作用。企业应率先改变能源供给结构，研究和利用清洁能源，生产低碳产品。社区和其他社会组织可以通过深入开展有关节能减排、低碳生活的社会活动，带动社会各阶层转变消费习惯。

（3）公民个人积极培养低碳意识，在举手投足间体现低碳消费方式。如在日常生活消费中，选择节能灯、节能住宅、节能家电、低能耗交通工具等。

（四）以碳排放权交易为动力机制

目前越来越多的企业正在积极参与碳交易。积极推动碳交易机制建设，把原本一直游离在资产负债表外的气候变化因素纳入企业的资产负债表中，在金融资本与致力于利用低碳技术的实体经济之间建立起紧密联系，通过金融资本的力量，引导和激励实体经济的低碳发展。河北省邯钢集团进行了有益的探索，该集团开发的邯郸钢铁废气回收联合循环发电项目作为CDM（即清洁发展机制，碳交易的三种机制）项目于2007年获得国家发改委和EB（《联合国气候变化框架公约》执行理事会）批准，与瑞典的碳资产管理公司签订协议，到2012年，邯钢通过向该公司出售二氧化碳减排指标，共可获约2亿元纯收益。

（五）以低碳制度供给为支撑

实现能源结构优化升级、倡导低碳消费、促进碳交易平台建设都需要制度的创新和充分供给。因此需要省人大专门委员会、省有关经济、环境保护和税务等部门密切协作,探索建立适应河北省发展低碳经济的政策制度体系,为低碳经济的快速发展提供科学合理的制度支撑。制度的内容应首先对现有税收政策、财政政策和信贷政策进行低碳化改造,另一方面应基于低碳经济发展的需要,进行制度和机制创新。

实践证明,低碳经济是人类社会可持续发展的必然选择。积极发展低碳经济,探索适合河北省经济社会发展的要求的低碳经济发展模式,以促进河北省经济增长的科学化转型。

参考文献:

[1]潘家华. 低碳发展的社会经济与技术分析[M]. 北京:社会科学文献出版社,2004

[2]庄贵阳. 低碳经济:气候变化背景下中国的发展之路[M]. 北京:气象出版社,2007

[3]樊纲. 走向低碳发展:中国与世界:中国经济学家的建议[M]. 北京:中国经济出版社,2010

[4]刘倩. 支撑低碳经济发展的可持续消费[M]. 北京:经济科学出版社,2010

[5]任卫峰. 低碳经济与环境金融创新[J]. 上海经济研究,2008(3)

[6]任力. 低碳经济与中国经济可持续发展[J]. 社会科学家,2009(2)

[7]庄贵阳. 储诚山低碳经济选择与路线科学发展[J]. 中外能源,2009(14)

城市群与产业结构优化——廊坊市产业发展对策

冯佳璐①

【摘要】:随着经济全球化的趋势日趋增强,国内外市场竞争压力加剧,我国城市的相互作用、相互制约关系不断增强,自改革开放以来各地区的分散化发展倾向正逐步改变。城市群成为当代具有强劲竞争力的区域性经济高地,是一种全新的发展空间单元,对于区域产业结构优化具有极大的意义。本文在分析京津冀城市群和廊坊市产业结构现状的基础上,提出廊坊市各个产业进一步发展的建议,以期推进廊坊市经济发展,进而提高京津冀城市群的经济发展活力,促进区域产业优化。

【关键词】:城市集群　产业结构　发展对策

城市群是城市区域化和区域城市化发展到一定阶段形成的高级空间组织形态,以一个或两个超大或特大城市作为地区经济的核心,借助于现代化的交通工具和综合运输网的通达性,以及高度发达的信息网络,在特定的地域范围内由相当数量的不同性质、类型和等级规模的城市,内在联系不断强化而共同构成的分工明确、梯次分明、功能完善的城市集合,包含狭义的城市圈、城市群、城市带等形态。城市群中的城市及其相关社会经济活动遵循规模经济、集聚经济、范围经济、交通便利等原则,对地区经济资源进行重新整合,走规模化、集聚化、综合性的发展道路,是区域经济的重要增长极和国民经济发展的重要支撑,对提升城市和国家竞争力发挥着突出作用。

一、京津冀城市群概况

改革开放以后,我国形成了三大城市群,即长江三角洲城市群、珠江三

---

①　冯佳璐,河北工业大学廊坊分校,公共管理专业。

角洲城市群和京津冀城市群,这也构成了三大经济合作圈。其中京津冀城市群是环渤海地区乃至我国经济的重要增长极,面积18.34万平方公里,人口8500万,包括北京市、天津市和河北省的石家庄、唐山、保定、秦皇岛、廊坊、沧州、承德、张家口八个地市及其所属的通州新城、顺义新城、滨海新区和唐山曹妃甸工业新域,形成一个“2+8+4”的发展模式。京津冀地区的发展问题愈发成为政府和理论界关注的焦点。党中央一直高度重视京津冀地区的发展,早在20世纪末就提出了关于京津冀地区的战略构想。“十一五”规划将京津冀都市圈列入区域发展的试点,“十二五”规划又进一步提出“首都经济圈”、推进“京津冀区域经济一体化发展”,标志着京津冀地区的协调发展与战略合作已纳入国家战略层面。其中,河北省廊坊市作为京津走廊上的明珠,是京津1小时经济圈的中心地带,也是京津高科技产业生产基地,服务业发达,是疏解京津城市功能的卫星城市和环境优美的旅游会展城市,同时作为环渤海经济圈的腹地,在区域经济一体化发展中起着至关重要的作用。

二、城市集群化与区域产业结构的关系

1. 城市集群化是区域产业结构优化的前提和关键

借助城市群中大城市的经济与技术集聚与辐射功能,中小城市吸收大城市高科技的要素辐射,加速城市集聚。同时,中小城市也承担着大城市在经济发展中的沉重的社会功能转移,从而经济得以互补发展,形成经济技术与社会生活布局合理、产业结构优化的大中小城市网络化体系,提高空间整合的优化能力,城市集群化是推进城市化与城市现代化迅速发展的重要动力,城市群是新世纪国际竞争的基本单位。不同城市的社会经济结构以及人文类型具有多样性和许多异质性特征,城市群中的城市彼此间存在差异和不协调,这为城市间的经济整合提出了必然的要求,即通过理顺要素资源流动的渠道对产业的空间和组织结构等进行战略性的调整和重组,提高产业的集约化程度、扩大经营规模,从而有效配置资源,形成优势互补,提高城市群的经济运行效率。区域发展必然要适应这一规律,超越行政区划,以效益为指向,强化经济关系,寻找竞争与协作的合理方法和途径。在合理认知区域内产业差异的基础上,明确自身产业发展定位,并合理分工,充分发挥区域合力,使区域产业能够统筹、协调发展。

可见，城市集群化有利于增强各个城市产业之间的互补性，体现了顺应市场经济条件下区域一体化进程的发展趋势，有利于发挥区际比较利益。城市群形成组团式发展的强力拉力，能够更好地发挥出相邻效益、集聚效益、组合效益和和规模效益，增强城市群整体的集聚和辐射功能，从而不仅能够使城市集群内部之间的产业结构良性互补，产业结构得以优化升级，也会推动城市群与周边城市经济的良性互动发展，促进产业配套发展模式形成，有力地推动区域经济发展。

2. 区域产业结构优化推动城市群协调发展

区域产业结构是指一定地域范围内的各种条件作用下所形成的各个产业之间的技术经济数量比例关系和空间组合，是国民经济的部门结构，既包括部门结构，也包括空间结构。产业结构的优化包括产业结构的横向合理化以及产业结构的高级化两项主要内容。合理化主要是横向度的，即促进国民经济各产业间的协调发展；高级化则是纵向度的，即产业结构由低层次不断向高层次演进。

从经济发展的角度来说，产业结构调整和优化通过影响土地和资本两种生产要素投入推动城市集群的协调发展。例如，托马斯等人对戈特曼提出的“大都市带”地区 50 年后的发展状况进行测度，发现在“大都市带”的中心城市内，制造业规模逐年缩减的同时，生产性服务业的规模不断扩大。中心城市产业结构的调整变化致使中心城市地区大量蓝领工人向城郊迁移，从而导致了城市群的延伸和规模扩大。同时，鲍蒂对澳大利亚维多利亚州产业发展进行研究后指出，第三产业表现出对中心城市的强烈偏好。拥有第三产业优势的中心城市可将这种“发展影子”投射至周边腹地，带动区域范围内城市的整体发展。可见，区域产业结构的调整会对城市群的发展趋向和水平产生影响。区域内各个城市产业梯度的转移，产业的合理分工、相互配合，要素市场的不断健全，关系到区域的整体利益。区域产业结构的优化，有利于提升城市群的内聚力，推动城市集群化，促进城市群的整体协调发展。

三、京津冀地区产业结构的现状

1. 京津冀地区产业结构特点

改革开放以来，京津冀地区经过多年的竞争与协作，客观上已形成了相互联系的城市经济综合体雏形。京津冀地区是我国人口和经济的高度密集区,是未来参与国际竞争的重要依托,战略地位十分突出。从资源总量上看,京津冀城市群的范围为183704平方公里,占全国总面积的1.9%,人口8500万,占全国人口的6.2%。而从经济总量上看,2005年京津冀地区国内生产总值达到18040.6亿元,占全国GDP的9.89%。地方财政收入1644.58亿元,占全国财政收入11%。无论从人口总量还是从GDP总量看,北京和天津都是该区域的核心城市。北京和天津与河北省的八个城市一起,共同构成了一个经济实力雄厚的城市群。通过区域内资源互补、优势整合,京津冀大都市圈已经形成了以高新技术产业、电子、汽车、机械制造业为主导的产业集群,特色鲜明的各个产业带开始形成。近几年,京津冀地区新兴产业快速发展,不但保持了传统的诸如原油、原盐、钢铁等产品优势,而且新兴的生物制药、电子信息、新材料等高新技术产业也迅猛发展。

从三次产业划分的角度看,自20世纪90年代以来,京津冀大的产业结构其实已经有了明显的差别,北京呈现出明显的第三产业主导的特征,天津、河北则是第二产业占主导地位,但相对来说,天津的第三产业发达,而河北第一产业还占相当的比重。2006年北京的三次产业结构为1.3:27.8:70.9,天津市为2.4:50.8:46.8,河北省为13.8:52.4:33.8。这表明,京津冀之间在产业结构上不但存在梯度差异,也存在梯度转移的可能。

京津冀城市群中的产业结构也存在着问题。京津冀城市群中各区域相互产业间具有很强的同构性,缺乏对当地特点和优势的认识,不同程度存在重复建设和恶性竞争,发展盲目。三省市在长期计划经济体制下分别形成了较为完整的产业体系,产业同质性高,差异性和互补性不明显,形成的条块分割难以在短期内打破,导致相互之间的贸易需求较弱,各地政府间通过协商来实现经济一体化的动力不足,缺少经济的合作性,并且存在经济发展目标和地区定位雷同的情况,竞争动机强烈,相互之间争资源、争项目、争投资等现象严重。此外,京津冀合作以物资协作和浅层次的垂直分工居多,深层次的产业合作甚少,致使三地经济增长的相关性明显降低,各地产业协作不紧密,产业链断裂,未能形成利益共同体。

2. 京津冀地区第一产业现状

京津冀地区在第一产业方面的合作由来已久,随着北京市产业结构调整,三地农业的相互依存程度随着第一产业在北京经济总量的逐步降低而不断提高。京津尤其是北京由于受到自身资源要素和城市功能定位的制约,发展传统农业缺乏比较优势,河北省则依托本地较强的农业基础、自然资源和丰富的农业劳动力成为京津冀地区主要的农业发展基地,以农产品加工龙头企业带动农户的农业产业化经营的跨区域合作已经形成。

3. 京津冀地区第二产业现状

京津冀城市群内跨行政区、跨行业的产业梯度转移已经开始,跨行政区的产业链初步形成,新经济产业带初现雏形。在京津冀地区,企业间生产合作开展一定的区域合作,即为相邻行政区内同行业提供原料、零部件、技术和信息,另一种跨区域合作的形式是联合建立产业基地。企业内部产业链延伸方面,京津冀地区存在着产业链双向延伸现象。既有北京企业将处于产业链低端的生产环节迁移至津冀地区,也有津冀地区企业将研发、营销以及企业总部等产业链高端环节落户到北京。

4. 京津冀地区第三产业现状

北京作为中国的政治和文化中心,随着近些年一些传统工业和污染严重的重工业迁出后,第三产业成为其国民经济的重要支柱。天津的第三产业发展仅次于第二产业,商业贸易等服务行业蓬勃发展。河北省第三产业的比重最低,不管在水平还是质量上与北京、天津都有较大差距。京津冀地区内第三产业的合作主要以旅游、交通运输及邮电通信、商业贸易、高端服务业、金融保险业为主。

三、廊坊市产业结构发展现状

廊坊被誉为"京津走廊上的明珠",距北京约 50 公里,距天津约 60 公里,区位优势无可比拟,是京津冀一体化绕不开的关键节点。廊坊自然资源丰富,拥有京津可持续发展必不可缺的水资源和农业产品。此外,廊坊发展空间很大,具有较为开放的经济体系,是京津产业转移、城市功能延伸的适宜之地。近年来,廊坊市立足于变区位优势为发展优势,在产业定位上,确定了"高科技、外向型"的战略,从而确定了新型材料、汽摩、配件、电子信息、会展旅游等八大支柱产业,基本形成以建筑、电子信息产业为支柱的制造业和蓬勃发展的服务业为主的经济结构,走出了一条"科教开放兴市、项目人才带动、多业多元发展、两个文明并进"之路,经济增长速度和质量日益提高。同时,对外开放利用外资工作也取得了较为突出的成绩,无论是直接利用外资还是间接引进外资都有了长足的进展。但是原有产业结构也存在诸多不利因素,不进行科学治理会制约其进一步发展。例如从各产业的发展情况看,产业群体大但缺龙头,行业内部少联系,有品牌但规模不大。而且廊坊市缺乏对各行业发展的统一管理,难以对行业在信息咨询、规划发展、市场化运作等方面提供全方位的指导与服务,无法形成合力,造成无序的市场竞争和大量的低水平、重复建设。

1. 三大产业结构趋于优化

近些年,廊坊市通过不断的政策调整,产业结构逐渐趋于优化。2010 年廊坊市三大产业结构比为 1∶4.53∶2.93,说明廊坊市的产业结构获得很大提升,已经形成了“二、三、一”的产业发展格局,这主要得益于二、三产业的快速发展,第二产业仍然是廊坊发展的主要推动力,但是第三产业的比重已经超过第一产业。此外廊坊市的第二、三产业的发展速度明显快于第一产业,廊坊市产业结构趋于合理,但产业结构仍属“制造型”结构。

2. 第一产业发展现状

“十一五”时期,廊坊农村经济按照“科教开放兴市,项目人才带动,多元多业发展,两个文明并进”的总体思路,大力实施可持续发展、科教兴农、开放兴农、依法治农等几大战略,保持了持续快速健康发展的态势。农产量大幅度提高,粮食产量保持在 130 万吨以上。通过大规模的农业结构的调整,农业结构进一步优化,即着力调整农产品质量结构,提高优质农产品的比重;调整农作物品种结构,提高经济作物、特色农产品的比重;调整区域布局,提高规模化生产和现代化生产比重。目前,廊坊市粮食作物与经济作物之比由原来的 6∶4 已基本调整到 5∶5。但同时问题也显现出来,一是农产品进入市场的渠道不畅,二是能进入市场的农产品大部分是初级产品,而高附加值产品的市场占有率仍然较低。这种小生产与大市场的矛盾,制约了廊坊第一产业的长远发展。

3. 第二产业发展现状

“十一五”时期,廊坊市工业经济快速增长,工业化进程已进入中期加速发展阶段。2010 年,廊坊市工业增加值高达 602.1 亿元,其中规模以上工业增加值为 451.4 亿元,经济效益稳步提升。同时,廊坊市规模以上工业企业利税额实现了较大幅度增长。2010 年实现利税 234.6 亿元,同 2005 年相比增长了 5.67 倍。此外,工业结构明显优化,高新技术产业总量增加,创新能力不断提高。2010 年廊坊市高新技术产品产值增加到 193.5 亿元,取得各类科技成果90项，获得授权专利920项。廊坊市工业园区也呈现出高速发展的态势，形成了一定规模的产业集聚，产业布局初见成效。截至2010年，廊坊市已有2个国家级开发区、14个省级园区，省级园区数量居河北省第一位。现已形成了以廊坊经济技术开发区为龙头、省级园区为骨干，乡镇产业功能区为基础的园区框架体系，园区已成为了产业集聚的平台、区域经济发展的引擎。

尽管工业发展取得了很大成绩，问题依然突出。从工业总体结构看，廊坊市传统产业占工业总量份额仍然比较大。2010年，金属压延业、建材企业产值占规模以上工业总产值的32.47%，且多数企业的生产还处于高能耗、高成本和低效益水平，附加值较低的资金密集型产业比重偏高，且大多数是原料依赖性产业。电子信息产业和生物医药只占到8.23%，这与廊坊市产业定位有较大距离。从重点产业内部看，产业链尚不完整，产品多位于产业链的低端，产业关联度较差，龙头企业少，带动作用也不强，现有加工、制造能力未能得到有效优化组合，大、中、小企业有效分工合作的聚集效应也难于形成。而且，各工业园的产业发展规划布局中主导产业定位不明确，缺乏错位式互补发展，不能形成良好的产业配套环境。在经济增长方式方面，当前廊坊市主要还是依靠招商引资，以项目投资拉动经济增长，经济增长方式单一。拥有自主知识产权的工业技术和自有品牌鲜见，廊坊市主导产业中拥有自主知识产权和品牌的企业仅有9家，这势必会影响廊坊市工业的可持续发展。

4. 第三产业发展现状

廊坊市第三产业逐年稳步发展，总量不断提高，基本形成了传统行业和新兴行业共同发展的产业发展格局。2007年，廊坊市第三产业增加值达267.2亿元，且发展速度快于第一产业和第二产业。第三产业中，传统行业占据第三产业的主导地位，但是以旅游、电子信息为代表的新兴行业表现出了强劲的增长势头，成为第三产业中具有迅速发展潜力的后续力量。但是，廊坊市服务业的整体仍处于中低水平，创新能力不足，服务技术和服务质量亟须提高。而且，市场化程度低，除批发零售贸易、餐饮业、交通运输业等传统产业市场化程度较高外，其他服务业的市场化程度仍比较低。可以说，廊坊市第三产业发展尚不充分，渗透力及贡献程度较低，全社会对第三产业所提供的各种服务依赖程度很低。

四、优化廊坊市产业结构与京津冀城市群建设协调发展的对策

根据廊坊市产业结构的原有基础和资源状况，廊坊市产业结构优化的对策可以确定为：优化第一产业，提升第二次产业，加快发展第三次产业，大力发展高新技术产业，着力扶持和培育新的经济增长点，提高产业结构的关联度和集聚品质，增强产业综合竞争力。

1. 发挥区域特色，积极融入京津

廊坊市必须准确把握自身定位，转变经济增长方式，发展特色经济，同时也要更广泛、更深入地融入京津经济发展过程。积极推进京津廊基础设施的接口，以便于承接京津两市的外延产业和发展为两市主导产业服务的配套产业，形成既借助于京津又服务于京津的开放型产业链，使京津的溢出效应在廊坊得到最大程度的实现。同时建立产业发展互补机制，应以开发区为基地，推进高新技术产业的配套工厂、大公司研发中心落户。因此，要深入研究京津各阶段的发展战略，结合廊坊的实际，制定特色经济发展的方向和策略，使廊坊与京津共同发展。

2. 利用城市发展规划引导产业结构优化

增强城市与区域规划的引导作用，加强城市化空间发展的载体与支撑作用。应按照京津走廊框架建设要求、京津中长期的产业规划和调整后的行政区划，高起点、高水平、高标准搞好整个地区的总体规划工作，合理规划好城市发展方向。既要坚持全面发展，又要强调发展重；既要注重规模和速度，又要重视质量和效益。

3. 优化第一产业

廊坊市具有得天独厚的农业资源优势，98%的区域为平原，土壤肥沃，临近海河水系，灌溉方便。廊坊市农业必须在稳定发展的基础上，积极进行结构调整，发展新型农业，走产业化、现代化和规模化之路。农业生产方式必须从粗放型向集约型、从注重产量向产量、品质并重转变，改良农作物的品质、调整农作物的种植结构、提高农业科技水平等。培育和发展农村支柱产业，重点发展那些资源优势突出、经济优势明显、生产技术优势比较稳定的项目，同时继续大力发展特色农业、观光休闲农业，加快农产品生产基地，提高农业产业化经营率。

4. 提升第二产业

优化第二产业的内部结构，首先，要依托农业发展工业，主要途径有建设果蔬食品深加工基地、建设畜产品深加工基地、建设粮油深加工基地等。其次，要积极发展大工业，培育一批运作能力强、实力雄厚的大企业集团。再次，要重点培育战略新兴产业，如新能源产业重，点培育新奥煤基清洁能源、新奥太阳能光伏产业等；电子信息业，以廊坊开发区和燕郊开发区为主要载体，重点打造通信制造、电子材料与基础元器件、以信息技术外包（ITO）和商业流程外包（BPO）为发展重点的电子服务业三个战略性新兴产业；生物医药产业，以固安和大厂为依托，支持建设生物医药产业园。培育产业集群，完善产业链条，整体上提升全市新兴产业发展层次和水平。最后，提升传统优势产业，如金属压延业、木材加工及家具制造产业、包装印刷业、装备制造业和食品工业等，提高生产能力，增加产量。

5. 加快发展第三产业

发展第三产业就是要大力发展现代服务业。现代服务业是经济发展到一定阶段，运用现代通讯技术及管理理念发展，促进服务活动广泛化与独立化的结果，具有高科技含量、高知识性、高素质性、高增加值性和集聚性。发展现代服务业要与现代制造业形成互动机制，从而拉动经济发展，促进产业结构优化升级，推进转变经济增长方式。不仅要发展电子商务、现代物流等生产性服务业，而且要发展文化休闲类的消费性服务业。廊坊市正处于经济转型的关键时期，必须根据自身产业结构的现状和经济发展水平，确定战略重点产业。同时要加强同京津文化交流，促进京津廊地区跨区域的文化兼容，优化整合三省市的文化资源。

（1）会展旅游业。廊坊作为中国优秀旅游城市，境内既有被誉为“地下长城”的宋辽古战道、义和团抗击八国联军的“廊坊大捷”等传统旅游资源，也有香河第一城、文明中华城等现代旅游景观。现有会展旅游业成为进一步发展的坚实基础，具备进一步扩张的有利条件。加强会展旅游机制创新，推动专业市场、专业园区、大企业集团组建会展旅游公司，同时积极引进国际及全国的知名会展旅游公司进驻廊坊，逐步形成以会展旅游设施为依托，专业会展旅游公司为主体，会展旅游及相关服务企业相配套的会展旅游市场主体体系。此外，培育会展旅游品牌，坚持打造好“5·18”廊坊国际商务节、“9·26”中国（廊坊）农产品交易会、“中国国际渔具展”等旅游会展，使廊坊成为京津冀地区重要的会展基地，符合廊坊市“环渤海休闲商务中心”的发展定位。

(2)现代物流业。物流业是整个经济链条中至关重要的环节。廊坊地处京津冀地区的核心地带，拥有发展现代物流业的区位、交通和产业优势，应立足环京津、环渤海，面向东北亚，以建立现代化的物流体系，以提供物流增值服务吸引客户。借鉴国内外先进经验，抓住当前世界产业转移的有利机遇，合理利用、开发现有的仓储、运输等物流设施，优化资源配置。同时，增强技术创新能力，引进先进管理经验与技术，加快物流配送设施的建设与发展，积极进行物流配送中心的技术改造，为区内外客户提供快速、便捷的专业化服务，努力提高廊坊物流现代化的水平。

(3)信息服务业。信息服务业，尤其是廊电子商务，一直是廊坊市服务业中的优势产业。自2005年以来，高新技术产业快速发展，富士康、华为、京东方等一批高技术含量项目落户廊坊。在“十二五”期间，廊坊市应该采取积极的措施，促进信息产业的迅速发展。首先要培育行业龙头，依托富士康、新奥博为等重点建设项目，加大工作力度，争取在半导体材料、计算机及外设制造、电子材料等行业引进具有龙头带动作用的大项目。以期早日将廊坊打造成为电子信息产品生产基地。

其次，打造产业集群，建立形成研发型产业基地。重点推进华为、中兴等一批关联度强、影响力大的建设项目，围绕这些重大龙头项目的主导产品，实施有针对性的专业化招商活动，促进产业链条的延伸和产业集群的形成。

(4)教育科研等文化事业。在抓好基础教育，与职业技术教育相协调的同时，充分发挥毗邻京津的区位优势，以东方大学城和文明中华城为依托，扩大招生规模，提高教育质量，构筑环京津教育科研基地，提高各类人才资源在廊坊的集聚程度，建筑人才高地和中小科技企业创业平台。而且在今后要把引进和培养大量高端经营管理人才和高水平产业技术工人作为促进经济增长和产业优化发展的一项中心工作。

6. 完善政策体系，建立跨区域协作机制

廊坊是京津冀城市集群的发展腹地，其进一步发展有赖于京津廊统一市场的形成，减少因各行政区资源要素禀赋的差异而实行区域差别政策，从而不致使相邻的行政区之间形成很大的政策落差，有利于各种资源和要素的合理、有序流动和重组。应全面调整廊坊市现行的投融资、市场开放、人才培养和使用、教育、社会保障等经济和社会政策,尽力将现行政策调整与京津相一致。例如,可与京津两市共同协商建立京津廊政策信息网,以便及时跟踪京津的政策动向,同时为企业提供政策信息服务。

参考文献

[1]周爵. 城市集群发展机理及发展对策研究[D]. 武汉:华中科技大学,2008

[2]陈智国. 区域产业结构优化方法研究[D]. 青岛:山东科技大学,2005

[3]张伟,马彦琳. 国外城市集群演化动力研究综述[J]. 学术界,2011(2):211-218

[4]杨维凤. 首都经济圈新型产业分工格局构建研究[J]. 产业论坛,2012(3):198-199

[5]王军. 北京市工业产业转移与京津冀地区经济发展研究[D]. 北京:首都经济贸易大学,2008

[6]谢瑞云. 依托京津构筑廊坊特色经济发展格局[J]. 经济论坛,1998(4):21-22

[7]宋建林,王中帅. 廊坊市产业结构空间布局优化研究[J]. 区域经济,2007:180-181

[8]田海宽. 基于京津走廊经济发展的廊坊市产业结构调整和空间布局优化研究[D]. 武汉:武汉理工大学,2009

[9]米新英. 优化廊坊市产业结构的对策与建议[J]. 北华航天工业学院学报,2009(2):33-36

[10]王建华,张春颖,李鸿雁. 廊坊市现代服务业加速发展的条件和路径[J]. 中国商贸,2008:4-5

构建现代产业体系优化廊坊产业结构

邓　兵[①]　孙利杰[②]

【摘要】:现阶段,廊坊市正处于大有可为的战略机遇期,是全面落实科学发展观,加快富民强市步伐的重要时期,是聚焦"京津冀电子信息走廊、环渤海休闲商务中心"发展定位,推进经济结构战略性调整、加快发展方式转变、优化产业结构的关键阶段,这就为廊坊构建现代产业体系提出了更高的要求。本文从界定现代产业体系入手,根据廊坊市现代产业体系目标和现代产业体系构建关键因素,提出了构建现代产业体系优化产业结构的几点策略。

【关键词】:现代产业体系　优化　廊坊　产业结构

一、现代产业体系的界定

现代产业体系是指现代元素比较显著的产业构成,涉及产业结构、产业组织、产业布局、产业技术、产业链条等产业经济学的主要领域。党的十七届五中全会对现代产业体系特征科学界定为:结构优化、技术先进、清洁安全、附加值高、吸纳就业能力强。主要体现在下面五个方面:

1. 结构优化

这主要体现在:一是产业体系的构成要完整,产业之间的比例关系要均衡。构建现代产业体系就要尽快做大做强做优工业,提高工业在三次产业中的比重,将工业经济的规模、质量、效益和区域竞争力提高到一个新的水平。二是适应各行业技术经济特点的产业组织结构即大中小企业的分布要

① 邓　兵,工程师,廊坊市市政设施管理处。
② 孙利杰,河北工业大学企业管理学科硕士研究生。

协调。应大力推动规模经济显著行业企业强强联合、跨地区兼并重组、区外境外并购和投资合作，提高产业集中度，推动企业集团化发展；放宽适合小企业和微型企业发展的行业的市场准入，降低准入门槛，营造良好的创业环境。三是产业布局要适合市场、资源、区位指向的特点，并与资源环境承载能力相适应。引导产业集群发展，促进企业向园区集聚，减少资源跨区域大规模调动；产业布局符合当地的环境容量、水资源、运输条件和能源供应状况。

2. 技术先进

主要指产业自身的技术水平要高和代表先进技术的行业所占比重要高。一方面，大力推进科技创新，促进科技进步与产业升级紧密结合，加快科技创新成果向现实生产力转化。加强企业技术改造，提高各行业使用高新技术的比重，提高科技含量。另一方面，大力发展技术含量较高的战略性新兴产业，尽快培育形成新的经济增长点，使之逐步成为国民经济的先导性、支柱性产业。

3. 清洁安全

清洁就是要形成低消耗、少排放、可循环的产业体系和产业结构，安全就是重要行业和关键领域要在国际国内竞争中保持独立的产业地位和竞争优势，也包括在生产过程中保证安全性。应强化节能减排，推广低碳技术，发展循环经济，加强生态环保，大幅度减少单位国内生产总值能源和其他矿产资源消耗，从源头上减少污染物排放，特别是二氧化碳排放量；维护公平竞争，提高主要产业抗御风险的能力；加强战略资源的保障水平；坚持高载能、高排放产业的内需主导定位和发展方向。切实加强安全生产，减少重大安全生产事故。

4. 附加值高

主要指在产业体系中居于“微笑曲线”两端的附加值较高的产业链所占比重较高。应加强知识产权保护，掌握核心技术和关键技术，拥有更多专利技术；加强品牌创新，拥有更多国际国内知名品牌和知名企业；在完善产业链中，应着力加强商务模式创新、技术开发、产品设计以及流通、营销、金融操作等附加值高的环节；全面加快服务业特别是现代服务业的发展。

5. 吸纳就业能力强

具体来说就是要根据劳动力资源丰富的比较优势，继续积极发展劳动密集型产业和劳动密集的中小企业、民营企业，支持个人创业就业，为实现充分就业的目标提供更多就业岗位。

二、廊坊现代产业体系构建目标

坚持精良增长的发展理念，按照在区域产业分工中主动错位、抢位、聚焦的基本策略和大企业引领、大项目支撑、集群式发展的基本方法，调整产业结构，优化空间布局，转变增长方式，努力实现更有内涵、更有质量、更有效益的发展。廊坊市现代产业体系构建的目标是建成以电子信息、休闲商务两大标志性产业为"塔尖"，以先进制造业、现代服务业、新型农业为"塔身"，以传统优势产业为"塔基"的金字塔形现代产业体系框架，基本形成"两带一轴一中心（环北京产业带、环天津产业带，中部廊沧高速特色产业轴，城市功能中心）"多园支撑、集群发展的空间格局。

三、廊坊现代产业体系构建的关键因素

当前加快构建现代产业体系，必须认真把握好创新性、融合性、集聚性、开放性和可持续性这几个关键因素。

1. 把握好创新性

创新是发展现代产业体系的推动力。既要通过创新解决传统产业发展瓶颈问题，又要通过创新解决国有企业市场竞争力不强的问题，更要用创新解决企业发展的难题。要充分利用廊坊市毗邻京津的区位优势，抓好产学研结合，加大校企联合力度，扩大合作领域。要切实提高科技成果转化率，使科技成果在最短的路径上创造出更大的价值。要加强创新能力建设，加大研发投入，重点进行难题攻关，破解企业发展、产业发展遇到的各种矛盾和问题，促进产业发展实现新的突破，不断加快现代产业体系建设进程。

2. 把握好融合性

产业间融合性、包容度增强，有利于形成产业的互补发展、借力发展，最终实现共赢和多赢的倍增效果。随着科技不断进步和信息化的演进和发展，廊坊产业融合度也在逐年提高并呈现出加速发展的趋势，特别是信息技术对三次产业的渗透力、影响力在不断扩张，生物技术、信息技术已经结合到传统产业当中，发挥着重要的作用。要充分利用这个基础性条件，在加快发展生物产业、新能源产业、新装备产业、新材料产业等战略性新兴产业的

同时,侧重引导第三产业尤其是现代服务业向工业领域、农业领域的融合和渗透,不断促进产业结构升级和提高生产效率。

3. 把握好集聚性

集聚性是产业发展的核心,更是加快构建现代产业体系的关键。产业集聚既是地理上的集聚,同时也是产业竞争实力的放大。当前,就是要在大力打造园区上下功夫,必须突出产业集聚这个关键,注重把同类产业在一定地域内聚集、整合。大力打造承载力强、功能完备的产业园区,充分发挥产业园区的载体功能,充分吸纳产业、集聚产业、集聚创新、集聚竞争优势,逐步形成产业规模和集聚效应,进一步加快构建现代产业体系步伐。

4. 把握好开放性

在当前经济全球化、区域经济一体化的大背景下,尤其需要用开放性的发展理念引领产业建设、促进现代产业体系建设。加快构建现代产业体系,就必须注重开放性,一方面通过积极扩大对外开放,充分利用京津廊各种优势和资源,加强环境建设,倾力打造资金、技术、人才、产业的“洼地”,吸纳一大批产业项目入驻廊坊,不断壮大廊坊产业基础和规模。另一方面,要注重提升廊坊产业在区域内的经济参与度,积极参与区域内甚至世界范围内的产业分工协作,提高产业生产效率,为加快构建现代产业体系奠定坚实的基础。

5. 把握好可持续性

以新能源、新材料、新装备等战略性新兴产业为主体内容的重点产业发展思路,充分体现了可持续发展的核心理念。廊坊是传统的资源型城市,以往那种以资源、资金、廉价劳动力推动的外延式、粗放式增长已经无法持续。构建现代产业体系要坚持高质量、高效益和低消耗、低污染,坚持用科技创新改造传统产业,用结构调整提升发展质量,用战略性新兴产业的发展提升整体产业的可持续能力。

四、廊坊市构建现代产业体系优化产业结构的措施

1. 大力培育战略性新兴产业

把培育战略性新兴产业作为优化产业结构的突破口,按照“创新引领、重点突破、开放带动、聚集发展”的思路,着力扩大电子信息、清洁能源、生物医药等新兴产业跨越式发展。电子信息产业重点打造通信设备制造、平板

显示系统、互联网数据服务三大产业链条。通信设备制造依托华为、富士康等通信设备制造项目，通过整机项目吸引配套项目，重点引进通信设备制造、通信终端配套器件、新一代宽带及网络接入产品、光通信器件等配套企业，进一步提升通讯产品专业配套能力；平板显示系统及器件依托京东方、东方信联科技等项目，着力发展平板显示系统及器件，重点发展玻璃基板、导电玻璃、背光板、驱动IC等产品；互联网数据服务依托润泽国际信息港、全球移动互联网络增值业务基地等项目，发展增值服务、软件外包、IT产业项目孵化等新一代互联网数据产业，努力把廊坊打造成亚洲最大的云存储产业基地，把廊坊发展成为中国智能城市的代表。做大做强新奥煤基清洁能源、新奥太阳能光伏等一批龙头项目，壮大产业规模，完善产业链条，培育清洁能源产业集群。以燕郊、永清、大厂等医药产业园为载体，推动廊坊医药产业集聚发展。

2. 大力提升传统优势产业

以“高质、高端、高效”为目标，促进工业化与信息化深度融合，加快运用高新技术和先进适用技术改造传统产业，努力实现产品由中低端为主向终高端为主转变。进一步做大龙头企业，培育造就一批具有核心竞争力的名牌产品，通过推进产业配套和集群发展，建设大首钢装备制造业基地、汽车零部件生产基地和能源装备制造基地。依托廊坊、燕郊开发区和现有龙头企业，立足京津及国内消费市场，发挥资源优势，重点发展绿色食品、有机食品，进一步做大做强汇福粮油、梅花味精、华农集团、五丰福成、福华肉类、明慧集团等重点企业，引进和增上一批新的食品加工项目，不断拓宽新的食品加工领域，努力打造京津冀都市圈重要的粮油深加工基地、畜禽产品深加工基地和果蔬加工基地。依托左各庄胶合板技术民营科技产业园区、华日家具公司、香河家具城、胜芳国际家具博览城等，培育一批龙头企业，发展一些名牌产品，加强原料生产、原料加工、家具设计、家具制造以及产品展览、产品销售等各个环节的有效衔接，加快形成产业链条，变销售优势为制造优势，变企业聚集优势为产业集群优势，重点推进投资10亿元在香河建设的北方产业基地等项目建设。

3. 加快发展现代服务业

定位高端市场，优先发展生产性服务业，加快发展生活性服务业，重点推进康体休闲、现代物流、会展旅游、总部经济、网络经济、金融保险等产业发展，构建起充满活力、特色突出、优势互补的服务业发展格局。

4. 大力发展现代新型农业

按照“菜篮子+休闲观光的城郊——都市型农业”、“节水节地、高产高效的生态——集约型农业”的产业定位，以农民增收和城乡统筹为方向，以都市人全方位的需求为目标，按照“政府引导、市场运作、农民主体、强化服务”的原则，引导社会资源全面投入抓规模、抓龙头、抓市场、抓品牌工作主线，大力推动战略性农业结构调整，大力提高农业创新力和竞争力，大力拓宽农业发展领域，努力建设农产品生产大市、加工强市、品牌名市，持续提升农业对二、三产业的服务和保障能力，使廊坊成为京津的农产品主要供应基地和观光休闲农业基地。以推进标准蔬菜园、标准养殖场、标准粮田和休闲农业示范园建设为重点，在全市基本普及面向大农业的标准化生产，形成独具廊坊特色的现代都市农业发展模式。

会计信息失真问题与对策研究

王金玲[①] 罗士龙[②]

【摘要】:企业的会计信息无论是对企业内部人员还是外部人士或机构都提供了准确的信息来源。因此,会计信息质量高低对信息使用者非常重要。但是目前在我国某些企业中,存在着会计信息质量较低,标准不明确,会计信息失真等问题,不但对于企业领导者做出正确决策产生了误导,而且也对国家政府部门对经济发展形势的判断带来不良的影响,严重阻碍了市场经济的稳定发展。因此,在这种情况下,本文对会计信息失真问题进行了研究。

【关键词】:会计信息 信息失真 对策研究

一、引言

随着我国经济的日益发展,财务会计制度越来越完善,目前正朝着规范化、制度化的方向发展。并且在这个过程中,会计信息作为财务会计制度的一个重要组成部分,成为一种重要的资源,发挥的核算和监督职能也愈来愈明显,有效地推动了我国财务会计制度的不断完善。但是不容忽视的是,在我国某些地区,信息失真的现象还比较明显,致使公司或企业领导做出错误决策的事件也发生了很多,例如:一些大型公司屡屡爆出会计假账的丑闻,导致资源配置效率低下,严重影响到了市场经济的正常发展。可喜地是,我国的理论界和不少专家学者对信息实证问题进行了认真的分析和研究,发现了不少问题,同时也提出了一些有针对性的对策,对信息失真现象有了一

① 王金玲,会计师,廊坊卫生职业学院工作。
② 罗士龙,经济师,管理学硕士,廊坊银行工作。

定的遏制,但是基本上还没有解决信息失真问题。信息失真问题已经成为摆在理论界、专家和学者面前的一个严峻的课题。

二、会计信息相关理论研究

(一)信息失真的基本含义

信息失真是现代会计制度中的一个重要术语,它是指单位的会计主体没有按照国家规定的会计信息制度和方法,对本单位的全部财务会计信息进行汇总和整理,同时还未按国家规定的形式进行编制,最后提供一些包含有虚假信息报表的现象。它是对单位的劳动成果在财务制度上一种歪曲的表现,严重阻碍了单位的正常发展和健康运行。

(二)信息失真的基本类型

按照会计信息失真的原因,我们可以将会计信息失真分为会计信息规则性失真、会计信息违规性失真和会计信息行为性失真三种。其中会计信息规则性失真是指会计信息由于自身的编制方法、编制规则不适应社会发展需要时所产生的信息质量下降直至失真的一种现象。这种情况的信息失真是难以避免的,是由人类社会的发展水平决定的。违规性失真是指会计主体为了个人或单位的私人利益,利用虚假的信息编造假账从而导致信息失真发生。这种信息失真是由于人为的、故意造假所产生的,可以通过加强监督检查予以消除的。行为性失真是由于会计信息的使用者由于自身在知识和能力方面的不足所引起的会计信息的失真。这种失真不是主观故意的,这种情况可以通过加强对员工的培训与学习而加以避免的。

三、会计信息失真表现

会计信息是对企业财务状况的综合反映,对企业的形象和声誉都有着非常重要的影响,所以企业一般都很重视信息工作。保证会计信息的真实、准确和客观不但是信息质量的要求,更是国家的《会计法》中所规定的。但是在现代社会中,会计信息失真已成为我国社会的不良现象,对企业的发展带来了不良的影响。具体表现如下:

(一)会计凭证失真

会计凭证作为记账的基础,它的客观性和真实性对单位来说都是非常重要的。它的信息失真主要出现在会计记账过程中，一般情况下银行会计凭证要经过多次的累加和计算，在这个过程中，会计人员可以通过编造会计事实、虚列各项开支和费用、制造虚假发票、滥用会计科目、制造假账、收支严重失控等形式，使会计信息失真，会计凭证失真后会导致后期的会计报表和会计报告失真。

（二）会计数据失真

这个一般是指在会计报表中出现的问题。单位的经营者可能会为了个人的利益或小团体、部门的利益，采取“多列费用，少列利润”的方式，以达到偷税和漏税的目的；采取“多列利润，少列费用”的方式，以达到粉饰经营业绩的目的；或者出具虚假手续，高估资产，增加账外账，私设小金库等非法形式，来获得个人或集体的利益。

（三）会计报表失真

会计报表是某单位在一定时期内各项经营活动的成本及成果在会计上的反映。这种会计报表一般是要公开披露的，数据是否真实对单位或企业形象具有重要的影响。会计报表失真主要是指会计人员为了达到个人或集体的非法目的，采取上报虚假信息报表的形式，导致会计信息失真。

四、会计信息失真的原因

（一）会计人员业务素质和道德素质不高

会计信息是会计人员制造出来的，因此会计信息是否失真与会计人员有着密切的联系。会计信息的制造者，作为控制会计信息质量的第一道关卡，必须保证会计信息的客观和准确。但是目前我国大部分单位的会计人员素质较低，学历水平普遍低下，并且会计人员的后续培训和教育缺乏，这无形中为会计信息失真提供了便利的条件。而且最为重要的是企业的会计人员大部分思想道德不高，对那些常见的违法一般是视而不见，采取“事不关己高高挂起”的态度，缺乏同不法行为和不法人员作斗争的勇气，这些都会造成企业的会计信息失真，给企业造成严重后果。

（二）会计管理和监督体制不健全

要保证会计信息的质量，不但要确保会计信息的制造者和使用者要有较高的素质，更重要的是落实到制度上面，依靠制度去保证会计信息的准确性。会计人员一般是企业或单位的人员,直接受上级领导的管制。当本单位的利益与会计规定发生冲突时,单位会计人员会迫于领导的压力,做出虚假的账目。而且单位的会计监督管理机制不健全,导致内部监督管理不能有效地发挥作用。而外部的监督管理,由于一些监管机构的人员收受贿赂,不能有效的发挥出其监督管理的职能。这些不良现象都会导致企业或单位的会计信息失真。

(三)会计法规制度不太健全

近几年以来,虽然我国的会计和经济法律法规在不断的修改和完善,现已基本涵盖所有会计行为。但是我国的会计法律和法规具有较大的灵活性,法制内容较空洞,法治理念滞后,对违规者惩罚力度较小等方面的不足。同时又由于我国大部分企业人员尤其是会计人员法制观念比较淡薄,人员本身素质较低等因素的综合作用,致使会计人员可以根据自己的意愿进行虚假会计信息填报,这些不良行为都会导致会计信息失真。

(四)政府各项政策引导

政府在发展经济时,加快发展经济,很可能会对某些产业采取适当倾斜的政策。他们可能采取政治的、经济的和法律的方式,对某些产业或部门进行政策照顾。而这种政策的导向将会使市场竞争公平性有失偏颇。在这种情况下,个别企业或单位为获得个人或本单位的利益而采取造假账,虚设会计科目等方式。同时国有企业和政府机关还存在着某些联系,政府机关人员有可能为了个人利益或集体的利益,对某些国企会计人员的虚假账目和报表视而不见,这种行为无疑会造成各类会计数据的虚报,致使会计信息失真。

五、应对信息失真的对策

(一)加强对会计人员的培训教育,提高其业务和职业道德素质

企业的管理人员要针对会计人员的业务水平和现状,制定相应的会计培训和学习计划。要大力宣传《会计法》,加大对会计相关法律的学习力度,同时要大力灌输不做假账的思想意识。采取小组竞赛、现场考试、知识竞赛等有效的方法,强化对会计人员的能力培养。通过学习和培训,促使企业的会计人员懂得和按照《会计法》的相关规定做好各类会计工作,做到有法必

依，执法必严，使《会计法》充分发挥出其对经济行为的核算和监督职能。加强对会计人员职业道德和思想道德的培养，定期开展思想道德教育和职业道德教育，提高会计人员的职业道德水平。

（二）完善会计制度，加大对违法人员执法力度

会计制度是否完善，对企业的健康和稳健发展，具有重要的作用。所以企业的管理层要在总结和归纳现有会计制度和会计准则的基础上，发现其中存在的不足和漏洞，并结合市场经济发展的规律和趋势，不断完善单位自身的财务会计制度，建立既能体现国际发展趋势又能体现单位实际情况的会计制度。同时财务管理部门要加强对会计制度和会计规范的统一性指导，建立完善的采取管理和监督机制。财务管理部门要加大对企业单位会计的检查和监督力度，只要发现有制作虚假凭证，开设虚假发票等行为坚决查处，并对相关的上级部门进行严厉的惩罚，加大罚款力度，对会计人员罚款的数额远远超过其可能得到的收入，使会计人员不敢提供虚假会计信息，从而减少会计失真的可能性。

（三）改革会计管理制度，加大对会计的监督力度

企业的管理层要在原有的会计管理制度的基础上，不断进行会计管理制度创新，提出一套顺应经济发展趋势的管理制度，全面推进会计管理制度的改革。在会计制度改革和创新过程中，会计委派制度应运而生，这种会计管理制度能够避开内部相关人员的利益关系，对企业的经济行为评价比较客观和公正，有利于提供高质量的会计信息。同时还要加强对内部控制制度的完善，强化对会计人员的监督和检查，加强对本单位所有财务收支活动的二次监督，明确各不同监管部门的职责，避免相互之间重叠，充分发挥审计的监督职能，要建立一系列行之有效的内部监督和外部建立的机制，防止各种不良现象的发生。在做好对内监督的同时，还要做好对外部监督，充分发挥注册会计师的监督和审计职能，强化注册会计师职业的独立性，对其进行全面的业务和职业道德素质教育，有效提高会计信息质量。

（四）理顺政企关系，增强政府监督力度

政府相关部门要在国家相关的法律和法规的指导下，坚持“政企分开”的原则，明确相互之间的权利和责任，合理理顺政府与企业的关系，割断政府和企业之间的利益链条，充分发挥政府的宏观调控作用。同时政府部门

在制定相关的产业政策时，要综合考虑相关企业之间的各种关系。严格按照国家的《会计法》，依法履行监督管理职能，坚持有法必依，执法必严的原则，加大对不同企业会计从业人员的监督和检查力度，对提供虚假凭证或报表的人员或单位，都要依法进行处理，绝不姑息纵容，树立政府权威，充分体现政府的监督职能，全方位保证会计信息的质量。

参考文献

[1] 张新民. 企业财务报表分析[M]. 北京：对外经济贸易大学出版社，2001

[2] 陈汉文. 中国注册会计师职业道德研究[M]. 北京：中国金融出版社，2000

[3] 王跃堂，孙铮等. 会计改革与会计信息质量[J]. 会计研究，2001(7)

[4] 陈信元等. 我国会计信息环境的初步分析[J]. 会计研究，2000(8)

优化经济运行环境

环京津产业结构优化提升与创新金融服务后台建设

林非园①

【提要】:自上世纪90年代以来,国际金融业呈现前、后台业务分离加快,以及后台业务分工细化的趋势,使得后台业务不断被独立出来,外包服务规模不断扩大。国际上各大金融中心已经有越来越多的金融机构把后台业务从金融核心功能区转移到周边的金融后台服务基地,以满足扩大后台业务和节约成本的需要。这一分离导致了前台和后台的异地化,后者在新的区域聚集为金融产业服务区,为前台提供服务与支撑的功能模块和部门,如数据中心、清算中心、银行卡中心、研发中心、呼叫中心、灾备中心等,形成金融后台服务区。后台服务区建设在环京津产业结构调整中具有重要作用。

【关键词】:创新金融　服务后台　产业结构优化 服务体系

一、打造首都经济圈为廊坊经济发展奠定了良好基础

"十二五"规划纲要明确提出:"充分发挥不同地区比较优势,促进生产要素合理流动,深化区域合作,推进区域良性互动发展,逐步缩小区域发展差距"。"推进京津冀、长江三角洲、珠江三角洲地区区域经济一体化发展,打造首都经济圈。"

2013年以来,环首都经济圈的发展成为我国区域经济发展的一个热点议题:据报道,习近平总书记5月14日至15日在天津考察工作时,对京津冀一体化发展寄予厚望,指出要积极推进京津冀区域合作,促进优势互补、共赢发展。2013年1月举行的北京两会上,北京市副市长张工称,首都经济圈

① 林非园,中国电子财务有限责任公司营销项目部经理,经济学博士,高级经济师。

规划已拿出初步方案，正在反复论证，预计整体方案有望于年内出台，并提出“北京发展到现阶段，需要经历三个转变：从过去积聚资源向资源积聚与释放并重转变；从周边城市单方面保障北京向共荣共赢转变；从单一辐射向产业优势资源释放转变”。3 月 23 日，北京与天津签署《关于加强经济与社会发展合作协议》，协议涉及交通基础设施体系、产业转移和对接合作、金融一体化等 10 个重要方面。5 月 22 日，北京与河北又签署了《2013 至 2015 年合作框架协议》，具体确定了七项重点工作。5 月 20 日，河北还与天津在石家庄签署了《深化经济与社会发展合作框架协议》。除了签署协议，两市一省还成立了区域合作工作协调小组，组长分别由各地常务副市长、常务副省长担任并制定了定期沟通机制。2013 年 7 月 12 日《华夏时报》报道，京津冀三地相互签署了区域合作框架协议。

这一系列密集的活动表明京津冀一体化顶层设计工作在提速。从战略上看，首都经济圈一体化建设提速的背后，蕴含着中国从区域经济布局角度上夯实第三极的用意。长三角、珠三角以及未来最有潜力的成渝、长江中游城市群都布局在中国的南方地区，从国家经济均衡的角度上来看，既要考虑东中西的均衡也要考虑到南北的均衡，为此需要将这个中国的经济第三极京津冀做强做大。

如何在打造中国经济第三极中有所作为，2013 年 4 月 23 日，河北省委书记周本顺在廊坊调研时指出：“廊坊市打造河北环首都经济增长极的战略突破”“廊坊应把自己放在大北京世界级都市连绵区的重要组成部分来规划布局”。

二、承接产业转移，构造首都经济圈的一体化

京津冀一体化的提速将为三方面的产业带来比较明显的发展机遇。首先是服务业，目前，北京的服务业占 GDP 的比重达 75% 以上，还有提升空间。作为第三产业中的金融业，根据 2012 年中国金融年鉴的统计数据，北京金融资产总量已达 14.1 万亿元，占北京市资产总额 21.6 万亿元的 65.28%。2011 年，北京市地区金融业实现增加值 2055 亿元，金融业创造的 GDP 占全市 GDP 的比重达 12.8%，位居全国第一。金融作为现代经济的核心，发挥着越来越重要的作用。

2006 年，以《国务院关于推进天津滨海新区开发开放有关问题的意见》

(国发〔2006〕20号)出台为标志,党中央、国务院从我国经济社会发展全局出发作出了在新世纪新阶段推进天津滨海新区开发开放的重要战略部署。在《意见》中明确提出了“鼓励天津滨海新区进行金融改革和创新。在金融企业、金融业务、金融市场和金融开放等方面的重大改革,原则上可安排在天津滨海新区先行先试。本着科学、审慎、风险可控的原则,可在产业投资基金、创业风险投资、金融业综合经营、多种所有制金融企业、外汇管理政策、离岸金融业务等方面进行改革试验。”在推进天津发展的一系列政策出台后不久,天津产权交易中心被国务院国资委选定为首批中央企业国有产权转让市场;人民币可自由兑换的试点也在2006年“落户”天津。渤海银行也已建立。因此,可以预见,在不久的将来,天津滨海新区将成为我国金融改革的试验田,也将有大批金融机构进驻滨海新区。

自20世纪90年代以来,国际金融业呈现前、后台业务分离加快,以及后台业务分工细化的趋势,使得后台业务不断被独立出来,外包服务规模不断扩大。这一分离导致了前台和后台的异地化,后者在新的区域聚集为金融产业服务区,为前台提供服务与支撑的功能模块和部门,如数据中心、清算中心、银行卡中心、研发中心、呼叫中心、灾备中心等,形成金融后台服务区。

国际上各大金融中心已经有越来越多的金融机构把后台业务从金融核心功能区转移到周边的金融后台服务基地,以满足扩大后台业务和节约成本的需要。

上海在张江高科技园区拓地430公顷,形成了上海市金融信息服务产业基地(上海市银行卡产业园),迅速集聚了人民银行、中国银联等多家金融机构的数据处理中心和信用卡中心,由此形成了以陆家嘴CBD为前台、以张江为后台的金融布局。深圳则选择对接香港,2006年底,提出了承接香港金融后台转移的步骤,在香港举行的洽谈会上,10余家港资金融机构签署了落户意向书。汇丰银行出于粤港地缘考虑,于1996年将汇丰电子资料处理中心设在了广州,以汇丰电子资料处理(广东)有限公司的法人资格运作,并于2004年在广州增设了第二个中心,至2006年又在佛山禅城成立第三个后台中心。

在国内,一些城市已开始承接金融外包业务,如大连以地缘对接优势,开始开拓日本和韩国的金融服务外包市场。2007年6月,大连服务外包基地在甘井子区奠基。该基地3660余亩,总投资150亿元。

除地缘优势外，一些地方也采取优惠政策吸引金融机构在当地建立后台服务区。如珠海市政府为吸引中国工商银行落户，给予了工行软件开发中心国际级软件园的待遇，包括以优惠价格出售土地等，促成了工行于1997年选择珠海建立了工行软件开发中心，目前工行软件开发中心已建成集软件开发、技术研究和培训于一体的高新技术产业基地。工行继珠海软件开发总部后，又先后在广州、上海、北京、杭州建立了四个基地，各承担金融IT的一部分功能。

北京是中国的首都，具有独一无二的金融资源优势，云集了中央银行和全国三大金融监管机构，四大国有银行总行，四大资产管理公司总部和四大全国性保险公司总部，全国80%以上的银行、保险、证券、基金公司都将其总部和研发中心设在北京，同时北京还是全国资金清算中心、金融研发中心、金融政策制订中心和金融信息发布中心，是中国集聚金融机构总部最多的地区，金融业已成为首都的重要经济支柱和龙头产业。同时，北京还聚集了中央机关、大批中央企业以及相当一部分外资金融机构的在华机构。

在金融后台服务区的建设上，北京也确立四个金融后台服务区，并使其功能侧重点各有不同：朝阳金盏金融服务区主要为国际金融机构向亚太地区转移后台服务；海淀稻香湖金融服务区主要为中央金融机构监管部门及国内大型金融机构后台建设服务；通州新城金融服务区主要为国内金融机构和国内外大型企业集团向新城转移后台服务；西城德胜科技园金融服务区主要为金融街大型金融机构总部核心后台服务。

但是，经过二三十年建设北京的土地资源已经比较稀缺，北京市常住人口已有两千多万。据国家统计局数据显示，2013年5月，北京住宅销售价格同比涨幅15.2%，在全国70个大中城市中，涨幅位居第二。住宅上涨的同时，商铺的价格也在突破新高。据统计数据显示，2013年5月北京商铺市场成交均价为33023元/平方米，环比上涨22.83%。第一太平戴维斯报告显示，自2010年以来，北京商铺租金每个月都在上涨，截至2012年年底，北京优质零售物业市场（主要是指高端购物中心首层）平均租金已经达到了864.9元/平方米/月，即近29元/平方米/天，这一租金水平过去六年每年平均涨幅为7%。因此，土地成本已成为北京金融后台服务区发展的一个严重制约因素。

从金融发展大势，金融机构聚集区不仅要有主营业务核心区，还要有备份中心,及其衍生的金融高新技术服务区。两者关系最科学的布点将是异地的,而非同城的。从国际上看,金融后台业务和核心业务相对分离已成为金融机构提高核心竞争力的通行做法。廊坊地处京津之间的中心位置,具有独特的区位优势。廊坊开发区位于京津塘高速公路中心位置,廊坊出入口处,距首都北京40公里,距中国最大的港口城市天津60公里,距首都国际机场60公里,距天津国际机场70公里,距中国最大的集装箱码头天津新港105公里,距拟建中的首都第二国际机场30公里,从廊坊开发区沿京津塘高速公路到北京、天津、首都国际机场、天津国际机场、天津港都不超过一个小时,有"半小时进京下卫,一小时上天入海"之说。京秦、京沪、京山、京津、京九铁路和京哈、京津、京福、京广4条国家级公路干线穿区而过,成为名副其实的"京津走廊,必经之坊"。从区位优势看,廊坊经济开发区具有成为京津金融后台服务区的独特区位优势,即北京、天津是金融的大前台,而廊坊独特的区位优势则可以建成是京津总部经济的后台基地。

三、发挥区位优势,建立金融后台服务区

在选择产业发展方向方面,周本顺书记指出"廊坊应选准产业发展方向,承接北京人才、科技、金融等诸要素的外溢,坚持双赢,找到双方利益的结合点、共振点,善于发现和捕捉北京外溢这一机遇。"因此,在发现和捕捉北京的生产要素外溢的机遇上,廊坊可在后台金融服务区的发展上有所建树。

在建设金融后台服务的具体操作上,可分为三步,第一是建立满足金融机构总部基础功能的后台服务,如单据处理、客户服务、容灾备份、数据中心、档案管理和微处理等,尤其是基础信息备份中心,不仅可为金融机构提供备份,还可为聚集在京津的党、政、企业、跨国公司总部提供相关的基础信息备份;在此基础上建立金融信息分析中心、金融研发中心,更可以是金融创新中心,第三步则可逐步在金融主业的中心功能上发挥作用;逐步形成金融产业集群。

从廊坊开发区的实际出发,在金融后台服务区建立的初期,可以从金融后台服务的一些基础功能着手如单据处理、客户服务、容灾备份、数据中心、档案管理和微处理等。

1. 单据处理和客户服务

单据处理是指现代金融作业流程中，前台柜员受理客户单据，通过影像技术等送交后台处理中心统一交由后台工作人员进行处理的过程。客户服务指各类金融机构通过电话接触客户进行业务处理，为客户提供不受时间地点限制的账户查询、转账、修改密码、电话挂失、自助缴费、信息服务等服务内容。

单据处理和客户服务属于通讯密集、劳动力密集型产业，对城市已有设施的依存度较高。大专以上学历劳动力的可获得程度，劳动力成本以及可靠的通讯网络和电力系统是单据处理和客户服务产业布局的首要因素，其区位选择要求便于员工通勤。由于是劳动密集型企业，靠近中心区设施、零售商场、餐馆、娱乐设施等都是吸引该类产业入驻的加分之举。同时，文本信息的大量交换也需要周围设有 24 小时快递服务。20 世纪 90 年代初，香港金融机构已将后台单据处理和客户服务向珠三角地区转移。

2. 容灾备份

容灾备份指对金融机构的主数据中心是客户信息、交易记录、贷款记录、信用记录等各种类型的信息数据进行保护和备份，备份站点在正常的情况下只备份数据，不承担业务，而一旦出现灾难时，备份站点将及时地接替主站点的业务，从而维护业务运行的连续性。容灾备份是为了保证能在灾难（包括各种自然和人为的灾难）发生时，全面、及时地恢复整个系统，避免关键数据丢失所造成难以估量的经济损失和巨大的社会影响。比如作为世界金融核心区的纽约，就将其金融高新技术服务区设在了新泽西州。“9·11”事件爆发，纽约的金融业之所以能够及时有效地恢复运转，与此异地布局是分不开的。由此可见，备份中心的异地布局对大区域金融的稳定有序发展和风险防范起到了至关重要的作用。

金融机构的数据中心与容灾备份中心往往互为备份。数据备份的目的在于保护数据的安全，同时有一定的数据处理工作。虽然从安全性考虑有数据中心和备份中心要分离的要求，但从技术上考量，如果要做到生产中心和备份中心之间完全负载均衡，必须保证两套系统之间完全同步，而要做到这一点两个中心之间的距离一般不能超过 50 公里，超过这个距离会导致传输时间延长，而在传输时间内有可能出现事故导致数据的丢失，这在技术上是一个瓶颈。在这一点上，廊坊开发区具有独一无二的地理优势，一般来说,企业需要结合自己的容灾目标和实际情况来考虑。如果系统性能是最优先的考虑对象,能够接受备份中心数据更新的较小延迟,就可以考虑采用异步数据复制方式。如果避免数据丢失是最优先的考虑,生产主机的工作负载能够承受同步拷贝带来的性能损失,运行中心和备份中心的距离不超过100公里,那就可以考虑采用同步数据复制方式。当然,对于数据宝贵、安全性要求高、依赖信息技术强和有保证高度业务持续性要求的大型企业,应该考虑两种方式的相互结合,这样才能确保关键数据的万无一失。

3. 档案管理和微缩处理

档案管理指客户资料的存储、交易原始凭证的存储、办公资料的存储等原始数据的储存。由于档案量的激增,为了便于保存和查询,一些金融机构逐步采取了微缩处理的方式。

在各个金融机构将原始票据数字化并存人数据中心之后,这些票据并不会销毁,而是存入档案管理中心。目前,各金融机构通常购置旧仓库集中放置自己的票据,或者购买低价地段修建仓库。如中国银行(香港)的票据存储库就设在深圳莲塘工业区两栋仓库内,准备放置共约9万箱票据;南洋商业银行的票据仓库位于溪冲海边的一栋仓库内。随着信息化的发展,通过微缩处理进行档案管理将更便于档案的查阅和使用,中国银行(香港)的票据存储库就包含微缩处理的业务。微缩处理所需的人员较多,但技术含量不高,同时也需要较大的电量。

通过建立金融后台服务区,实现与京津金融中心的科学分工,形成与京津金融中心功能互补、错位发展的格局,可以提高廊坊开发区的吸引力和凝聚力,也提高了廊坊开发区的可持续发展能力,还可以逐步将廊坊市发展成为对河北省以及环渤海经济圈经济增长、社会发展有着显著带动作用和示范效应的核心城市。

廊坊市加强“两个环境”建设，促进产业结构优化升级

孙利杰①

【摘要】:“两个环境”建设是指加强建设和改善发展环境和生态环境。产业结构优化升级包括结构高度化和合理化两方面。本文主要讨论廊坊市加强两个环境建设以促进产业结构优化升级。首先介绍两个环境改善的总体目标和产业结构优化升级的目标,再分析廊坊两个环境建设和产业结构现状,找出制约产业结构优化升级的环境问题,最后探讨对策建议。

【关键词】:发展环境　生态环境　产业结构　优化途径

近两年来,廊坊紧紧围绕河北省确立的建设经济强省、和谐河北的战略目标,提出的“一产抓特色、二产抓提升、三产抓拓展”的经济发展战略,紧锣密鼓地部署展开了“百家央企进廊坊、百家院所校进廊坊、创先争优和加强基层建设年”活动等一系列重点工作,一步一个脚印地推进各项工作的实施。但在谋划和推动这些大事的过程中,越来越受到发展环境和生态环境的制约,如果不下大力解决廊坊环境方面的突出矛盾和问题,再好的优势也难以发挥,再好的机遇也难以抓住,再好的目标也难以实现。

一、廊坊改善“两个环境”建设和产业优化升级的目标

1. 廊坊市改善“两个环境”的总目标

改善发展环境和生态环境的总目标可以概括为16个字:风清气正、开放文明,天蓝水净、地绿山青。

风清气正、开放文明,就是政治生态好,各级干部具有强烈的事业心和

① 孙利杰,河北工业大学企业管理学科研究生。

执行力,心无旁骛干事业,不做有损形象和发展环境的事;治安形势好,市场规范有序,社会安定和谐,群众安居乐业,业主放心经营;投资环境好,尊商重商、安商富商氛围浓厚,各部门各单位都能尽职尽责、高效办事,热情周到服务,让市场主体和人民群众称心满意;文明素质好,爱国守法、明礼诚信、团结友善、勤俭自强、敬业奉献成为人们的自觉行动。

天蓝水净、地绿山青,就是城乡空气质量好,城乡空气质量持续改善,优良天数明显增加,尽快告别乌烟粉尘,迎来蓝天白云,让人们呼吸到清新的空气;水的质量好,河流水系、近岸海域得到全面治理,饮用水源地得到严格保护,工业废水实现达标排放,生活污水及时有效处理,努力做到河畅其流、水复其清,让老百姓喝上干净卫生的水;大地绿化好,全省绿化面积明显增加,森林覆盖率较快提升,城乡绿荫环绕,道路绿树成行,燕赵大地到处呈现绿意和生机。

2. 廊坊市产业结构优化升级的目标

在产业结构上,要由二产带动型转向一、二、三产协调发展,重点是构建现代产业体系。过去有一种偏见,要完成工业化,就要二产先行、二产拉动。实际上,一、二、三产之间是紧密相关、相互支撑的。要重点发展以现代服务业为主的第三产业。

在产业升级上,要由资源拉动型转向能力拉动型。应该清醒地看到,低成本时代已经过去。靠廉价原材料、劳动力成本优势,靠不计能源、环境成本,已难以为继。必须转变为能力拉动型,要在自主创新、品牌、产业链、服务上下功夫。

二、加强和改善"两个环境"建设对产业优化升级的作用

影响产业发展和优化升级的最重要因素是环境,环境是投资的生命,优化环境是推进产业协调发展的重要内容。廊坊提出要着力改善发展环境、着力改善生态环境,找准了制约廊坊产业加快发展的要害,是当前经济发展的客观需要。在理论认识中,切实明确改善"两个环境"对产业结构升级优化的作用。

(1)加强建设和改善发展环境和生态环境,是抢占产业发展先机的战略之举。一个地区产业发展过程就是不断聚集各种生产要素的过程,而支撑发展的各种生产要素总是向环境优越的地区聚集。因此,当今时代的区域

竞争,实际上是发展环境和生态环境的竞争,哪个地方环境更好更优,哪个地方就能赢得产业发展的新优势。现实当中,一些自然禀赋并不突出的地区,正是靠良好的环境,聚集了大量优质生产要素,取得了又好又快发展。只有着力改善和优化环境,才能在激烈的区域竞争中占据主动,赢得产业发展先机。

(2)加强建设和改善发展环境和生态环境,是推动廊坊产业优化升级的迫切需要。要实现产业的跨越发展,必须围绕科学发展这个主题和加快转变经济发展方式这条主线,推动传统产业的改造升级,促进战略性新型产业的发展壮大,破解资源环境的瓶颈制约,解决产业结构不优、质量不高、活力不足等突出问题。而要解决这些问题,至关重要的就是营造良好的发展环境和生态环境。良好的环境可以吸引外边的、发展自己的、激活现有的、催生新兴的,能够收到无中生有、有中生好、好中生优的效果。因此,只有下大力气营造良好的发展环境和生态环境,才能实现产业的优化升级的高端化和合理化。

三、廊坊市“两个环境”建设和产业优化升级的现状分析

1. 廊坊市“两个环境”建设的现状

近年来,廊坊市高度重视环境建设,先后制定了一系列政策措施,加大工作力度,解决突出问题,发展环境和生态环境有了明显改观。廊坊市以推进绩效管理、“效能廊坊”建设和国家生态市创建为三大核心抓手,以最佳休闲商务城市、田园生态城市和新兴生态农村为三大建设目标,重点实施效能建设深化、社会管理创新、生态城市、生态乡村等12项重点建设工程,全力推进发展环境和生态环境改善。廊坊市坚持把环境建设作为推进“两个率先”的助推器,以绩效管理和“效能廊坊”建设为抓手,打造更富支撑力和竞争力的发展环境。大力推进南水北调、京台高速、密涿高速主线、唐廊高速、津保铁路等重大基础设施建设,全面增强可持续发展能力。以创建生态市为抓手,以城市水绿生态体系和城乡植树造绿工程为核心,以绿色经济和循环经济为支撑,不断优化生态环境。五年新增造林面积50万亩,森林覆盖率达到29.5%以上,万元地区生产总值能耗、空气质量等生态指标保持全省前列,切实巩固、不断拓展廊坊发展环境、生态环境在全省的优势地位。

但与中央要求相比,与市场主体和人民群众的期望相比,发展环境和生

态环境建设还有相当大的差距。尽管廊坊多年来始终坚持改善和提升发展环境,但依然存在不少问题,具体而言,一是发展环境总体偏差。主要表现为市场主体和人民群众满意度低,存在政策不宽松,部门服务意识差、办事效率低,企业“包袱重”,经营“失诚信”等问题。二是生态环境总体一般。这些年来在改善生态环境方面作出了积极的努力,但环境压力仍在持续加大,廊坊市改善水质、大气、土壤、植被、草原等生态环境建设任务非常繁重。

2. 廊坊市产业结构优化升级现状

廊坊市坚定不移推进产业结构调整,实施高端发展和创新引领战略,转变经济发展方式取得明显进展。三次产业结构进一步优化,由 2007 年的 13.2∶56.6∶30.2 调整到 2012 年的 11∶54∶35。金字塔形现代产业体系拉开框架。总部经济、网络经济、创新经济方兴未艾,华为中国片区总部落户廊坊,润泽国际信息港、中国联通华北基地、汉能全球研发中心等一批高端项目加快建设。先进制造业、现代服务业发展势头强劲,富士康、中轻造纸装备、南玻玻璃、航天振邦、燕达国际健康城、中商国际农产品交易中心、亚太国际家居材料城等一批重大项目建成投产,精雕数控机床、首钢大型冶金装备制造基地、碳纤维研发生产中心、鲁能生态城、爱晚香河国家养老示范基地等项目加快建设。电子信息产业势头强劲,主营业务收入增长 3.7 倍,高端装备制造业和现代服务业增加值年均分别增长 19.3% 和 16.7%。传统产业转型升级步伐加快,累计完成技改投资 1697.4 亿元,实施技改项目 3527 个,新奥集团、汇福粮油、梅花集团等一批骨干企业转型升级。园区承载力不断增强。新获批省级园区 30 个,廊坊开发区升格为国家级开发区,燕郊高新区成为国家级高新区。科技创新能力进一步提高。共取得科技成果 554 项,其中 409 项达到国际国内领先水平,建成国家级重点实验室和技术中心 3 家,成为国家新型工业化电子信息产业示范基地。节能减排成效明显。以落实“双三十”工程为重点,实施 505 项减排工程,万元地区生产总值能耗累计下降 15.8%,二氧化硫、化学需氧量等主要污染物排放量分别削减 19.8% 和 21.8%。

尽管廊坊市产业发展速度较快,结构调整取得了一些成就,但与保持国民经济平稳、较快、协调发展的要求相比,廊坊市现阶段的产业结构仍然存在许多问题。第一产业内部结构有待优化、第二产业特别是工业“大”而不“强”、第三产业发展滞后,内部结构需进一步调整完善、三次产业结构比例不协调、三次产业间比较劳动生产率差距扩大、产业结构的结构能源效益差和产业发展模式粗放,污染问题日益突出等问题。

四、加强“两个环境”建设,促进产业结构优化升级的对策建议

发展环境和生态环境是实现又好又快发展的第一要素,是转方式、调结构的重要保障、重要内容和重要目标,环境建设从我们廊坊的体会来说,尤为重要。廊坊有优越的发展区位,有重大的发展机遇,也有严峻的挑战,唯有打造好发展环境才能赢得更大更好的发展,才能真正地融入京津,服务河北,发展自己的产业。廊坊的发展目标就是充分发挥我们区位的后发的环境的优势,打造一个生态、智能、休闲型一个最佳商务区域。所以,廊坊要巩固发展环境和生态环境,为廊坊产业结构优化升级提供强有力的环境支撑。

1. 把环境改善融入到经济社会发展各领域,努力改善发展环境

围绕建设“效能廊坊”,扎实推进绩效管理和行政执法规范化建设,提高电子监察系统网络对接、同城审批效率。推行政府部门服务标准化建设,以窗口单位和服务行业为重点,制定服务标准,创新服务方式。深入开展行风评议活动,严厉整治“慵、懒、散、慢”和不作为、乱作为行为,努力实现低商务成本、低生活成本、低行政成本、高品质服务。积极引进域外金融机构,推进金融机构县域全覆盖,加大金融支持产业发展力度。鼓励中介服务机构加快发展,逐步完善以劳动就业、技能培训、法律服务、科技评估为重点的中介服务体系。不断提升基础设施环境,加快京台高速、津保铁路建设进度,推进密涿高速主线、唐廊高速前期工作。加快建设保沧干渠和广阳水库,实施廊涿干渠应急供水,争取更多引黄调水指标,缓解水资源短缺状况。

2. 要以转作风、提效能为重点加强发展环境建设

加强行政服务中心规范化建设。政府各职能部门的审批事项都要进中心,要强化中心对政府各职能部门进驻审批和委托事项办理的组织协调、监督管理和指导服务职能,提高现场办结率,真正实现“一站式”服务。加快行政审批制度改革,凡能取消的要坚决取消,能够下放的要坚决下放;必须保留的要流程再造,做到审批程序最简、时间最短,以行政审批的高效能,赢得经济发展的高速度。规范执法行为。教育广大公务人员带着感情为人民群众、为企业家搞好服务。要针对不作为、慢作为、乱作为、吃拿卡要,以及执

法不公、徇私枉法等问题,集中开展专项治理活动,真正让企业家高兴,让人民群众满意。严肃查处损害发展环境的行为,对破坏发展环境的公务人员要严肃问责,对顶风违纪的要坚决查处。强化和创新评议监督机制,真正评出震动、评出影响,促进问题解决。

3. 生态环境是产业可持续发展的生命线,也是事关廊坊市转型升级、跨越赶超、建设幸福廊坊的重大战略问题,必须高度重视,强力推进

一是加快转变发展方式。深入持久地开展对标行动,加快技术创新和技术改造步伐,推动"两高一低"产业转型升级;强化节能减排倒逼机制,坚定有序地淘汰落后产能;提高产业准入门槛,严格控制新上高耗能、高排放、高污染项目。二是下大力治理环境污染。重点抓好"蓝天碧水"工程,强力推进市区分散燃煤锅炉能源置换改造,加快西北部建材治理工作进度,加强重点水库及城市水源地的保护工作,突出抓好洨河综合治理工程,让廊坊市的天更蓝、地更绿、水更清、气更爽。三是大力实施生态恢复工程。加大绿化工作力度,突出抓好主城区、西部山前及高速公路、铁路、水域沿线等重点区域的植树绿化工作,切实改善省会城市的生态环境,构筑省会绿色生态屏障。四是着力推进省会建设上水平。坚决打好市容市貌综合整治攻坚战。特别是要高档次、高标准搞好4条城市主干道和10个出入市口景观环境综合整治,大力实施城市精细化管理,推动省会城市建设管理全面上水平。五是强力推进县城建设。各县(市)要对照先进、查找不足、奋起直追,高标准搞好县城的规划、建设和管理,推动县城建设迈上新台阶。

4. 大力优化生态环境

以创建生态市为统揽,主城区构建"一廊、两环"水绿生态体系,重点实施龙河水系综合治理、自然公园西扩和12公里绿道绿廊建设;县域高标准推进生态走廊、植树造绿、农业综合开发等系列工程,启动永定河流域综合治理,建设森林防护生态带,全市完成植树造林20万亩。全面加强环境保护,严格环境监管和环保执法,加强市区PM2.5监测治理,三河、霸州启动国家环保模范城创建,促进环境质量持续提升。深入推进节能减排,严格控制能耗,实施100项重点治污减排工程。不断优化产业资源利用,继续实施最严格的耕地保护制度、节约用地制度和水资源管理制度,积极发展循环经济和节能环保产业,推广应用清洁能源,加快形成三次产业绿色发展长效机制。

5. 重点抓好六水环境治理、城市空气质量改善、交通沿线环境整治、农村环境综合整治、重点生态环境建设、草原生态恢复工程

要把全省方方面面、上上下下的力量凝聚起来、调动起来、发挥出来。要把生态建设与扩大就业、增加群众收入结合起来,采取政府出资、群众出力的办法,组织群众植树造林。要推进集体林权制度改革,广泛开展园林绿化进机关、进企业、进学校、进社区、进庭院活动。要结合实施“一产抓特色、二产抓提升、三产抓拓展”的经济发展战略,加快转方式调结构步伐,推行生态高效安全农业,改造提升传统产业,发展现代服务业,形成节约能源资源和保护生态环境的增长方式。要大力倡导循环经济、低碳经济、绿色经济,推行清洁生产,鼓励节能降耗,构建消耗低、污染少的现代生产体系。要加大环保基础设施建设投入,着力推动改革创新,建立健全生态环境保护体制机制。要加大对环境违法行为处罚力度,重点解决违法成本低、守法成本高的问题。

总之,要从现在做起,从一点一滴做起,用力抓、致力抓、下大力抓,确保发展环境和生态环境一年一大步,年年有提高,有力推动河北经济社会又好又快发展。当前“两个环境”建设已进入攻坚阶段,廊坊产业结构优化升级也进入更加高端化和合理化发展的关键阶段,必须切实加大建设和改善廊坊“两个环境”的力度,更好地为产业结构优化升级服务。

基于资本结构优化的廊坊公用事业体制创新研究

侯彦温①

【提要】：公用事业以满足社会公共需要、保证公共利益为根本目标，关系到广大城镇居民基本生活质量和企事业单位正常运行的那类特定的行业及其活动。公用事业属于公共事业范畴，其特征是为社会提供公共产品。城市公用事业的基本范围主要包括城市供水、供电、供热、供气、园林绿化、公共交通、污水处理、垃圾处理、环境卫生、路灯（照明）、排水等行业领域。文章结合廊坊市的公用事业发展现状，对于公用事业发展投资的资本结构优化进行了深入研究，具有重要的理论意义和实用价值。

【关键词】：公共产品　公用事业 投资结构　管理体制　延伸研究

城市公用事业，是一种与城市生活和生产有着密切关系，以满足社会公共需要、保证公共利益为根本目标，通过基础设施为全体或大多数城镇居民和单位、组织提供普遍公共产品和服务，并受到政府监管，关系到广大城镇居民基本生活质量和企事业单位正常运行的那类特定的行业及其活动。城市公用事业的基本范围主要包括城市供水、供电、供热、供气、园林绿化、公共交通、污水处理、垃圾处理、环境卫生、路灯（照明）、排水等行业领域。改革开放以来，廊坊公用事业取得较快发展，公用事业产品与服务的供给能力和水平显著增强，在地区经济发展和社会稳定中的作用和地位不断提高。在城镇现代化和快速城镇化的背景下，廊坊的城市发展进入了量的扩张和质的提升的同步推进阶段，这形成了公用事业建设投资的巨大需求，但是，受传统观念的影响，长期以来公用事业的投资基本上依靠政府财政。因此，如何使地方政府在既定财政资源约束下，为公众提供更多更好更及时的公

① 侯彦温，河北工业大学廊坊分校，副教授，管理学硕士。

用事业产品就成为在实践中迫切需要重视和解决的问题。

一、廊坊公用事业体制改革与资本结构现状

(一)公用事业体制改革现状

公用事业体制,是指公用事业经营管理体制,包括两层含义:一是公用事业产品的生产方式,即由谁生产公用事业产品;二是在生产方式基础上生成的政府对公用事业的经营管理体制,包括政府所规定的市场结构以及政府对公用事业生产经营的干预方式和程度。计划经济时期,廊坊市公用事业体制的基本特征是政府直接经营型的事业管理体制,由政府部门分类统管,财政统包供给,事业运营与发展直接受制于政府,因此就形成了各个事业单位对上级“等、靠、要”,吃国家财政与单位“大锅饭”的格局。改革开放以来,在国家出台了一系列政策和措施积极推行市政公用事业市场化改革的大背景下,廊坊市各级政府在“消除体制性障碍”、“深化行政审批制度改革”、“加快推进和完善投融资体制改革”、“改进政府服务和监管机制”、“放宽市场准入”、“享受同等待遇”等方面也相继出台了一系列地方政策和法规,引入多种资本形式参与公用事业设施的建设、经营和管理。这些政策措施有力地推进了廊坊公用事业市场化改革的进程。为非公经济和社会资本进入城市公用事业领域提供了重要的法规保障和政策支持。总体上看,在廊坊市政公用事业领域正在初步形成以城市建设投融资体制改革为突破口,以市场化运作为主导,多渠道、多元化地筹集城市建设资金的发展格局。

(二)公用事业企业的资本结构现状

广义的资本结构是指在一定时期内,企业的资本总量中所含各要素的构成及其数量比例关系。狭义的资本结构是指企业全部资本来源中负债和所有者权益的构成和数量比例关系。这里所讨论的资本结构是指广义的资本结构。从资金来源看,我国公用事业建设资金来源主要要包括:国家预算内资金、国内贷款、债券、利用外资、自筹资金、其他(包括社会集资、个人资金、无偿捐赠)等。目前,廊坊城市公用事业建设资金来源主要包括:国家预算内资金、国内贷款、自筹资金和其他等。其中国家预算内资金和国内贷款占到50%以上。从资本投入方式来看,城市公用事业资本投入可分为货币

投资、实物投资、证券投资、无形资产投资,廊坊市政公用事业的投资主要包括货币资金和实物资产的投资,股票、债券、无形资产等其他形式的投资方式严重不足;从资本的投资主体来看,城市公用事业资本投入又可分为国家资本、法人资本、个人资本和外商资本,而廊坊市政公用事业的投资主体主要为中央和地方政府投资以及国有或国有控股的法人企业投资,个人资本和外商资本则利用较少。总体来看,廊坊市公用事业企业的资本结构不够合理,政府债务负担过重问题以及投资主体单一、融资渠道单一的问题并没有从根本上得到有效解决。

二、廊坊公用事业在资本结构方面存在的问题分析

(一)总体投资规模不足,资金缺口仍旧较大

尽管廊坊公用事业投资快速增长,供应总量逐年增加,但总体来看,城市公用事业设施仍处于短缺状态。表现为以下几个方面:①与生态环境相关的城市垃圾处理和污水处理设施不足,城市公共交通发展相对滞后,城市道路尚没有完全形成完善的路网结构,与国外发达国家人均道路面积 20 ~ 40 平方米相比,2011 年廊坊市人均道路面积仅为 16.8 平方米。②市政建设资金不配套,存在重建设、轻维护的现象。部分老城区现有设施陈旧,失修失养,自来水、排水管道等运营时间过长。③城市环卫设施投资不足。污水排放及处理、垃圾清运及处理设施等资金缺口较大,尤其是垃圾处理能力和水平普遍不高。④2010 年 10 月 29 日,河北省省长陈全国在全省加快推进城市化进程的工作会议中指出:力争到 2015 年,城市化率由 45% 提高到 54%;到 2020 年,城市化率达到 64% 左右。按照专家估算的每万人占用 1 平方公里城市用地,每平方公里用地城市基础设施需投入 2 亿元计算,“十二五”期间按城镇化率每年增长 1.8 个百分点测算,廊坊城镇人口每年至少应增加 7.6 万人,“十二五”期间每年需投资至少 15.2 亿元。可见,在今后一段时间内,廊坊公用事业领域具有巨额的投资需求。

(二)融资渠道较为单一,社会资金投资过少

廊坊市公用事业建设规模的增长,主要依靠政府动员财政性资源来应对市场需求的模式来实现的。政府财政资金和国内贷款,两者占投资总额的 50% 以上。利用外资和民间资金的渠道较少,发行债券和股票等资本市

场的融资总量不足。反映了资本市场对公用事业建设的支持作用很小,在资金来源上过多的依赖于政府财政支持和银行贷款,城市公用事业的资金来源渠道仍然单一,但是靠政府财政资金和国内贷款的做法并不能维持长久,一是从财政支出来看,随着“公共财政”框架的确立,廊坊各级政府财政资金将会更多的应用于过去长期投入不足的科、教、文、卫等领域,而对于大多属于“准公共产品”的城市公用事业设施的财政支出则要逐渐减少;二是从银行贷款来看,如果考虑隐性债务、或有债务,目前廊坊各级政府已经存在着较高的债务风险,这说明未来依靠增加举债来增加公用事业投资的潜力不大;三是随着宏观调控土地闸门的收紧,市政公用事业建设资金来源会受到严重影响。

(三)国有及国有控股企业一股独大,民营资本比重过小

近年来,民间资本已成为廊坊市经济发展的主要资本来源,1998 年廊坊市国内民间投资占全社会总投资的比重为 14. 1%;2009 年国内民间投资占全社会总投资的比重升至 85. 8%。以上数据分析说明,廊坊市民间投资增长强劲,民间投资无论是总量规模、还是对全社会投资增长的贡献率,都超过国有投资。但是,民间投资的迅速发展,并没有体现在公用事业领域。在公用事业领域,政府仍然是公用事业项目建设和经营的主角,民间投资还处在补充地位。其主要原因在于公用事业行业主要由国有公司控制,具有一定的行业垄断和行政干预性,阻碍了国内市场化的建立,使民间投资一直启动不起来。因此,吸引民间投资参与公用事业发展是健全市政公用事业投融资体制的重要途径。

三、基于资本结构优化的廊坊公用事业体制创新途径

资本结构优化是指公用事业企业在筹资中对财务杠杆利益、资本成本、筹资风险等诸要素之间寻求一种合理的均衡,以使企业的最终的社会效益和经济效益最优。当前廊坊公用事业资本结构优化的突破口就是公用事业体制创新。因此,如何以资本结构优化为着力点,通过公用事业体制创新,推进投融资主体、投融资渠道和投融资方式的多元化,实现经济效益与社会效益的动态均衡、资金供给与资本结构优化的协调互动、资金配置与运作效率的高效互动,使地方政府在既定财政资源约束下,扩大公用事业的供给规模、提高供给质量和效率,就成为当前亟须解决的问题。廊坊公用事业的体

制创新途径包括：

(一)建立健全多元化投融资体制

1. 建立多元化的投资主体

城市公用事业市场化改革主张投资主体多元化，这个多元化不仅仅指国内、国外、国有、民营、个体、合资、股份等各种投资者均可投资，而且指公用事业的服务市场不能只有唯一的生产者和提供者，因为只要它是唯一的，必然就是垄断的，政府或消费者就无从对其服务进行比较和判别，也就无法进行选择。公用事业服务市场应是一个由企业、民间投资者和外商投资者等多元投资主体共同参与的有序竞争格局，在投资机会和条件、要素供给等方面消除人为壁垒，鼓励各类资本利用参股、收购、兼并等方式参与国有公用事业企业改制。各种投资者凡是具备条件的，均可通过竞争成为提供者和生产者。总之，在市场化供给的条件下，投资主体应是多个竞争的，不再受所有制形式和地域性的限制，进入公用事业领域的首要条件是其投资经营的管理水平、信誉等级等。

2. 实现多渠道的融资方式

公用事业领域的融资除依赖于政策性金融机构融资、财政拨款外，应逐步建立起以市场化融资为主，政策性金融机构融资、财政拨款和国际融资共存的多元化融资渠道。一是尽快研究制定吸引民间投资的地方法规，建立起合理、有效的政策框架，通过联合、联营、集资、入股、特许经营以及转让项目经营权等方式，进一步鼓励激活民间资本；二是通过金融工具的综合运用，构建项目融资、投资银行和资本市场等多种融资方式相结合的融资体系，吸引社会资金全面接入公用事业的投资、建设和运营；三是加快利用外资。除少数特殊行业的大型项目必须由中方控股外，对于一般性公用事业项目应采取更为灵活的优惠政策，吸引国外资金参加公用事业的建设与经营；四是拓展城市公用事业资产资本化融资渠道，是指把公用事业拥有的各种有形和无形资产及闲置的存量资产，通过流动、组合、租赁、转让等多种资本经营方式进行优化配置和有效运作，转化为可以增值的活化资本，形成城市化建设再投资的循环资本。

3. 搭建多元化的民间资本投资服务平台

一是为民间资本投资搭建信息服务平台，及时向民营企业发布公用事业投资信息。这个信息发布功能可以通过建立动态的公用事业项目库来实现,通过及时、准确、灵敏的信息,帮助民间投资者发现合适的投资方向和项目。二是要建立完善的社会化服务平台。政府府应采取措施,鼓励发展工商联、商会、行业协会、律师事务所、投资咨询中心等中介机构,为民间投资者提供有关立项审批、法律保护、科技专利申请等方面的政策信息,并给予政策法律、技术和市场信息等方面咨询服务,帮助民营企业做出更理性的投资选择。三是为民间资本搭建融资服务平台:发展多层次银行体系,为民营企业提供金融服务;建立多层次的资本市场体系;建立产业投资基金和风险基金支持具备条件的民营企业,通过发行企业债券、股票上市融资;建立民营企业贷款担保机构,地方政府应成立一个非盈利性质的民营企业贷款担保基金,专门为民营企业提供贷款担保,解决民营企业贷款担保难的问题。

(二)建立健全投资管理机制

1. 规范政府投资机制

政府投资主要用于市场不能有效配置资源的非经营性公用事业项目,并按照政府投资运作模式进行,资金来源也以政府财政投入为主;规范政府投资资金管理,要加强政府投资的制度管理,统筹预算内、外政府专项资金,使政府资金在引导社会各类资金中起基础性、决定性作用;制定市场运作所需要的各项配套政策,在资产保全、服务规范、价格收费、信息公开等方面维护投资者的权益,强化对社会投资者的责任约束;协调解决下一级行政区域之间公用事业设施建设的共享性问题,避免重复建设,合理配置资源,提高投资效率。

2. 健全投资补偿机制

尽快改变政府直接投资或政府直接融资的投资体制,建立起由政府组织项目筹划、通过有政府背景的资本产业机构在境外资本市场直接融资筹措建设资金或向境内外投资者招投标建设与经营、政府给予优惠政策或综合补偿的新型投资机制。要通过政府扶持,合理定价,建立科学的公用事业价费机制和投资补偿机制,灵活运用投资补助、贴息、价格、利率、税收等多种手段,引导社会投资,优化投资结构。对价格没有到位、经营收入不足以回收成本的公用事业设施项目,可通过适当补贴和相关政策对投资者给予投资补偿,保障投资的合理收益。

3. 建立风险约束机制

要增强投资主体的风险意识,严格投资决策责任机制。积极推行法人责任制,明确投融资责任主体,实行“谁决策,谁负责”。加强政府性债务管理,严格控制政府性负债建设行为,有效防范地方政府性贷款风险。明确处理发展速度与财力可能、债务规模与偿债能力之间的关系,建立财政偿债基金,完善债务偿还机制,同时加快建立地方政府债务融资预警系统,努力防范和化解地方政府过度负债的风险。政府应该公开公用事业设施项目的建设与借贷计划,由有资质的评估机构对政府的偿债能力进行评估后再决策建设与否和建设的最佳时机。

(三)建立完善的地方政府财政资金分配体制

1. 重新调整公用事业建设资金在各行业间的分配比例

统计局数据显示,2011 年,廊坊市政公用设施建设投资主要投向是道路桥梁(33.9%)和垃圾处理(16.0%),其次是集中供热(9.8%)、排水(7.8%)、燃气(1.3%)、园林绿化(0.7%)、污水处理(0.6%)、供水(0.5%)等项目,从设施水平来看,2011 年,廊坊城区用水普及率和燃气普及率已经达到100%,污水处理厂集中处理率为 87.1%,生活垃圾无害化处理率为 96.87%,人均道路面积 16.75 平方米,可见廊坊在污水、垃圾处理等公用事业行业投资不足,城市道路桥梁投资比重过大,公用事业各行业间的支出不平衡。虽然污水和垃圾处理行业发展空间非常广阔,市场潜力巨大,但由于廊坊人均国民收入还处于较低水平,污水处理、垃圾收集与处理等行业的收费不可能太高,所以企业一般不愿意进入这些市场领域。在这种情况下,政府就必须承担起主要责任,成为这些公用事业领域的主要投资者。

2. 调整公用事业发展资金在地区间的比例

廊坊公用事业投资支出在地域方面呈现出明显的阶梯式分布,从北部往南部、中部出现三级阶梯,地方投资支出逐步缩小,经济发达的北三县(市)对公用事业财政投入大,南三县(市)稍次,中部区县投入最少,廊坊市三地域地方公用事业财政支出产生差异的原因,在于三地域地方财政收入的巨大差异,财政收入越多的地域在公用事业方面的财政支出就越多。所以必须打破各区县各自为政的局面,重新调整公用事业建设资金在北、中、南部的分配比例。由于北部地区已经具有较多的公用事业市场运作经验,且北部地区公用事业盈利能力更强,因此北部地区公用事业的资金应该更多的依靠市场融资,而中南部尤其是中部区县则更多的依靠政府投资。

3. 将政府投资逐步从盈利性公用事业领域撤出

由于公用事业产品属性的不同,公用事业所具有的盈利能力也就不同,对于一些盈利能力较强的公用事业领域,往往容易出现各个政府部门争相管理和投资的局面,并且严格限制其他投资主体的进入,推行政府垄断。健全多元主体投资分配体制就要求将政府投资逐步从盈利性的公用事业领域撤出,政府应该将公用事业运作领域进行细致划分,对于缺乏盈利性的公益性、基础性的公用事业项目,政府应该加大投资力度,而对于竞争性公用事业,政府则应该逐渐撤出,吸引其他投资主体进入,实现政府资本、民营资本在不同公用事业领域分配比例的合理调整。

(四)改革地方政府的财政资金供给方式

1. 建立竞争性拨款机制

目前各级政府对公用事业事业单位资金的供给方式,主要采取由财政全额拨款和差额拨款管理方式。这种资金供给方式的弊端日益显露。如资金供应缺乏竞争机制,容易形成等、靠、要的思想;资金使用效益不高,财政监督乏力等。因此某些公用事业发展资金不一定直接拨付给具体单位,可采用项目招标、投标的方式选择使用机构。通过竞争性拨款机制,引导公用事业机构努力实现政府的经济社会发展宏观政策目标,严格遵守公共财政制度,千方百计提高资金使用效益,为社会提供优质公用事业产品和服务,满足公共需要。

2. 建立公用事业财政补贴制度

对提供准公用事业物品的机构,不一定全由政府举办,对企业、个人和其他社会组织投资兴办的这类机构,经审核凡符合政府所制定的公用事业组织标准者,政府可给予一定补助,既支持有关公用事业发展,引导社会资源配置,又不形成财政拖累。公用事业财政补贴制度的建立,有利于逐步改变目前公用事业组织主要依靠政府举办、国家财政负担沉重、效率不高的状况,在各类公用事业组织中引入竞争机制,为社会提供所需要的公用事业产品和服务。

3. 提高财政资金供给方式的灵活性

随着经济社会的发展和人民生活水平的提高,公众对公用事业服务需求的规模、结构也会相应发生变化,有些公用事业服务需求增加了,就需要增加政府财政资金支持,而有的公用事业服务需求缩小了,就不需要维持原有的支出规模。因此,要通过公用事业组织零基预算管理,每年审查有关公用事业组织支出的必要性、可行性,在此基础上编制预算、供给资金,及时调整公用事业组织支出的规模与结构,既保证社会公共需要,又减少公用事业组织对财政资金的过度依赖。

参考文献

[1]任俊生. 论公用事业体制改革目标模式的四大特征[J]. 长白学刊,2003(2):56－58

[2]于长革. 中国式财政分权与公共服务供给的机理分析[J]. 财经问题研究,2008(11):84

[3]张伟. 城市基础设施投融资研究[M]. 北京:高等教育出版社,2005。

[4]吴翔. 民间资本不能充分启动的原因及其对策思考[J]. 生产力研究,2004(1):31－34

[5]王丽娅. 民间资本投资基础设施领域研究[M]. 北京:中国经济出版社,2006

[6]刘戒骄. 公用事业:竞争、民营与监管[M]. 北京:经济管理出版社,2007

[7]涂军. 公用事业民营化改革的途径探析[D]. 厦门大学硕士论文,2006

[8]王利刚. 基于投资主体多元化的廊坊市公用事业运行机制研究[D]. 河北工业大学硕士论文,2008

浅析河北省沿海地区经济发展因素与模式

张 耀[①] 王原凯[②]

【摘要】:文章通过对区域经济发展理论进行总结和整理,运用其相关理论提出沿海经济发展影响因素;在对其影响因素具体介绍和实证分析中发现,河北沿海地区经济发展过程处于起步阶段,区位因素对经济增长的促进作用很大,呈正相关关系;其他因素在现阶段作用还不明显。这和河北沿海发展战略刚刚上升为国家战略、相关政策和配套措施不完善以及外部活动的时间滞后性有很大的关系。最后针对河北沿海地区经济发展现存的问题提出了从完善政策建设政策、优化产业结构、完善空间布局和更新人才引进管理四个方面的对策建议。

【关键词】:河北省 沿海地区 影响因素 经济发展 模式

从河北省"十二五"规划上看:河北省位于环渤海经济圈和环京津都市圈的结合部,包容于中国经济的第三增长极,区位优势明显。然而,河北省的经济增长一直以来主要依靠传统的高投入、高消耗、高污染的粗放型生产方式,并且人口众多、资源匮乏特别是水资源,这加剧了环境承载能力的下降。经济全球化的发展,使河北省对国际市场和国际贸易的依存度日益提高,而且良好的生态环境也日益成为经济的第一立足点、竞争点、增长点。因此我省更应该重视环境保护问题,依照党中央政策,走科技含量高、经济效益好、资源消耗低、环境污染少、人力资源得到充分发挥的新型工业化道路,大力发展循环经济。因此河北省必须依靠渤海将三大城市整合起来构

---

① 张 耀,河北大学工商学院经济学部10统计班。

② 王原凯,河北大学工商学院经济学部10经济学班。

建秦—唐—沧沿海经济发展区无论是促进京津冀区域协调发展、增强渤海地区综合实力,还是完善我国沿海地区生产力布局、承接国家战略转型与升级方面都具有重要的现实意义和战略意义。

一、河北省沿海经济发展模式的相关理论

通过数据、资料和现状显示来看河北沿海地区经济发展是空间集聚发展的过程。河北沿海经济带发展理论同样遵循着微观增长极理论—中观点轴理论—宏观梯度理论的演进规律。

(一)增长极理论

增长极理论主要用于河北沿海经济发展的初期模式,用以选择和培育经济发展点的理论。

增长极理论由法国学者佩鲁在非均衡理论的基础上首次提出。该理论强调尽可能把有限的稀缺资源集中投入到发展潜力大、规模经济和投资效益明显的少数地区,使增长极经济实力得以强化,产生与周围地区明显的势差并引导整个经济发展;其核心是“极化效应”和“扩散效应”与“溢出效益”。一般极化效应表现为经济要素完成聚集后形成增长极,扩散效应则表现为增长极的繁衍来扩大增长极规模和促进新(下一级)的增长极形成。对于河北沿海地区经济的发展而言,大型港口所处的沿海地区首先通过社会经济资源和要素的聚集来形成增长极,然后利用港口增长极本身所具有的前后带动效应通过交通网络向轴线辐射以此促进区域内相关产业的发展;最后通过产业核心向周围两边扩散,从而带动整个区域的共同发展。

(二)点轴理论

点轴理论主要用河北沿海地区经济发展模式的长轴的产生和发展阶段;注重地区发展的区位条件,以交通网络线为主要轴线产生聚集和扩散效应。

1984 年中科院地理所陆大道提出了以增长极理论和生长轴理论为基础的点轴理论,该理论可以实现生产布局与线状基础设施之间最佳的空间结合。其中,“点”是科技水平相对较高、主导产业比较明确和基础设施比较优越的中心城市或地区形成的增长极;“轴”是交通、通讯干线、能源、水道连接

起来的“基础设施束”。增长极的出现和扩张受益于自然和非自然的交通通讯系统轴的作用,交通轴线具备了发展轴的功能。

点轴理论重点强调点的聚集和轴的扩散:选择具有良好发展条件前景的交通干线为主发展轴线,重点优先开发该轴线及沿线地带内若干高等级优区位点或点域(城市或城市区域等)及周围地区。沿海城市因沿海而著名,针对沿海城市把点轴理论应用到沿海沿江就可以得出根据水运和临水型工业发展优势,利用海岸发展轴发展起来的水轴理论。

(三)梯度推理理论

梯度推理理论主要用在河北沿海地区经济发展模式的形成和海陆联动的发展阶段,此阶段通过区域间的经济差异来产生梯度效应。

梯度推移论是美国学者弗农 20 世纪 60 年代提出的解释区域间差异与区域关系问题的理论。该理论在“工业生产生命周期阶段论”的基础上引入区域经济学理论演化而来,其产生过程是极化效应和扩散效应的集合。该理论的主要内容为:区域经济的盛衰主要取决于区域主导产业结构的优势及其转移;在极化效应和扩散效应共同作用下将生产向高梯度区域集中,再向低梯度转移,逐步缩小区域间的差距,实现经济分布的相对均衡。

二、河北沿海地区经济发展模式影响因素的实证分析

(一)区位因素

就河北沿海地区经济发展的区位而言,优势比较明显。

第一,自然区位优势。河北是全国唯一连接三北地区的省份。外环渤海是“三北”地区进入太平洋、通向世界最便捷的出海口,也是北方地区参与东北亚经济圈活动的最佳平台;内环京津为其自身发展高新技术产业提供了保障。秦皇岛市南临渤海,北依燕山,东接葫芦岛市,西近京津,是华北、东北和西北地区重要的出海口,也是环渤海经济圈中心地带最具潜力的城市。唐山市是华北地区通往东北地区的咽喉地带,唐山港、京唐港区与秦皇岛港,曹妃甸港区、天津港相邻的国际通航港口;沧州自元朝起就是全国最大的盐业基地,陆路建有十余处京都要道官驿;辖区内有横贯南北 220 公里的京杭大运河,由煤炭港区、综合港区和河口港区 3 个港区组成,“一轴两带三区”的多层级、多业态、多区域中心的产业格局已经形成。

第二，海运优势。487公里的平直海岸线、110万公顷的海岸带拥有丰富的港址资源、海洋生物资源和海洋矿产资源。四大港口在货物运输和服务功能上存在很大的差异：开发利用最早的秦皇岛港以北煤南运能源输出而闻名、京唐港是国际贸易港口、曹妃甸深水港通航和停泊条件最为优良，集能源、矿石等大宗货物运输的集疏港、黄骅港是单一煤炭运输港、港域附近盐碱地广阔。从各港口的贸易数据看，河北省海运的发展促进了省内城市之间的埠际贸易和中外贸易发展。

第三，腹地优势。河北沿海地区经济发展直接腹地为河北和北京；间接腹地包括山西、陕西、内蒙古、鲁西、辽西等地；潜在腹地涉及宁夏、青海、甘肃、新疆等省区。三类腹地之间形成的煤炭、钢铁、现代制造、金融等产业体系促进了港口物流的发展。

第四，文化底蕴深厚。自古三市就是港口城市和重化工业基地，其中秦皇岛拥有丰富的文化资源和旅游资源，北戴河、山海关是著名的国际旅游胜地。秦皇岛港1898年就被清政府辟为商埠，成为清光绪皇帝御批的唯一自开口岸；随后该港口以运输开滦煤为主，成为华北最重要的海港之一。唐山是中国近代工业的发祥地，中国近代工业文明的摇篮。曹妃甸深水港是渤海沿岸唯一不需开挖航道和港池即可建设30万吨级大型泊位的天然深水港址；沧州自元朝起就是重要的贸易通道，水、陆交通极其发达，运河文化和杂技、武术等非物质文化遗产丰富多彩。

表1　秦唐沧三市的基本情况

城市	地理位置	沿海区域	海域面积	海岸线	优势资源	主导产业
秦皇岛	河北东北部	海港区、北戴河区、山海关区三个区和抚宁、昌黎两县	2114平方公里	162.7公里	矿产资源、旅游资源、海洋资源	旅游、粮油食品、机械制造、玻璃建材和金属压延
唐山	河北东部	丰南、乐亭、滦南、唐海和海港、南堡两个开发区及曹妃甸新区	3568平方公里	365.2公里	矿产资源、海洋资源	精品钢铁、装备制造、综合化工、现代物流、高新技术、旅游休闲、服务产业、电力行业、新型建材、高效农业。
沧州	河北东南部	沧州渤海新区（黄骅市、海兴县、中捷产业园区、化工产业园区和南大港产业园区）	2375平方公里	130公里	文化旅资源、农业资源、海洋石油资源	化工、轻纺、机械、铸造、电缆、建材、管件、医药、食品、工艺美术

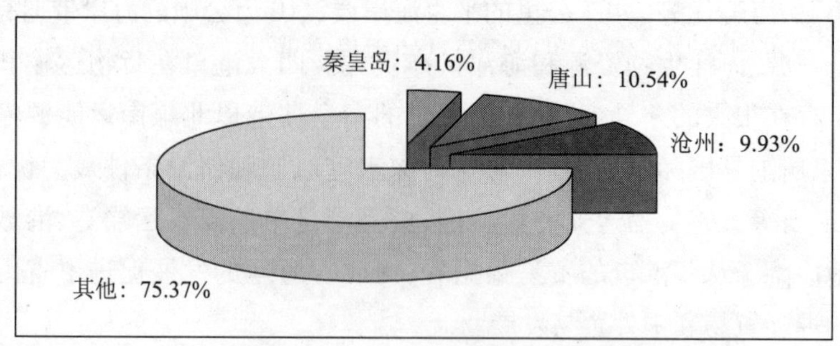

图1 河北沿海城市秦—唐—沧三市人口占全省的比例

数据来源：经2010年河北省统计年鉴计算所得。

从2010年河北省统计年鉴获悉:2009年唐山市的人口比秦皇岛和沧州的人口占全省人口的比重较大,这充分说明唐山市的劳动资源比较丰富,城市化发展水平比较高,适合发展劳动密集型产业。

总之,在河北省经济发展中三市总人口数、资源拥有量、交通网络、技术创新等都优于其他城市;同时,重工业、钢铁、汽车、化工、物流等产业在环渤海经济圈内占有重要的位置。从这个角度看,秦皇岛、唐山、沧州应重点打造成经济增长极,并且应通过交通运输干线连为一体,在接受辐射的同时向外辐射,建立秦—唐—沧沿海经济发展模式。

(二)制度因素

2011年国家发改委将河北沿海地区的发展上升为国家战略并把其发展纳入国家的规划之中。从国家战略层面出台的《河北沿海地区发展规划》提出了支持河北沿海发展的一系列导向性政策和明确的支持政策,制定了包括土地、环保、产业、人才和对外开放等在内的支持和促进政策。借政策东风,河北省政府出台了一系列促进工业向沿海转移的土地政策、税收政策和审批政策;沿海各市根据自身的发状况也制定了港口发展条例等。另外,京津冀一体化、承接北京重化工外迁产业转移为河北省发展临港重化工业提供了重大的发展机遇;“环首都一小时经济圈”为沿海地区产品销售提供了快捷通道。

(三)产业组织因素

1. 结合特色优势产业和互补型产业来打造沿海产业集聚带

从河北沿海地区的经济发展来看,沿海城市唐山、沧州、秦皇岛三市建立了“大进大出、两头在外”的临海型产业布局，通过临港优势与腹地经济的互动协调机制来打造钢铁、能源、港口的主导产业。

从表2可以看出：秦唐沧地区已经形成了以重工业、钢铁、化工、物流等为支柱的制造业体系，以电、煤炭为主体的能源产业体系，以物流、旅游为主导的服务业体系。秦皇岛市大力发展机械制造、金属压延、粮油食品加工、玻璃工业四大临港产业，建设钢材基地、原油储备基地和大型炼化一体化工程；唐山大力发展海洋经济和临港产业，曹妃甸工业新区重点建设矿石、煤炭、原油、液化石油气码头；沧州市加快建设化工产销、电力能源、装备制造业、大型物流四大产业基地，沧州渤海新区重点发展新材料、钢铁、电力和化工产业。

2011年1—11月沿海产业带区域投资增长均高于全省平均增速，11个县(市、区)合计完成投资1052.5亿元、高于全省平均增速9.4个百分点；同时2011年全年河北省四大港口建设累计完成投资193亿元，新增生产性泊位14个，高达7470万吨的新增、6.78亿吨港口吞吐量和工程质量均创历史最高。沧州“十一五”期间累计实际利用外资8.8亿美元，引进市外资金504亿元，外贸进出口总额达到73.8亿美元，经济外向度明显提高；同时实现了与中石油、中海油、中石化等一批大型企业集团的战略合作和日本矢崎、香港联塑、法液空等外资企业的联合。

表2　产业布局分布情况

名称	所在地	产业布局
北戴河新区	秦皇岛	突出发展高端旅游、休闲度假、观光旅游、会展商务、总部经济、文化创意、高新技术等产业。
曹妃甸新区	唐山	大力发展重化工业、装备制造、电子信息、新能源、新材料、现代物流等产业。
冀东北工业区	唐山	重点发展钢铁、装备制造、精细化工、现代物流四大主导产业
乐亭新区	唐山	重点发展港口物流、精品钢铁、煤化工、装备制造、生态旅游等产业
丰南沿海工业区	唐山	重点发展装备制造和新型建材产业。
芦汉新区	唐山	重点发展高新技术与信息服务外包产业、自行车配件与五金制品产业。
渤海新区	沧州	冶金装备、石油化工、电力能源、现代物流四大主导产业。
冀中南工业区	沧州	重点发展高新技术产业和新兴产业精品钢铁、煤炭精深加工、新材料为主导产业。

在生产总值方面,2005—2010 年期间秦唐沧三市地区生产总值均呈上升趋势,其中唐山地区生产总值上升幅度较大、趋势较明显。这充分说明唐山的经济发展快于秦沧两市,且工业发展规模较大。

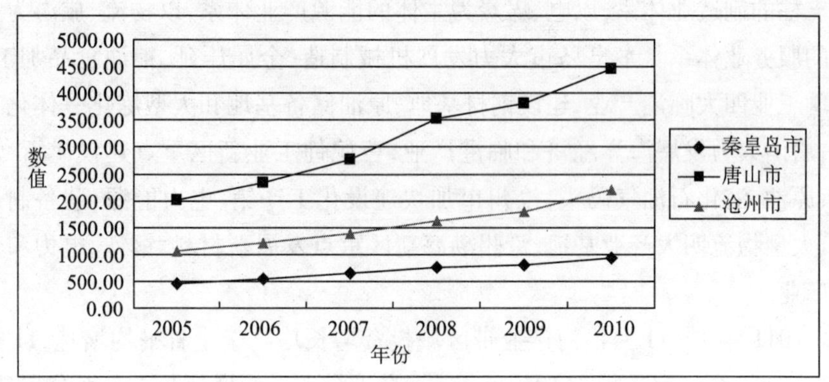

图 2　秦—唐—沧河北沿海三市地区生产总值

数据来源:经 2010 年河北省统计年鉴计算所得。

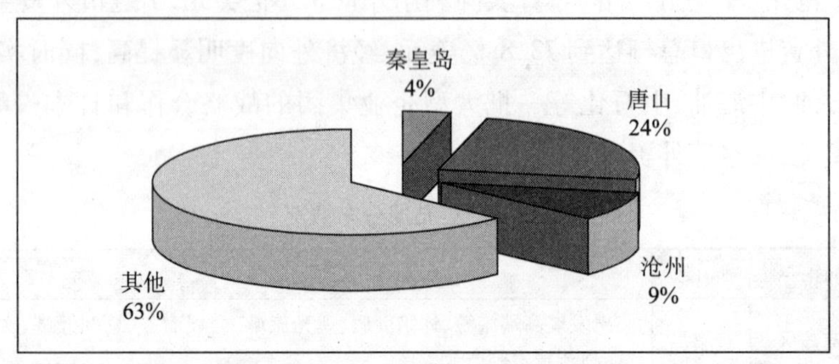

图 3　秦—唐—沧河北沿海经济三市规模以上工业总产值占全省的比例

数据来源:经 2010 年河北省统计年鉴计算所得。

由图 3 可知,唐山的规模以上工业生产总值占全省的比例较高,优于秦沧两市。这和唐山自古就是工业化城市,精品钢铁基地、煤炭基地、石化基地、盐化工基地等工业基地有密切的关系。目前唐山基本形成了以曹妃甸工业区—海港开发区—南堡开发区“新三角”沿海区域的经济发展格局。南湖生态城、唐山湾生态城、凤凰新城、空港城和环城水系“四城一河”开发建设完善了城市功能、提升了城市形象和品位,“两极”(曹妃甸新区增长极、市主城区增长极)带动“三带”(沿海经济带、平原经济带、山前经济带)的跨越发展实现了由经济大市向经济强市的转变。

另外,较高的零售总额也吸引了大量企业的聚集,显示了较高的产业关联度。由图4可知,唐山市的零售总额优于秦沧两市,这充分说明该地区居民的购买力容易带动企业生产的积极性,引起企业的聚集和购买力的进步一步加强。这说明唐山的产业聚集比秦沧两市明显。

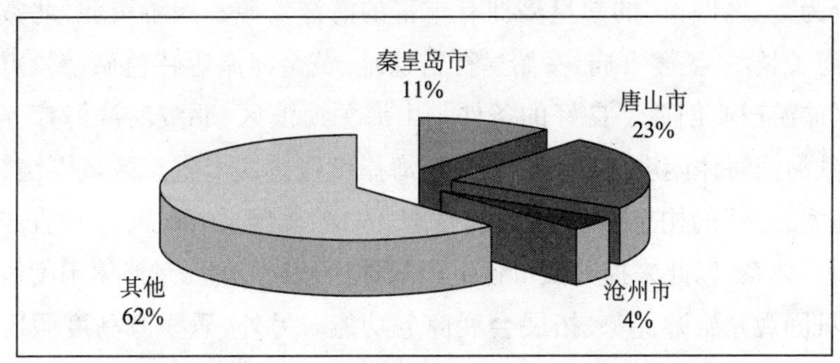

图4　秦—唐—沧河北沿海经济三市零售总额占全省的比例

数据来源:经2010年河北省统计年鉴计算所得。

在粮食产量方面,沧州市继续发挥农业大市的优势,粮食综合生产能力优于秦唐两市。其较高的农业发展水平和比较丰富的农业资源为沿海经济带的发展提供了粮食支持。这和沧州自古就是农业大市,是小麦、玉米、杂粮等优质粮生产基地有密切的关系。

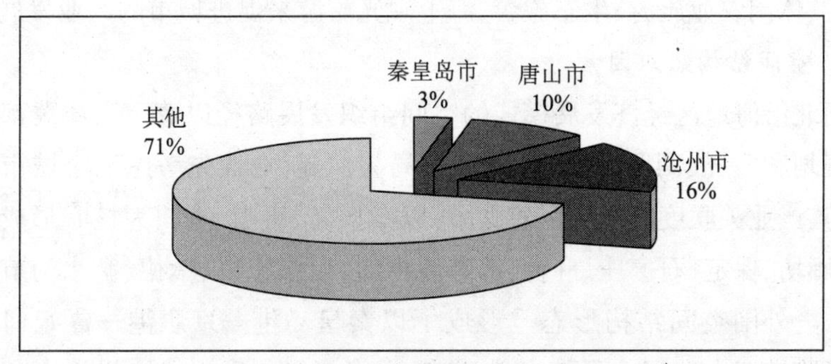

图5　秦—唐—沧河北沿海经济三市粮食总产量占全省的比例

数据来源:经2010年河北省统计年鉴计算所得。

2. 建立"港口+港区+产业带+经济带"的经济格局

河北沿海地区经济发展模式总体以港口群功能为切入点、以临港大工业为主体发挥“龙头”作用,形成了贸易、能源运输、集散等功能互补性港口,建立了以临港工业、港口物流业、海洋渔业、滨海旅游业、船舶修造业和海洋矿产能源业等为主体的“蓝海战略”。以滨海旅游业为例,秦—唐—沧沿海经济旅游带融合了港口、港区和城市三者之间的山水风光、人文景观、历史古迹、海蚀、海积、海退、海岛等滨海地貌景观。

分为“三区四市”的秦皇岛拥有丰富的海洋资源和旅游资源,北戴河海滨、山海关长城、孟姜女庙、秦始皇行宫遗址、黄金海岸等特色旅游景点为临港地区旅游产业创造了良好的条件。山海关海滨区、北戴河滨海疗养度假区、南戴河滨海休闲度假区和昌黎黄金海岸度假区四个重点区域围绕“中国长城海滨公园”的构想形成了历史、生态、人文、休闲、国际、海洋和宜居的城市吸引力体系,以此来提升城市各组团的休闲旅游功能、完善休闲度假旅游要素、巩固观光旅游优势、拓展会展商务功能。另外,乐亭海岛度假区在充分利用好海洋、沙滩、温泉、森林、鸟类、寺庙等资源的基础上,对菩提岛、月坨岛和打网岗岛实施错位互补开发建设。

唐山市的遵化市、迁安市和迁西县组成的长城沿线综合旅游带重点打造以皇家文化、佛教文化、民俗风情、自然生态观光的皇家旅游品牌。唐山南湖休闲公园、开滦国家矿山公园、玉田农副产品购物基地、曹妃甸工业旅游和湿地休闲等休闲场所成为唐山的新坐标。

沧州市黄骅滨海休闲区是环京津地区重要的滨海休闲旅游区,通过工业旅游、休闲农业旅游、生态旅游、海上观光旅游来促进城市的产业发展。

3. 空间结构组织因素

河北沿海地区经济发展模式的空间组织发展路径以尊重京津冀都市圈区域规划和“一线两厢”的区域发展布局为前提,在优先考虑三个城市的区位优势、产业关联度的基础上建立了:以秦皇岛、唐山、沧州为核心形成增长极,以廊坊、保定、石家庄、邢台、邯郸为枢纽,以张家口、承德、衡水为节点形成核心—外围空间结构形态。形成了以秦皇岛港—京唐港—曹妃甸深水港—黄骅港四大港区为经济龙头,带动以秦皇岛—唐山—沧州沿海产业带为翼的产业经济,实现以港区腹地为主的经济“龙身”的腾跃。

(1)秦皇岛港—京唐港—曹妃甸深水港—黄骅港四大港区。在河北沿海经济带形成过程中尤其重视港口增长极的点辐射作用,把聚集在港口的人流、物流、资金流、技术流等各种生产要素辐射到附近的港区。以海岸线为基础将秦皇岛港—京唐港—曹妃甸深水港—黄骅港四大港区衔接起来，依附于港口形成的区位优势和港口的天然条件形成功能互补的港口群。秦皇岛港是世界第一大能源输出港也是我国“北煤南运”大通道的主枢纽港，曹妃甸是大型的国际贸易港口，黄骅港为河北省所用是河北的直属港口。

(2)秦皇岛—唐山—沧州沿海产业带的经济翔翼。沿海城市通过海岸线、铁路线、公路线、机场等空间线状基础设施把产业连成一线，运用“点—轴”模型将港口作为聚集点，利用重要干线向两翼和城市的上下游辐射，以此作为重点发展轴，采用“T”型开发战略来加强唐山、秦皇岛和沧州产业功能。在此形成过程中交通干线的枢纽作用很明显，应重点增加区域内交通网络的建设。

在交通网络方面，河北沿海地区以铁路建设、高速铁路、城际铁路、疏港铁路为重点来完善铁路网络布局，围绕三女河机场和山海关机场来加强航空运输，以沧州高铁、环北京的“一小时交通圈”、以石家庄为中心的“两小时交通圈”来加快公路建设，通过海运港口的建设来提升秦皇岛港、唐山港、黄骅港三大港口功能。以此建设“多元、立体、快捷、高效的现代综合交通体系”。

目前，河北沿海区域内的铁路、公路和水道、航空等交通线路在数量和质量上均有所提高，大量连接沿海与腹地的高速公路、高速铁路、城际轨道等交通干线拉动着地区的经济增长。

唐山市 2011 年公路通车里程达到 1.38 万公里，高速公路通车里程新增 219 公里，铁路营运里程达到 943.6 公里。沧州在以港口、铁路、高速公路建设为建设重点的基础上仅 2011 年一年高速公路就实现新增通车里程 327 公里，完成了沧港、沧保、津汕、大广、沧京沧州段等 5 条(段)高速公路的通车。同时黄骅港建立综合港区多用途码头、两条集装箱航线通航标志着黄骅港结束了没有集装箱的历史，实现了从单一煤码头发展成为承运铁矿石、钢材、煤炭、化肥、粮食、盐、水泥等货物的综合大港的转换，为河北省中南部提供了最近的集装箱口岸。

目前，已经通车的石太客运专线、穿越河北省沿海 3 市 4 区 7 县(市)的滨海公路将秦皇岛港、京唐港、曹妃甸港、天津港和黄骅港以及多个旅游景点紧密串联成为连接环渤海经济区的重要运输通道。承德至唐山、承德至朝阳两条高速公路打通了环渤海地区北部通道，为曹妃甸带动山西、内蒙古中东部、辽宁西部等腹地提供了交通轴线。正在施工中的石—沧—港等三条铁路、石(衡)港城际铁路、京沪、京石、石武、津秦等铁路客运专线的完工将进一步扩大沿海产业的发展轴，实现城市间的交通联动。

表3　交通线路分布情况

城市	铁路	公路	海运	航空
秦皇岛	秦沈高速铁路、京哈、京秦、大秦	京秦高速公路、沿海高速公路、102、205国道贯穿全境	开通了至大连、烟台和韩国仁川等城市的航线	至上海、广州、杭州、大连、黑河等国内数十条航线
唐山	建成的：京哈、津山、大秦、迁曹、唐山坨港铁路、遵小铁路、唐港铁路；正建的：津秦城际铁路、蒙曹铁路；规划的：京唐曹城际铁路、京哈城际铁路、唐曹城际铁路、曹沧城际铁路	京沈、津唐、唐港、唐承、津山、沿海高速公路	开通欧洲线、韩国、东南亚、中东、非洲、南美	至上海、广州、成都、昆明、长沙、西安、三亚；近距离航线：石家庄、大连、青岛、哈尔滨
沧州	京沪、京九、朔黄、北京—上海高速铁路(穿过)	京沪、石黄、保沧、津汕、北京—福州、北京—广州、山海关—深圳、黄骅—银川大庆—广州高速公路、廊坊—沧州高速公路	开通西亚和西非两条国际班轮航线	无

(3)发展港区腹地为主的经济“龙身”。河北沿海地区经济发展的腹地“龙身”的腾跃是建设沿海强省的终极目标。利用“摊饼式”的辐射模式建设内陆城市主导产业与临港产业结合的海陆互动区域发展格局。秦皇岛和唐山要带动北厢的张家口、承德两市发展生态业和旅游业；黄骅港带动南厢的衡水、邢台、邯郸三市发展传统优势产业、物流业和服务业。这样河北沿海强省战略与“一线两厢”的均衡发展战略在经济布局上相均衡，功能上相互补。

三、通过以上实证分析得到的结果与现状问题

(一)实证分析结果与存在问题

本文通过对河北沿海地区经济发展模式影响因素进行总结和整理，分

析出河北沿海地区发展的影响因素理论:制度性因素、区位因素、产业组织因素、空间结构组织因素;进而得出河北省沿海地区经济发展模式的四个基本特征:以交通网络为支撑、以产业带为基础、以沿海城市为载体、以产业体系和城镇体系为极核。从理论上对河北沿海经济带的形成因素进行分析,得出河北沿海经济发展模式的形成符合条件;但是在现阶段河北沿海地区的具体发展情况如何,需要结合秦皇岛、唐山和沧州的发展现状和存在的问题进行分析。

河北沿海地区经济发展现阶段存在政策制度不完善、产业发展不紧密、空间结构不合理和人才短缺等问题符合河北沿海经济带的起步阶段的基本情况。然后根据河北沿海地区 2000—2010 年的数据进行实证分析得出:河北沿海地区经济发展正处于起步阶段,四个因素对沿海地区经济增长的促进作用显著。由于河北沿海地区经济发展模式刚刚上升为国家战略、相关政策和配套措施不完善、外部活动存在时间滞后性等问题,从政策、产业结构、空间布局三个方面提出对策建议。

(二)综上得出的现状简析

因此,打造沿海经济带发展模式是河北省建设沿海经济社会发展强省的突破口,是打开经济国际化门户、拉动经济发展的新高增长地带。沿海地区单纯的隆起是“沿海经济社会发展强省”的基本要求,关键是以沿海经济为龙头、以沿海地区为增长极将产业、城市、人群聚集到沿海区域形成产业体系来提升河北省整体竞争力。狭义的河北沿海地区经济发展模式只是河北沿海开发战略的一部分,是指沿海城市秦皇岛、唐山、沧州三市所辖行政区域内“11 县 9 区 1 路 1 带”。目前这个地带的隆起作用还不明显,所以本文将河北沿海地区经济发展模式定义为沿海城市——秦皇岛、唐山、沧州组成的秦—唐—沧沿海经济带。

表 4　河北省沿海地区的经济社会经济指标表(2010 年)

城市	人口(万人)	面积(平方公里)	各市支出法计算的地区生产总值(亿元)	社会商品零售总额(亿元)	工业总产值(亿元)	粮食产量(万吨)
秦皇岛	298.76	7812.4	930.50	254.85	1131.55	86.82
唐山	757.73	757.73	4469.16	548.13	7545.03	310.00

续表

城市	人口（万人）	面积（平方公里）	各市支出法计算的地区生产总值(亿元)	社会商品零售总额（亿元）	工业总产值（亿元）	粮食产量（万吨）
沧州	713.41	13419	2203.12	93.83	2817.39	475.70
合计	1769.90	18340.03	7602.78	896.81	11493.97	872.53
全省数量	7185.42	184700	20394.26	2417.59	31143.29	2975.9
占全省比例	24.63%	5.60%	37.3%	37%	36.9%	29%

数据来源:《2011年河北省统计年鉴》整理而来。

从表4中可以看出,河北省沿海地区海岸线487公里,陆域面积3.57万平方公里占全省的19%、沿海地区辖区面积达1.83万平方公里占河北省的5.60%;总人口达到1769.90万人占河北省的24.63%。在5.60%的国土面积集聚了全省24.63%的人口。这充分说明沿海地区的劳动力密集大,具有较强的劳动力优势。

四、河北沿海地区经济发展模式的对策建议

河北沿海地区经济发展是建设河北沿海经济强省的突破口,可持续发展是河北省沿海产业结构调整的必然选择。在河北沿海地区经济发展模式形成初期,要逐步在可持续发展理念之下以贯通沿海与腹地的渤海湾沿线为战略轴线,以公路、铁路为纽带带动"南厢"和"北厢"城市来实现"良性非均衡发展"下的"整体性"、"协调性"、"共赢性"和"联动性"的"三擎一轴联动"经济发展。

(一)巩固政府职能,完善政策建设

事实证明,区域间的竞争既是项目、产业、基础设施的竞争,更是政府行政能力和服务水平的比拼。因此,在政府职能上,河北沿海地区要想缩小和发达沿海省份的差距就必须以发达沿海省份的政府职能为参考,站在京津冀和环渤海经济区的角度巩固政府职能、完善地区规划政策、经营政策、临港产业政策、港区一体化政策等配套政策来提高政府的行政能力和服务水平。河北省政府要成立专门的沿海地区协调办公室,定期召开以河北省政府为主办方,以沿海省份领导为参加方的座谈会;另外,利用信息技术成立"沿海地区"微博主页,对沿海地区的政策和问题进行协商、交流。

在政策建设上,河北沿海地区要从新“海洋开发意识”出发来考虑各县市近海海域环境、资源等现状,采用直接干预和间接诱导两种方式通过打破区域经济板块来调整刚性空间边界、行政边界来建立以唐山为中心的物流大产业联盟区、以秦皇岛为中心的旅游大产业联盟区、以沧州为中心的历史文化大产业联盟区等特色产业联盟区;充分利用盐碱荒地和土地资源来建设优质港口,加强港口的运输能力。

在制度建设上,河北沿海地区要走创新之路,在产业发展政策、人才引进政策、对外开放政策、投融资政策方面进行创新:比如设立保税区、减税区和招商引资区,通过多元化融资方式、财政支持和减免税收方式吸引外商对河北沿海地区的资金支持。

(二)优化产业结构,引进创新人才

河北沿海地区要充分利用外部发展环境,发挥自身优势,遵循“自生、内联、外引”的产业发展路径来在“海”上做文章。把水产、海盐、滩涂等资源转化为经济优势,依托配套经济带动运输、餐饮、旅馆业、房地产业等腹地服务业的发展;将“沿海经济城市”升格为“沿海经济圈”的建设。

1. 科学整合港群体系

河北沿海地区的港群正处在规划和建设之中,产业和运输结构改造的空间都很大。在建设初期要从长远出发走港区、港口的可持续发展道路。

河北沿海地区在坚持产业可持续发展的理念下利用港口、岸线、自然资源和产业基础通过整合四大港口的主导产业、合理规划运输线路和产业园区来形成布局合理、分工明确、优势互补的港群体系。在对港群整合的过程中要特别注重产业结构和环境的关系,在依托沿海港口优势的同时对临港区内布局大同小异、产业园区重复建设等问题进行统筹规划和强化管理。另外河北港口集团要制定港口、港区和城市产业协调规划区,分批分量重点建设专业码头和运输专线。把秦皇岛港建设成为集装箱运输大港、把黄骅港转变成为综合大港,把曹妃甸深水港建设成为能源运输大港。

2. 加快发展现代服务业

目前沿海三市工业项目现行发展,服务业跟进的局面已经逐步形成。在此基础上河北沿海地区要积极采取“腾笼换鸟”和“筑巢引凤”方式,通过加快发展现代服务业在港口建设中的比重来推进产业结构升级。

在旅游业方面,河北沿海城市要充分发挥人文、历史等多元化主体因素

来完善旅游服务体系。三市要凭借滨海旅游资源的优势,围绕京津城市建设以休闲、生态观光为主的旅游带;同时要依托工业文明和文化底蕴打造历史遗迹和人文旅游品牌;建设秦皇岛长城风光文化旅游带和沧州运河文化旅游带。

在物流业方面,以天津港为龙头,以秦皇岛港和曹妃甸深水港位龙翼建设一批以能源、原材料和集装箱为主的国际化现代综合物流基地。同时鼓励河北港口集团建立"铁矿石专线"、"集装箱专线"、"能源专线"等专业化的物流外包企业;围绕北京、天津主导产业建设国际性代理中心、采购中心和商业信息中心。

在金融服务业方面,河北沿海地区要积极建立多元化、多层次的金融服务体系。在充分发挥国有银行对项目资金的支持的基础上利用河北省商业银行和河北省农村联社对地方经济支持的功能,建立针对性较强的由各级政府做担保人,各企业为贷款法人的沿海产业投资基金账户,专款专用,并对扶持性产业免、减利息或政府代为偿还的金融创新机制。同时,放宽银行业进入条件吸引外资银行和股份制银行入驻沿海地区,为经济发展提供资金支持。

3. 更新人才引进管理观念,引进创新人才

发展,归根结底要靠人的因素;只有占据人才高地才能聚集优质产业和生产要素,实现经济的快速发展。自河北沿海经济带建设上升为国家战略以来,秦皇岛、唐山、沧州迎来了发展的大机遇。就目前的发展局面来看:环渤海地区打响了高层次人才争夺战;随着秦皇岛、唐山、沧州产业定位的明晰,沿海地区人才需求很大,特别是专业技术人才的渴求。

更新人才引进管理观念,实施多样化的人才引进模式。首先,政府应更新人才引进的管理理念。各级政府要积极创立与沿海地区发展相适应的收入分配制度和激励机制来建立健全沿海地区产业发展急需的高层次人才、高技能人才、紧缺型人才的引进机制,形成一批支撑沿海产业发展的专业人才队伍。河北省要出台人才激励机制来鼓励沿海各市绘制引进人才蓝图:唐山市继续加大引进、培养博士的力度、秦皇岛要继续设立金额巨大的"引导资金"和"园区发展基金"加强产业聚集区建设和搭建科技人才平台;沧州要加大高校园区的建设来吸引高校和高科技研究所的入驻来推动河北省蓝色经济扬帆起航。另外,政府要丰富人才引进的管理内容,在工资待遇、科

研津费、社会保障、创业环境等方面制定“刚性引才+柔性引智+借会荐才”的引才模式。

加强产学研的结合。河北沿海地区要加强与清华、北大、中国农大、北京科大、北京交大、对外经贸、北京理工、中国石油、天津大学、南开大学等北京和天津高校、研发机构的联合，建立优秀毕业生来当地就业和挂职锻炼的平台。另外要加强和省内河北大学、河北工业大学、河北农业大学、华北电力大学等高校、技校、科研机构的人才联合培养工程；充分发挥科研机构的研究能力来帮扶企业建立博士后流动站，结成高校—企业互助方式来重视重点产业的研发、成果转化和推广。

鼓励和吸引区域人才的回归。秦皇岛、唐山和沧州三市每年都有大量的毕业生到北京、天津等地就读，优秀毕业生有很大一部分在北京、天津等地就业，这就造成了河北沿海地区人才资源的流失。因此，对于学成归来的学生给予适当的奖励，鼓励和吸引学子建设家乡回报家乡。

（三）完善空间布局，加大海陆联动力度

河北沿海地区经济发展模式要以轴线牵动板块，在充分考虑资源环境承载能力和开发潜力的基础上依托综合交通体系构建“一带、两轴、三组团”的空间发展格局。沿海经济带要从纵向上扩充内陆与沿海产业链条，加强垂直分工；从横向上放大产业集聚的溢出效应，做强优势产业、做大高科技产业。

1. 提高交通基础设施总量和等级水平

河北沿海地区要以沿海经济带为中心，以秦皇岛—唐山—北京高速公路和黄骅—沧州—石家庄高速公路为发展轴带动秦皇岛组团、唐山组团和沧州组团等更多腹地的经济发展。这就需要政府积极完善公共物品的空间结合来实现内、外部空间的发展。

首先成立沿海地区空间结构规划院。从建立组织机构入手，成立行政区域协调机构、产业政策指导机构、战略规划研究机构三种机构来明确各地的主导产业。把港口、港城作为一体进行规划和建设、把产业带和经济带作为顺承链条去发展。

其次要提高交通基础设施总量和等级水平。交通基础设施既要形成港口与港区的网络通道，又要形成沿海城市和腹地的交通网络。唐山要构建布局合理、便捷通畅、高效安全的运输体系，形成“三纵三横三条线”高速公

路网和“七纵七横七条线”干线公路网、“七横六纵”的铁路网格局;努力实现公路“60 分钟交通圈”和“90 分钟交通圈”、唐(山)—曹(妃甸)、滨(海新区)—曹(妃甸)、(北)京—唐(山)城际铁路等交通网络的建设。

2. 加大海陆联动力度

沿海地区要充分利用海岸线、公路线、铁路线和航道的辐射作用把聚集的人流、物流、资金流、信息流向周围腹地城市扩散聚集。从日本等发达沿海经济与腹地经济的关系看,腹地经济是沿海经济的持续动力,要想真正打造河北省沿海地区经济发展模式,就必须切实实现腹地产业结构的优化和实现增长方法的转变;遵守“隆起沿海、依托腹地、海陆联动”的发展思路,把沿海经济的优势与腹地经济在产业、资金、科技、人才和机制等方面的优势联合起来,做到海陆兼顾,相互增进,实现沿海和腹地的和谐发展、持续发展。具体如下:唐山和秦皇岛来带动北厢的张家口和承德两市的发展,石家庄结合黄骅港,带动南厢的衡水、邢台、邯郸三市的发展,并辐射省外周边地区。以沿海三市为轴心,形成跨区域的产业经济带,形成辐射、联动、错位发展的产业布局新模式。

参考文献:

[1]SLACK B. Intermodal transportation in North America and the development of inland load centers[J]. Professional Geographer,1990,42(1):72 - 85

[2]SLACK B. Services linked to intermodal transportation[J]. RSAI,1975(3):253 - 263

[3]陆大道. 区域发展及其空间结构[M]. 北京:科学出版社,1995

[4]费洪平. 产业带空间演化的理论研究[J]. 热带地理,1993(3)

[5]郭振淮,金陵,李丽萍. 论产业密集带[J],经济地理,1995(1)

[6]张耀光,韩增林,杨荫凯等. 辽宁省港口地域组合形成、发展与可持续发展研究[J]经济地理 2000,19(5):95—100

[7]朱华友、丁四保,长春—吉林经济带的形成与空间结构特点研究[J]. 人文地理,2004(3)

[8]张从果,刘贤腾. 产业带内涵界定与发展演化探讨[J]. 特区经济,2008(3)

[9]张威. 中国装备制造业的产业集聚[J]. 中国工业经济,2002(3)

[10]周兵,蒲勇健. 基于财政政策的区域产业集聚实证分析[J]. 中国软科学,2004(3)

[11]王俊祥. 建设河北省经济社会强省的战略研究[J]. 河北大学学报,2009,34(1):72 –76

[12]张广兴,郭宝珍,高霞. 河北省临港产业与腹地产业的演进共生:现状、问题及对策研究[J]. 河北社会主义学院学报,2009(3):37 –40

[13]李文荣. 河北省建设沿海强省的 SWOT 分析与对策[J]. 区域经济,2008(7):22 –24

[14]李南,张卉芳. 河北省构建沿海经济隆起带区域涵义简析[J]. 区域经济,2007(5):10 –13

[15]邬冰. 辽宁沿海经济隆起带城市化发展对策研究[J]. 辽宁师范大学学报,2008(3):33 –36

基于对接京津的廊坊环境建设问题

王维嘉①

【摘要】:加强"两个环境"建设的重大部署是河北省贯彻落实科学发展观的生动实践,是建设经济强省、和谐河北的重要战略举措,是提高区域发展竞争力的必由之路。廊坊在环渤海、京津冀区域发展中发挥着独特的作用。本文就廊坊如何利用自身优势,抓住战略机遇,在完善"两个环境"总要求下,加快对接京津、科学发展的步伐,展开讨论研究。

【关键词】:"两个环境"建设　对接京津　廊坊发展

为响应和落实省部委提出的"两个环境"建设,廊坊市委书记赵世洪指出,廊坊市将以最佳休闲商务城市、田园生态城市和新兴生态农村为三大建设目标,重点实施效能建设深化、社会管理创新、生态城市、生态乡村等12项重点建设工程,全力推进发展环境和生态环境改善。廊坊是一所充满生机和潜力的新兴城市,作为京津走廊上的明珠,发展不可限量。

一、发挥廊坊优势,把握战略机遇

1. 区位优势

廊坊位于京津两地之间,处于环渤海经济圈的腹地,京津冀城市群的中心地带,是连京津之廊,环渤海之坊,有"上有天堂,下有苏杭,京津之间,亮在廊坊"的美誉,更有"京津走廊明珠"之称。市区距北京城区约40公里,距天津中心区60公里,距首都和天津两大机场70公里,距天津港100公里,7条高速公路,5条铁路干线穿越境内,10条国家和20条省级公路纵横交错,是中国铁路、公路密度最大的地区之一,交通便捷,通讯便利,区位优势得天

① 王维嘉,南京政治学院研究生。

独厚。

2. 环境优势

廊坊是全国首家全辖 ISO 14001 环境管理体系国家示范区、国家可持续发展实验区,跻身中国优秀旅游城市、国家环保模范城市、国家园林城市、全国绿化模范城市和全国科技进步先进城市行列,荣获中国人居环境奖。廊坊一直致力于“把森林引入城市,把城市建在林中”,实施“蓝天、碧水、净土、绿化、宁静”五大环保工程,全市建成区绿化覆盖率达 46.6%,人均公共绿地 13.2 平方米,全市共划定县级自然保护区(含风景名胜区、森林公园)面积达 500 平方公里,覆盖率 7.8%,整个城市呈现出生态、园林、绿色、宜居的良好环境。

3. 功能定位

近年来,随着廊坊经济的发展和基于廊坊颇具特色的区位优势,廊坊市政府确定了“京津冀电子信息走廊,环渤海休闲商务中心”的功能定位,旨在在京津冀区域经济一体化大背景下,抢抓京津冀都市圈加快崛起机遇,依靠自身优势,共享京津的人才、资金、技术、信息等资源,充分利用京津产业平台,在多个领域与京津产业对接,主动承接京津优势产业的规模扩张和区域辐射,借势崛起,全面促进廊坊的可持续发展,达到“实力廊坊、生态廊坊、智能廊坊、休闲廊坊、商务廊坊、人文廊坊、和谐廊坊、幸福廊坊”的八大发展目标,对积极推进京津冀都市圈和环渤海经济带的发展发挥独特的作用。

4. 战略机遇

在经济全球化的背景下,我国区域经济一体化发展不断迈向新的层次,不断对区域经济的发展提出新的要求,围绕科学发展观指导进行的产业机构优化升级必将为廊坊带来更大的发展空间。目前,廊坊以其重要的战略位置越来越受到重视,无论是国家层面,环渤海地区或是省内范围,一系列有利于廊坊发展的政策、战略部署正在加速实施,尤其是在京津区域经济发展中,廊坊地处京津走廊的黄金地带,其基础设施、产业结构、经济社会发展等一系列软环境、硬条件的快速发展,都将廊坊高端发展的可能性提升到了前所未有的高度。

二、改善发展环境,打造效能廊坊

发展环境是实现经济又好又快发展的“命门之穴”,现在区域间的竞争越来越体现为环境的竞争。发掘环境竞争力的优势,打造廊坊特色,提升发展层次,是廊坊走科学发展之路的必然选择。在改善发展环境,打造效能廊坊建设中,最主要的是加强以政务法制环境、市场投资环境、社会人文环境等构成的软环境建设。

1. 建设人本化、高效率的政务法制环境

近年来,廊坊市从规范行政审批、严格行政执法、提高行政效能入手,相继出台多项新举措,全力打造环渤海地区"审批环节最少、办事效率最高、行政成本最低、投资者最满意"的最佳商务城市。

在今后的发展中,廊坊应该加强法治建设,推进依法行政和优质服务,切实增强机关人员依法办事、主动服务的行政理念;坚持管理和服务并重,依法行政和热情服务并重,实现管制型机关向服务型机关转变、人治型机关向法治型机关转变;要严格规范执法行为,认真落实执法责任制,严格规范执法检查、裁决、处罚等行为,坚持以人为本、文明执法,做到公平公正、合理适度。

同时,应继续以坚持科学发展观为指导,展开效能建设,着力深化行政体制改革,努力营造便捷高效、公开透明的政务环境,提高行政部门的服务功能,深入推进干部队伍作风建设,强化大局意识和人本思想,提高办事效率和业务素质,下大力度解决行政审批事项和审批环节过多、手续烦琐、时限过长、"暗箱操作"等突出问题,切实改进工作作风,努力做到程序最简、时间最短、收费最低,把每一件工作都落到实处,不断提高工作成效和工作质量,全面推进绩效管理,打造效能廊坊。

2. 打造规范化、优服务的市场投资环境

在环渤海经济带的带动和京津冀经济一体化的发展趋势下,廊坊应该牢牢把握住机遇,加快各项建设,提高自身吸引力和承载力,使京津在进行产业升级和转移时发现廊坊这颗充满发展潜力的明珠。

为此,廊坊要努力完善市场环境,规范市场秩序,完善行政职能、行业自律、舆论监督、群众参与相结合的市场监管体系,加强市场监管,严厉惩治扰乱市场秩序、危害企业发展的不法行为,让企业无后顾之忧;在投资环境建设方面,要下大力度在财政、税收、土地、信贷、人才等方面,出台具有比较优势的扶持政策,为经济间的交流合作等提供良好的公平竞争环境和管理服务环境,提供配套的高效率服务,给企业、给市场创造更大的发展空间,着力营造低商务成本、低生活成本、低行政成本和高品质服务的“三低一高”环境，吸引更多的投资者来廊坊发展。

3. 塑造重人才、讲诚信的社会人文环境

一个地区的社会人文环境直接影响着其环境质量的高低，关系到该地的长远发展。优化人文环境是提升城市品位、树立城市形象、促进社会和谐的内在动力和要求。

首先，要创造和谐稳定的社会环境，从机制、管理和监督等多方面采取各项措施，维护社会稳定，完善社会管理和社会服务，努力打造安心、放心、舒心的社会环境。

其次，要加强社会诚信度建设，政府从自身做起要树立榜样，打造诚信政府，提升公信力和群众满意度，切实为百姓做实事、做好事，更要引导企业强化社会责任、坚守道德防线，做到守法经营、诚信经营、公平经营、公平竞争、共同发展，引导市民要讲求诚信、维护诚信，鼓励其充分发挥监督作用，同时借助舆论宣传等手段共同营造诚信的社会氛围。

最后，要改善人才发展环境，形成重视人才、培养人才、惜才爱才的理念和尊重知识，尊重人才的社会风气，制定并完善广纳群贤、人尽其才、充满活力的用人机制和人才奖励机制，为人才的发展提供政策、资金等支持，发挥人才集聚效应，为廊坊的发展注入生机与活力，形成“一流企业纷至沓来，高端人才安居乐业，人民群众幸福满意”的良好局面，为廊坊的发展奠定基础。

三、改善生态环境，打造绿色廊坊

生态环境是经济社会可持续发展的生命线。在城市绿化中，廊坊市坚持“园林式、生态型、现代化”的城市建设理念，把生态环境作为构建宜居城市的基本要素，把园林绿化作为生态环境建设的核心内容，以创建国家园林城市为抓手，高水平规划、高标准建设。

1. 搞好生态绿化建设

廊坊要扮演好京津“天然氧吧”的身份，就必须始终坚持以人为本，以科学发展观为指导，制定科学有效的城市整体环境发展规划，在天然环境优势的基础上，不断加大植被种植，巩固和扩大绿化覆盖率，进一步提高绿化规模、绿化面积和绿化档次，努力构建可持续的城市生态系统。在政策导向方面，给予绿色项目、生态工程等建设更大的资金投入和政策支持，并完善对绿化建设的融资机制和管理机制，积极推动绿色产业园、绿色产品基地的建设，推动生态农业、生态旅游的建设，大力促进田园生态城市、新型生态农村的构建；在舆论宣传方面，要加大宣传力度，引导带动市民积极投身造林绿化中来，培养市民爱护环境的意识和高度的社会责任感，形成共同建设生态廊坊的良好氛围。

2. 加强环境保护与治理

生态环境是廊坊在京津冀区域发展中的有力竞争点，环境的保护与治理应作为一项战略进行贯彻落实。要加大对环保的重视，建立有针对性的法律法规，完善立法保护体系和监控系统，建立健全生态环境保护体制机制，同时加大执法力度，强化法律监督，培养一支素质好、业务过硬的执法队伍，加大对环境违法行为处罚力度；要注重对环境污染的治理，如城市建设中伴随的大气污染、水污染、噪声污染、固体废弃物污染等，严格控制废水、废气的私排乱放，努力保证大气环境质量良好，周边水源干净清洁，城市用水安全，合理解决城市固体垃圾，从而确保人民的生活环境质量不断得到改善；要提高全民生态环保意识，加强宣传教育活动，将环保、节能、生态、绿色的观念深入人心，形成全市的生态文明价值观，使人人参与其中，从而促进环境保护工作的有序开展。

3. 大力发展绿色经济，提高绿色竞争力

绿色经济是以市场为导向、以传统产业经济为基础、以经济与环境的和谐为目的而发展起来的一种新的经济形式，是产业经济为适应人类环保与健康需要而产生并表现出来的一种发展状态。廊坊作为一座新兴城市，具有发展绿色经济的优势，应抓住环首都绿色经济圈建设战略机遇，积极调整产业结构、转变发展方式，提高绿色竞争力。

发展绿色经济，就要摒弃走大量消耗资源、大量排放污染的传统工业化路子，大力倡导生态经济、循环经济、低碳经济，推行清洁生产，鼓励节能降耗，构建消耗低、污染少的现代生产体系；要加大环保基础设施建设投入行生态高效安全农业，改造提升传统产业，发展现代服务业，形成节约能源资源和保护生态环境的增长方式；要把增强科技创新能力与培育战略性新兴产业结合起来，加快发展新能源、新材料、节能环保等产业，着力引进一批高科技含量、高成长性、高附加值和低排放的“三高一低”型项目，使其成为带动产业结构优化升级、提升产业竞争力的战略突破口；要把创新发展与绿色发展有机结合起来，推动形成节约能源资源、保护生态环境和适应气候变化的产业结构、增长方式和消费模式，实现经济效益与生态效益的有机统一。

4. 推进绿色休闲，打造休闲商务中心

绿色休闲既包含了体现创造性、现代化的商务休闲，又包含了面向大众、优雅文明的生活休闲，是一种全新的经济发展理念，符合可持续发展的要求。

廊坊发展商务休闲产业的优势在于京津地区聚集了大批国内外企业总部和外省市驻京机构，大批企事业单位的聚集形成了商务休闲的巨大消费群。而京津地区土地的稀缺性，又决定了商务休闲产品市场供应普遍规模小、产品单一，因此以满足集团消费为主要目的的商务休闲产业，是廊坊吸引京津消费和投资的最佳选择。廊坊要把握这个优势，打造自身特色，努力把廊坊建设成京津的商务休闲“后花园”，目前正在投资建设市民中心、交通枢纽中心、商业中心、广阳 CBD 及光明商务区、龙河中心区、文化中心等“八大中心”，也陆续举办各种经贸会、高新技术产品交易会、国际金融论坛、全国城博会等，大力发展会展业和休闲旅游业，以全面提升城市品质，优化城市空间结构，增强城市综合承载力和核心竞争力。同时，廊坊要不断提高宜居水平，提升城市品质和价值，努力成为人们休闲居住、休闲办公、休闲创作、休闲会展、休闲洽谈、休闲保健、休闲娱乐、休闲旅游的首选之地，并大力推进文化配套产业的建设，把“京津冀电子信息走廊、环渤海休闲商务中心”打造成为廊坊新的产业标志和城市品牌。

四、主动对接京津，加快廊坊发展

1. 加强人才、技术、信息等软实力对接

北京是全国的政治、经济、文化中心，拥有密集的人才和科研体系，完备的信息、资源渠道和技术交流平台，廊坊利用其独特区位优势可全部“为我所用”。为实现这一全方位的资源共享，廊坊应主动与北京对接，使北京的人才流、资金流、信息流能够不断扩散辐射到廊坊来，积极构建信息网络体系和沟通机制，争取与北京在战略上保持一致，共同为京津冀区域发展寻找突破口，从而实现共建共享共赢。

廊坊致力于建设京津冀电子信息走廊，通过招商引资形成了现有电子信息产业群。一大批外资企业和外向型企业如富士康、华为等入驻廊坊，这意味着既拥有丰富的信息资源,也拥有巨大的市场需求。但现状是信息资源开发利用的规模不大,层次偏低。很明显,缺乏一大批信息化专门人才已经成为影响廊坊电子信息产业发展的源开发利用的规模不大,层次偏低。很明显,缺乏一大批信息化专门人才已经成为影响廊坊电子信息产业发展的重要制约因素。在这种条件下,一方面要抓紧吸纳和培养人才,另一方面也可以加强与京津众多高等学校、科研院所的合作,加强软实力对接。

由于北京人口密度和土地价格的上涨,一些高科技投资已经开始走出北京。廊坊将来最有可能成为京津塘高科技产业带链条中间的一个重要环节。廊坊可以凭借其重要的区位优势、较为廉价的土地和劳动力资源以及优美的城市环境,吸引相关的投资,吸引更多的人才和企业进驻;廊坊要增强自身的吸纳力,增强自身的软实力,加强软环境的建设,完善相关政策和服务体系,提升城市品质和层次,逐渐成为高新技术成果转化的核心载体、科技研发与交流的纽带和区域间合作洽谈的商务中心。

2. 加强制造、旅游、服务业等产业对接

目前,京津两大城市的功能已经开始由以聚集为主转为以扩散为主,日益加重的资源、环境压力也要求其将一些不适应的产业向外围扩散。廊坊应积极承接京津两地的产业转移,主动参与区域分工,积极构筑与京津产业衔接的"缓坡",弥补与京津产业的传递梯度落差,更好地发挥承载和对接的作用。

例如,廊坊可以充分发挥其自身旅游资源优势,并借助京津及周边地区的旅游资源,做好旅游景点的开发与整合,接纳首都的部分功能转移,加快与北京、天津旅游的项目对接、资金对接和市场对接,形成产业优势,既解决京津两地的空间扩展问题,分散其城市功能,又对推动廊坊经济发展和快速崛起具有重要作用。

除此之外,廊坊也应积极促进自身产业结构升级,加速构建高端产业结构,建设新型产业体系,坚持以电子信息和休息商务两大标志性产业为引领,加快培育先进制造业、现代服务业和新型农业。目前京津开始显现的郊区化趋势以及"七环"的外延,将使廊坊的地缘、人缘优势得到进一步发挥,应以敏锐的眼光和及时的灵动把握其中的商机,在休闲、娱乐、餐饮、房地产以及文化等产业方面与京津郊县争一席之地。

3. 增强经济交流与合作,促进区域发展

京津廊三地应该不断加强合作和联系,打破行政区域的限制,建立统管京津冀区域经济合作与联动的长效机制,从市场准入、交易规则等方面协调,尽量消除区内壁垒;建立统一的管理机构,如工商管理署、环境规划署等跨省市的职能,积极协调各方利益冲突,减少经济活动的摩擦,形成良性的区域内分工格局,从管理环节减少区内合作成本,促进京津冀协调发展。

参考文献:

[1] 李景元. 关于全面对接京津的廊坊市域经济战略定位的思考[A]. 2010年度京津冀区域协作论坛论文集[C]. 2010

[2] 王洪杰. 地方政府建设经济发展软环境问题探析[J]. 经济问题探索,2010(11)

[3] 陈峥嵘. 论廊坊在环渤海经济圈发挥的作用[J]. 中国商贸,2011(3)

[4] 王荣芳,马建梅. 效能建设在优化发展环境中的作用及对策——以廊坊为例[J]. 改革与开放,2012(4)

[5] 廊坊市政府网 http://www.langfang.gov.cn/

基于行业性企业产业结构调整的绩效评价研究

赵洁琼[①]

【摘要】:我国入世后,伴随着经济全球化的到来,传统的产业结构受到猛烈冲击,产业结构调整正成为国际化大趋势。行业性企业对国民经济起主导和支撑的作用,如何对行业性企业产业结构调整的效果进行科学评价非常重要。

【关键词】:行业性企业　产业结构调整　绩效评价

一、关于产业、产业结构与产业结构调整的涵义

产业是一种社会分工现象,它随着社会分工的产生而产生,并随着社会分工的发展而发展。产业一词在不同历史时期和不同理论研究领域有不尽相同的含义。在西方,产业一词多是在与工业概念同义语的水平上使用的,甚至至今在英文中还是以"Industry"一词来表述。简单来说,产业是由生产相同产品或具有替代关系产品或服务的具有某种同一属性的企业的集合。产业又是国民经济以某一标准划分的基本单元。产业不仅仅指工业,而泛指国民经济各行各业,大至部门,小至行业,从生产到流通、服务,以至于文化、教育等,均可称为"产业"。所谓产业,就是指人类社会为人们有效地参与物质生产活动而构筑起来的物质技术舞台,是由日益高级化的技术和物质资料发生一切可能的联系组织起来、构成的以更为有效的方式谋取更为理想的物质生活资料空间。在此意义上说,技术和物质资料是构成产业的最基本因素,资金等其他因素则是组织和推动这两种最基本因素运动和发展的力量。

① 赵洁琼,河北工业大学廊坊分校讲师,管理学硕士。

产业的概念随着社会分工的产生就已经产生了,但产业结构概念产生得比较晚。一般认为,产业结构概念的应用始于20世纪40年代,按照产业结构的内涵和外延的不同,对产业结构的研究有广义和狭义之分。

一种观点认为:产业结构是研究分布在国民经济各产业中经济资源之间的相互联系、相互依存、相互提升资源配置效率的运动关系,这是"产业发展形态理论"的观点。另一种观点认为:产业结构是研究产业间技术经济的数量比例关系,即产业间"投入"和"产出"的数量比例关系。在这里,我们所说的产业结构与以上定义不同,本文中提到的产业结构是以一个企业集团为边界的,指的是一个企业集团内部跨行业的业务之间的比例关系,或者是以企业产品和服务性质划分的业务板块之间的比例关系。

产业结构调整包含两方面的内容,一是产业结构的合理化,二是产业结构的优化。产业结构合理化是产业结构优化的基础,没有合理化的产业结构,不可能实现经济持续稳定增长;产业结构优化是产业结构合理化的发展和提升,是产业结构合理化的高级形态,两者是辩证统一的关系。产业结构合理化必须坚持以市场需求为导向的原则。根据国际、国内市场变化组织生产,调整产业结构。要研究市场,在市场需求容量的前提下从事经济活动和生产活动,使产品组织结构向着合理化和有序化的方向发展,为产业结构的优化和提升打下良好基础。

二、产业结构变化对企业经营活动的影响

产业结构变化对企业最直接有效的影响是微观领域,这种重新变动的组合调整,为各行各业的企业提供了生存和发展的机遇。处于衰退行业的企业要调整投资战略和投资方向,提高技术能力和改善产品结构;新兴产业或朝阳产业的企业要扩大经营规模,加大投资力度,占领更广阔的市场。产业结构变化对企业经营活动有以下影响:

(1)产业结构正常合理的变化有利于企业充分利用资源。

(2)产业结构合理化能使各产业联系更加有序。各产业部门前向联系中的产品分配可以保持合理的竞争,后向联系中的投入组合亦可以维持经济运行所需比例,有利于企业提高经营效益。

(3)外部经济效应。产业结构规模的扩大和结构联系的协调有序,使得每一产业部门都能从其他产业的健康运作中获得更多利益。

(4)沉重的转换成本。专业使用的资产一旦进入某一产业领域,很难移作他用。企业一旦进入重组或调整原有行业企业的资产,即使是通用性资产也必然会出现贬损,其原有的技术工艺、商标等无形资产将会全部丧失。

(5)产业结构调整变化使得企业组织结构变化,企业组织变化的成本往往是大量裁员和大批工人失业,这将导致一系列的社会问题。因此组织成本和社会成本对企业经营活动也有直接和间接的影响。

目前,从提高我国企业竞争力、适应经济全球化的角度出发,产业结构的调整方向必须是合理化、高度化、具有整体竞争力。

三、绩效与绩效评价的涵义

企业绩效评价作为企业管理的重要组成部分,是理论界和实务界研究的热点。

企业绩效是指企业经营成果,即经济实体一定时期内利用有限资源从事资源经营活动所取得的成果,表现在效果和效率两方面,它包括一定经营期间的企业经营效益和经营者业绩。企业经营效益水平主要表现在盈利能力、资产运营水平、偿债能力和后续发展能力等方面。经营者业绩主要通过经营者管理企业的过程中对企业经营、成长、发展所取得的成果和所做出的贡献来体现。

企业绩效评价是通过对企业资本运营效益评判和经营成绩评估的简称,它是指运用数理统计和运筹学等方法,采用特定的指标体系,按照一定的程序,通过定量定性对比分析,对企业一定经营期间的经营效益、经营业绩,做出公正、客观准确的综合评判。

四、企业绩效评价的要素、过程与评价模式

1. 评价要素

评价是指为达到一定的目的,运用特定的指标,比照统一的标准,采取规定的方法,对事物做出价值判断的一种认识活动。简单地说,评价就是通过比较分析做出全面判断的过程。

评价要素包括广义和狭义两个方面。广义的评价要素包括评价主体、评价客体、评价指标、评价标准、评价方法和评价报告。狭义的评价要素只

包括评价指标、评价标准和评价方法。

2. 评价过程

企业绩效评价的过程依次包括确立评价目标、设计评价指标、获取评价信息、选取评价标准、形成评价结论和把握发展轨迹等六个阶段。

3. 评价模式

(1)会计利润法。评价企业经营管理业绩的传统方法——会计利润法，是通过公开财务报告提供的信息对企业销售净利润率、资金净利润率等指标进行计算分析，从而得出结论的。

(2)经济价值增量法。经济价值增量是公司税后利润扣除一定时期所有资本成本之后的余额，用于衡量企业财富的增加。它是扣除了全部资本成本的机会成本后的剩余利润，会计利润仅考虑了利息费用，忽略了权益性融资成木，而权益成本是客观存在的，忽略它就不能准确地评价企业为股东创造的价值。因此，经济价值增量法的基本思路是，公司的投资者可以自由地将投资于公司的资本变现，并将其投资于其他资产。因此，股东们从公司至少应获得其投资的机会成本。也就是说，从经营利润中扣除按权益的经济价值计算的资本机会成本后才是股东从经营活动中得到的增值收益。

(3)市场价值增量法。市场价值增量是企业的权益资本的市场价值与投入企业的资本之间的差额。市场价值增量越大，管理者增加的股东财富越多。假设在没有负债和优先股的情况下，市场价值增量就等于企业市场价值和投入资本价值的差额。

(4)平衡计分法。当前，加大非财务指标的比重，重视对产品质量及过程控制，顾客服务及满意程度，以及企业创新与学习能力的关注已成为现代企业绩效控制改革的方向。平衡计分法即是一种有利于企业取得突破性竞争业绩的管理体系。基于财务指标的局限性，美国学者罗伯特·S. 卡普兰和大卫·P. 诺顿于20世纪70年代提出了“平衡记分法”的业绩考核方法设想。这种方法所采用的考核指标来源于组织的战略目标和竞争需要，它要求企业经理人员从四个角度来观察企业，将财务测评指标和顾客满意度、内部程序及公司创新与学习能力结合起来，建立有助于公司在产品、程序、顾客和市场开发等关键领域取得突破性进展的管理体系。该体系将所有影响公司竞争力的因素放在同一份管理报告中，防止了次优化行为，例如：公司为了得到较好的应收账款周转率，因而减少对优质顾客的赊销，带来大量销售收入的流失。通过平衡计分法将摒弃这种次优化行为。

平衡计分法是把战略而不是控制置于中心地位。平衡计分法不仅仅是一种测评体系,它还是一种有利于企业取得突破性竞争业绩的管理体系,并且它可以进一步作为公司新的战略管理体系的基石。平衡计分法由于其简洁性,近年来已被很多的美国公司采用(如 AT&T、可口可乐),也成为有效的咨询工具,被很多咨询公司采用。日本公司也在纷纷效仿。“平衡计分法”绩效评价体系已引起我国有关部门的重视,这一评价体系也很值得国有企业集团重点关注。同时建立“平衡计分法”绩效评价体系是一个系统工程,需要企业集团内部有关部门和外部专家学者协同配合,深入跟进研究,探索符合本企业特色的绩效评价创新体系,使企业管理创新迈上新台阶。

五、企业绩效评价的发展历程

绩效评价是企业和组织管理人员进行管理的手段和依据,企业的绩效评价体系受到企业竞争态势、企业发展过程、企业所处环境和管理者个人风格的影响,本身是一个不断发展变化的体系,并且从绩效评价体系开始为人们关注,成为一种管理工具开始,它也经历了许多从内容到形式的变化。

1. 国外绩效评价发展历程

19 世纪中后期,企业绩效评价作为一项必要的管理工具,在西方工业国家开始兴起。到 20 世纪五六十年代以后,以美国为代表的西方发达国家对企业绩效评价问题的研究进一步深入,评价范围和领域也进一步丰富和发展,并逐步被其他非西方国家和地区应用到企业管理实践中。有关国家和地区企业绩效评价工作的开展,为我国建立绩效评价工作体系提供了有益的借鉴。

大体上说,国外企业绩效评价体系发展的历史可以分为四个阶段:

阶段 1,单一财务指标阶段。

这一阶段的时间是 20 世纪 20 年代以前,主要特点是绩效评价的手段主要是一些简单的、没有内部关系的财务指标和经营指标,比如利润率、市场占有率,各种周转率、酸性比例、资产负债率等。

阶段 2,财务指标体系阶段。

这一阶段的时间是 20 世纪 20 年代至 20 世纪 80 年代初,工业革命导致的生产方式的变革引发了管理领域的一场革命。为适应大规模生产的需要，更加复杂的成本管理和财务业绩度量系统应运而生。这一阶段的主要特点是绩效评价主要是通过一些内部关系比较密切的多个财务和经营指标组成的指标体系进行绩效评价。这些评价体系中最为重要的是"杜邦分析法"和"波士顿/GE 矩阵"。

阶段 3，价值评价指标阶段。

这一阶段的时间是 20 世纪 80 年代中后期，主要特点是绩效评价主要通过一些价值评价指标进行，比较关注长期绩效，这些价值评价指标中最为知名的就是"经济增加值"(EVA)，和"净现值"(NAV)。

阶段 4，战略绩效评价体系阶段。

这一阶段的时间是 20 世纪 90 年代以后，全球化和信息化潮流改变了企业竞争环境，同时也改变了企业竞争规则。尽管财务性绩效评价仍然是企业评价的主流，但它已不能适应现代企业的要求，需要进行革命性的变革。这一阶段的主要特点是绩效评价主要通过一些综合性的与企业战略密切联系的评价指标进行，比较关注财务指标和非财务指标的结合，短期绩效和长期绩效的结合，这些评价指标体系中最为知名的就是 BSC 和 Skandia 导航器。

绩效评价的四个不同阶段主要是侧重点不同的阶段，不能简单地将不同的阶段等同于不同的绩效评价能力和水平。企业的管理人员可以根据企业的现实状况和关注倾向(主要是战略方向)进行选择，或者也可以在企业的不同管理层次，运用相应的阶段的绩效评价手段，综合起来形成有效的评价体系。

2. 国内绩效评价发展历程

我国企业绩效评价指标体系曾出现过三次重大的变革：第一次变革是 1993 年财政部出台的《企业财务通则》所设计的一套财务业绩评价指标体系；第二次变革是 1995 年财政部制定的企业经济效益评价指标体；第三次变革是 1999 年由四部委联合颁布实施的国有资本金绩效评价指标体系。这三次变革将我国企业业绩评价指标体系的发展分为了各具特色的四个阶段。

阶段 1，新中国成立后至《企业财务通则》出台前的企业业绩评价。

新中国成立后，经过三年国民经济的恢复时期，进人了大规模经济建设的"一五"时期，国家对整个国民经济实行严格的计划管理，由此形成了一套与计划管理相适应的国有企业财务管理体系，这一体系以资产管理、成本管理和利润管理为主要内容，以计划控制为基本环节。这一时期的企业财务业绩评价指标体系主要由固定资产产值率、定额流动资金周转天数、可比产品成本降低率、利润总额完成率、销售成本利润率、销售利润率、资金利润率等组成。

从20世纪50年代后期至90年代《企业财务通则》出台前，企业财务评价体系基本上沿袭了“一五”时期的评价指标体系。考核指标长期以资金、成本、利润为重点。

阶段2，《企业财务通则》试行至财政部《企业经济效益评价指标体系（试行）》出台前的企业业绩评价。

进入20世纪90年代后，计划经济逐步被市场经济所取代，原有的适应于计划经济体制下的较单一的企业财务业绩评价指标体系已完全不能适应市场经济对企业财务业绩评价的要求。《企业财务通则》就是在这种时代背景下于1993年7月颁布实施的。也正是这个新型的财务制度为企业业绩评价体系绘制了新的蓝图。以财政部长令发布实施的《企业财务通则》规定：企业业绩评价指标体系由8个指标组成。这8个指标分别为资产负债率、流动比率、速动比率、应收账款周转率、存货周转率、资本金利润率、销售利税率、成本费用利润率等，分别从偿债能力、营运能力和获利能力方面对企业的经营业绩进行全面、综合地评价。《企业财务通则》的颁布实施有利于企业财务管理朝着科学化的方向发展，有利于政府及债权人对企业经营状况的评价。

阶段3，财政部《企业经济效益评价指标体系（试行）》颁布至《国有资本金效绩评价指标体系》出台前的企业业绩评价。

1993年11月党的十四届三中全会通过的《关于建立社会主义市场经济体制若干问题的决定》强调，我们必须进一步转换国有企业经营机制，建立与市场经济相适应的产权清晰、权责明确、政企分开、管理科学的现代企业制度，这无疑为我国企业财务制度的改革与创新奠定了坚实的基础。

根据建立现代企业制度的要求，财政部在反复研究和论证的基础上，于1995年制定和颁发了《企业经济效益评价指标体系（试行）》的通知。这套指标体系由销售利润率、总资产报酬率、资本收益率、资本保值增值率、资产负债率、流动比率（或速动比率）、应收账款周转率、存货周转率、社会贡献率、社会积累率等10项指标组成。不难看出，10项指标中，有5项指标是《企业财务通则》已作了规定的，即资本收益率、资产负债率、流动比率（或速动比率）、应收账款周转率、存货周转率；有1项指标作了修改，即将销售利税率改成销售利润率。另外，有4个指标是属新设计增加的，即总资产报酬率、资本保值增值率、社会贡献率、社会积累率。

阶段4,《国有资本金效绩评价指标体系》出台后的企业业绩评价。

应该承认,传统的绩效评价体系,在过去的几十年中发挥了积极的作用。然而时过境迁,面对新时期信息化程度越来越高的经营环境,这套评价体系就愈发显得迷茫。多年来,科学设置企业绩效评价指标是理论界和实务界都未很好解决的问题。我国现行的企业绩效评价体系是1999年6月由财政部、国家经贸委、人事部和国家计委联合颁布的,包括8项基本指标、16项修正指标和8项评议指标。该指标体系以资本运营效益为核心,采用多层次指标体系和采取多因素逐项修正的方法,运用系统论、运筹学和数理统计的基本原理,实行定量分析和定性分析相结合来进行评价。作为企业的经营业绩评价体系,它可以综合地反映和兼顾企业的长短期目标、财务指标与非财务指标、过去经营结果考核与将来业绩衡量、内部与外部多方面的综合业绩评价等情况。

纵观我国企业绩效评价体系的发展进程,我们可以发现,我国企业绩效评价体系的发展过程,在一定程度上就是我国经济体制转型与深化的缩影。从计划经济体制时期的政府导向型演进到市场经济体制时期的市场导向型,并随市场经济体制的不断深化、信息社会的不断推进而发展,就是我国绩效评价体系历史演变的一个简单而生动的真实写照。

参考文献:

[1]史忠良. 产业经济学[M]. 北京:经济管理出版社,1998

[2]乔吉俊. 适应产业结构调整提高企业绩效[J]. 山西高等学校社会科学学报,2010(11)

[3]财政部统计评价司. 企业效绩评价工作指南[M]. 北京:经济科学出版社,2003

[4]孟建民. 中国企业效绩评价方法研究[M]. 财政部1999重点会计科研课题,2004

[5]张蕊. 企业战略经营业绩评价指标体系研究[M]. 北京:中国财政经济出版社,2004

我国商业银行内部控制问题研究

王　超[①]

【摘要】:本文从加强我国商业银行内部控制的必要性出发,分析了我国商业银行内部控制的现状和我国商业内部控制存在的问题,并初步提出了加强我国商业银行内部控制的政策建议。

【关键词】:商业银行　内部控制

内部控制是现代企业内部管理的重要手段,也是提高企业外部竞争力的有力保障。商业银行作为一个经营货币资金的特殊企业来说,更加需要良好的内部控制。国际银行监管权威机构巴塞尔委员会在分析英国巴林银行、法国里昂银行、日本大和银行等几家著名银行失败的原因时发现,除了内部控制失效,很难再找到其他主要原因。由此可见,商业银行内部控制的重要性无论怎样理解都不为过,任何金融机构,不管它拥有多么辉煌的历史,对内部控制的问题都决不可以掉以轻心。

一、内部控制的内涵与其在我国的现状

(一)商业银行内部控制的内涵

内部控制是商业银行为实现经营目标,通过制定和实施一系列制度、程序和方法,对风险进行事前防范、事中控制、事后监督和纠正的动态过程和控制。内部控制目标是合理保证商业银行经营管理合法合规、资产安全、财务报告及相关信息真实完整,提高经营效率和效果,促进商业银行实现发展战略。

① 王　超,中国矿业大学在职研究生。

(二)商业银行内部控制有效性实现的原则

为了使内部控制在执行过程中真正有效,在实施时就必须遵循以下原则:一是重要性原则。必须依据风险和控制的重要性确定内控重点,关注重点区域和重点业务。二是独立性原则。直接操作人员和控制人员应相对独立、适当分离,内控制度的检查、评价部门必须独立于内控制度的制定和执行部门。三是群众性原则。内部控制体系是由商业银行设计建立的,但必须由员工去贯彻执行,为此,必须提高员工的内部控制意识,将内部控制渗透到各项业务和各个操作环节,覆盖所有的部门和岗位,并由全体人员参与。四是全面性原则。执行范围必须涵盖商业银行内部控制活动的全过程及所有的系统、部门和岗位。五是及时性原则。业务经营活动发生时必须进行及时准确的记录,按照内控优先的原则,建立并完善相关的规章制度。六是审慎性原则。业务经营活动必须防范风险,审慎经营,保证资金、财产的安全与完整。七是公正性原则。必须以事实为基础、以法律法规和监管要求为准则,客观公正,实事求是。

二、我国商业银行内部控制问题分析

(一)公司法人治理结构不完善

现代企业所有权与经营权的分离,客观上需要一个完善的法人治理结构。近年来,银行公司法人治理结构发生了很大的变化,但与真正的市场化的货币金融企业相比仍相差甚远,所有者缺位问题仍然存在。

(二)内部控制环境差

表现在:第一,在培养内控文化方面,我国很多商业银行对内部控制的认识不足,甚至存在很深的误解。第二,在内控激励机制方面,同样存在着严重的缺陷。我国商业银行的正规合同收入对管理者缺乏刺激,致使一些人为了保住对银行的控制权,保证自己既得的控制权利益不受损失,不惜背离银行的营业目标,损害银行的运营效率。第三,在组织结构方面,一些银行缺乏严格的授权管理体系和集体决策程序,在分支机构的管理上经常会出现授权不清、责任不明的问题;部分分支机构管理者身兼数职,产生滥用权力、以权谋私的现象。第四,在员工素质方面,我国银行仍主要采取以行政考核为主的评价制度,不利于调动员工的积极性和创造力;在员工素质培养上，往往只是关注如何提高业务水平，而忽视对其职业道德、法律观念的培养，不能使员工全面、综合地发展和提高。

（三）风险评估的方法技术落后，人才缺乏

由于管理层的不重视和高技术人才的缺乏，我国很多商业银行的风险评估目前仍主要依靠定性的、人为控制的直接管理方法，如信贷审查方式，而未广泛使用定性和定量相结合的客观的科学方法。这导致了风险管理的专业化程度和效率较低，特别是对于已标准化的可批量处理的银行资金交易和零售业务，没有实现以模型等定量分析为主的间接管理方法。而且，由于缺乏专业化的技术人员和足够的数据信息，目前我国商业银行尚未建立更为科学的内部评级法，也就无法对风险做出准确的识别和分析，更谈不上建立起科学的风险管理体系了。

（四）内部审计独立性不强，内控制度的检查、评价不足

内部审计部门在组织体系上还不具备完全的独立性，在处理与被审计对象的关系上还没有完全的超脱性，在现场审计中权威性还不够。内部审计部门独立性不强，影响了对内控制度评价、监督和建设职能的发挥，这也是内控不健全的标志。内部控制不仅要求银行机构建立内部控制政策与程序，还要检查内部控制政策与程序是否得到了遵守。内部审计的不足，对内部控制的检查频率和深度不能与银行机构的风险程度相适应，这在一定程度上影响了内部控制作用的效力。

（五）员工激励机制不够完善

目前商业银行在管理上缺乏健全的内部激励与约束机制，致使员工的积极性、主动性和创造性难以全面发挥。商业银行还强调员工职业寿命和行政化，这就不可避免地导致商业银行在机构设置、劳动用工、干部人事上的自我僵化和工资福利分配上的平均主义倾向。各商业银行的内控制度往往强调考核与惩罚，而忽视对正面行为的激励，员工很难一次性得到工资收入，大约50%的收入需要在绩效等各种考核后，才根据考核结果进行发放，这实际上是一种惩罚性而非激励性的考核。对员工激励的另一个重要因素就是晋级机会。现在，我国商业银行基本还沿用行政化的员工晋级模式，而员工的晋级却没有与员工的能力完全联系起来，银行党政也没有完全分开，这种现象不利于员工正常的晋级，对员工工作的积极性产生负面影响。

（六）信息与沟通不畅

信息作为企业经营管理的枢纽和中介，也对内部控制活动起着重要的作用。我国商业银行内控信息方面存在的问题主要包括以下三个方面：第一，会计信息失真。其主要体现在会计账务处理的失真、信息披露不完全导致的会计信息失真和贷款核算无法真实反映信贷资产的状况等。第二，各级管理层间缺乏相互交流。我国的商业银行由于内部结构臃肿、烦琐，导致上层制定的决策不能及时向下传达，而基层经常发生、出现的许多问题以及反馈的建议也很难引起上级的关注和重视，从而导致内部控制失效。第三，对于信息安全问题的忽视。随着网络技术的不断发展，信息的安全问题受到了越来越多的重视，而在我国商业银行的一些基层机构中，常常出现一人身兼系统管理、程序设计、密码管理等多项职务的现象，严重威胁到了信息的安全性。

三、完善我国商业银行内部控制的建议

针对我国商业银行内控机制存在的上述问题，结合 COSO 委员会内部控制整体框架和《商业银行内部控制指引》，《企业内部控制评价指引》规定的内控机制的基本内容，本文将对我国商业银行内控机制的改进和完善提出建议

（一）努力提高内部审计效能

首先，商业银行内部审计应适应新的发展趋势，逐步以合规审计向风险导向审计转变。银行内部审计的风险管理职能是维护内部控制系统的重要环节，为此，商业银行要树立风险导向审计理念，增强内部审计的风险控制评估职能，在全面把握被审计主体风险状况的基础上确定审计重点和频率，集中力量对高风险领域进行控制和管理，促进银行提高管理水平。其次，要加强银行审计的电子化，用非现场稽核的手段进行审计尤为必要。利用非现场审计系统来监测、评价各分支机构的风险状况，进行风险预警，提出控制风险的对策，保证银行业务规范稳健的发展。然后，要大力借助外部审计手段。当内部审计资源缺乏时，如某些内部审计项目需要更先进的审计技术时，内部审计人员可借助外部专业审计力量，不仅能够有效地完成审计项目，而且有助于提高内审人员的业务技能。

（二）加强商业银行企业文化的建设

由于银行经营的高风险性，使得营造一个团结、谨慎、有序的文化氛围尤为重要。因为价值观支配着人的意识和行为，只有员工的价值观与银行的价值观建立在一个共同的取向上，他们才会自觉地约束自己的行为，银行的风险控制目标才能顺利实现。制定内部控制行为规范，制定统一的内控管理行为规范，对每一项业务的内控要求作出系统的规定，进行定期或不定期的效果评估，并及时进行修订，实现用制度控制人，用制度规范行为的目的。内控相关教育培训，商业银行要把有关内部控制的培训教育作为一项长期的工作，建立严格的学习培训制度，注重对全体人员正确内控意识、风险意识的培养，是员工能够在日常工作的细节中贯彻内控要求，培养重细节、重风险的工作作风。

（三）建立完善的法人治理结构的银行组织架构

一是通过产权改革、股份制改造，建立和完善股东代表大会、董事会、监事会，明确董事会和董事、监事会和监事、高级管理层和高级管理人员在内部控制中的责任，使各项权力得以合理配置；完善股东大会、董事会、监事会及下设的议事和决策机构，通过建立制衡与问责机制及建立独立董事制度和外部监事制度，改变我国商业银行治理结构中仍存在的所有权单一及虚置、组织结构行政性、激励机制不健全、内部人控制所引发的道德风险等一系列问题，达到分权制衡和对经营者多层控制约束的目的。二是完善授权授信制度，根据经营行的经营管理水平、风险控制能力、制度执行以及资产等状况，按类型、档次、额度等指标实行差别化授权制并进行连续、有效的监督。三是在严密科学的岗位分工、明确的工作职责和业务操作规程的基础上，健全决策风险约束机制和责任人制度，从制度、程序上对决策行为进行约束，对高级管理人员任免、奖惩直接与经营风险挂钩。四是引进战略投资者及上市等方式，在产权优化和内在激励强化基础上，在银行监管引导和要求下，进一步健全现代商业银行法人治理结构。

（四）重视外部监督，形成信息定期披露制度

银监会作为商业银行的监管部门可以通过对商业银行内控状况的定期评价，站在外部监管的角度，帮助银行寻找内控中的漏洞和缺陷，督促其进一步完善内控机制，提高内控管理水平。随着国内各商业银行的公开上市，

商业银行还将面临来自证券市场监管者和投资者的外部监督。强制要求上市公司设立和维持一个应有的内部控制结构、建立一个定期披露内部控制信息将是未来证券市场信息披露制度的发展的方向,而该制度的建立将有效促进商业银行对内控体系的重视和建设。此外,商业银行聘请的注册会计师进行外部审计时,也会对商业银行内控体系作出专业评价,商业银行可以充分利用外部审计师的专业优势,改善其内控体系。

参考文献:

[1]赵勇,邹积亮. 基于COSO报告构建按商业银行内部控制体系[J]. 生产力研究,2008

[2]李炜. 加强商业银行内部控制浅析[J]. 财金研究,2009

[3]冯海霞. 金融危机后国际金融机构公司治理的反思与思考[J]. 中国金融,2010

[4]张宇. 内部控制规范下的商业银行内部审计职能设计[J]. 财会通讯,2010

[5]李冬辉. 金融企业内部控制现状及对策[J]. 金融与保险,2010

[6]王志飞. 中国银行内部控制问题研究汇[D]. 西南交通大学,2007

对于优化廊坊城市产业结构的再认识

李春艳[①] 李久洲[②]

【摘要】:文章从世界格局和国内比较分析廊坊市产业结构问题。廊坊要从找准自己的发展定位、产业布局、城镇布局、园区布局、生态布局出发,创新城市产业结构优化升级版。针对于廊坊发展现状,对于与优化廊坊市产业结构相关的城市产业结构、产业结构转型、转型配套政策、优化产业结构举措进行深入探讨,研究结果具有重要的现实意义。

【关键词】:产业经济 发展定位 城镇建设 结构优化

中共河北省委书记周本顺同志在廊坊调研时的讲话强调:“廊坊已经进入了一个快速增长的时期”、“廊坊区域内的城市发展、产业发展空间是非常巨大的”、“所以廊坊要用世界眼光、长远眼光来研究发展定位、产业布局、城镇布局、园区布局、生态布局”、“从世界来看,从全国来看,廊坊要找准自己的定位,要把自己放在大北京都市连绵区的高端实体经济来规划布局”。中共廊坊市委五届五次全会提出,创新城市产业结构优化升级版,进行“全力打造电子信心、高端装备制造、新能源、生物制药四大新兴战略产行业集群,总部经济、现代金融、文化产业、现代物流四大高端服务产业集群”的产业发展第二次战略部署,本文对于与廊坊市产业结构优化升级相关的城市产业结构、产业结构转型、转型配套政策、优化产业结构举措等问题进行探讨。

一、城市产业结构

城市产业结构是城市社会再生产过程中形成的各产业之间及其内部各

① 李春艳,在职研究生学历,电化教育方向,廊坊市科协——学会部长。

② 李久洲,硕士学位,研究方向区域经济,廊坊市科协——应用经济学会科员。

行业之间的比例关系和结合状况。由于可以从不同的角度对城市产业进行分类,城市产业结构也就具有多重内涵。根据不同的城市产业部门对某种生产要素的依赖程度,可把城市产业划分为劳动密集型产业、资本密集型产业和技术密集型产业。这样,城市产业结构指的是劳动密集型产业、资本密集型产业和技术密集型产业之间的比例关系和结合状况。构成城市经济的各个产业部门相互之间的关系和比例。城市经济是一个独立的有机体,存在许多不同的产业部门,它们按照一定的结构和比例关系组织起来,使城市经济生存、运转和发展。地方产业的发展必须与整个城市的经济发展相适应,在很大程度上受城市人口的数量、性别、年龄,以及居民的社会构成所制约。

城市性质和经济技术发展水平对城市的产业构成有重大作用。不同性质的城市,如综合性经济中心城市和专业性城市,其产业结构、部门结构,以及与此相联的劳动就业结构、技术结构和组织管理结构等,都会有所不同。相同性质的城市,在不同的经济技术发展水平条件下,其产业构成也不相同。经济技术发达国家与发展中国家相比,城市服务部门所占比重,前者较后者要高得多。城市经济的发展,要求城市内的各种产业配置合理,比例协调,特别是保持城市基础经济部门和城市服务部门的合理比例,使城市生产、市政建设、居民生活相互协调和发展。

二、产业结构转型升级

产业转型升级,首先应该在思想观念上转型,在思维方式上转型,在发展理念上转型,才能以更高的眼界、更宽的视野,推进转型升级。产业转型升级,就是转变生产方式,转变增长方式。刚刚召开市委五届五次全会的上提出了加快经济发展方式转变、以改革创新破解发展难题的命题。做好加快发展方式转变、以改革创新破解发展难题这篇大文章,必须立足廊坊市发展实际,深刻剖析并高效解决影响和制约发展的产业结构上的根本性矛盾,有的放矢,重点突破,最终达到通过改革创新加快产业结构转型升级,转变经济发展方式,增强发展活力,促进经济社会发展上水平的根本目标。

当前,廊坊市面临的发展形势十分严峻,如宏观政策的影响,包括环评、产业政策、土地政策、资金信贷等;区域竞争的压力,具体表现在项目投资、产业转型和产业集聚等方面;自身发展的压力,等等。这说明结构性矛盾尚未根本解决,经济粗放增长的格局尚未根本改变。要打破这一不利局面,必须着眼长远，抢抓机遇，加快产业结构转型升级。

加快产业结构转型升级，“转”是关键。只有立足于“转”，才能使传统产业焕发新活力，新兴产业实现新突破。要把广泛应用高新技术和先进适用技术改造提升传统优势产业作为一项重要任务，从政策上、资金上、人才上给予扶持，推进企业重组和淘汰落后产能，为传统产业转型升级注入生机和活力。大力发展电子信息、生物制药、新材料、新能源等战略性新兴产业和物流、文化创意、等现代服务业。要把发展生产性服务业与生活性服务业有机结合起来，进一步加快发展商务、金融、保险、研发等生产性服务业，引导社会力量积极参与文化、旅游、健康、家庭服务等生活性服务业发展，既服务和保障工农业生产，开辟产业新的增值环节，又满足人民群众日益增长的物质文化需求。

加快产业结构转型升级，环境是保障。要创造宽松的政策环境，认真分析廊坊市现有优惠政策，进一步调整完善政策措施，促进产业结构转型升级。要营造高效的服务环境，进一步简化审批程序，实现一站式服务，为项目建设和产业发展营造良好的服务环境。要培育方便的金融环境，建立银行、企业、政府三者之间互相支持、诚信合作的长效机制，争取更多的金融资本参与项目建设和产业发展。要营造良好的人才环境，大力推进人才集聚工程，加快发展职业技术教育，培育和引进一批重点产业和重点项目的高端人才，培育适合廊坊市产业发展的特殊人才。

加快产业结构转型升级，项目是根本。加快投资拉动、项目带动，是加快结构调整、扩充经济总量、提振经济的关键所在。要始终把项目建设摆在经济工作的核心位置来抓，千方百计引进项目、落实项目、推进项目，确保固定资产投资较快增长。一方面，必须高标准、高质量、高速度地推进现有项目建设。有关部门和单位一定要抢抓机遇，大干快上，争取项目早日投产见效；要增强科学性，讲究方式方法，加快项目建设速度，确保各个项目早开工、早建设、早投用；要强化大局意识，搞 好协调、服务工作，切实帮助解决工程建设中面临的现实问题和困难，确保项目顺利推进。另一方面，必须利用好产业集聚区这个平台，吸引更多更好的项目入住，进一步优化产业布局，加快产业结构转型升级。要选准产业招商，顺着产业链招商，强力引进大项目、好项目；要掌握原则，坚持标准，着眼长远谋发展，立足大局促转型，精挑细选符合产业政策、符合廊坊市实际的项目，形成产业集群，优化产业布局，壮大产业发展实力,提升发展质量和效益。

调整和优化产业结构,是经济发展的永恒主题。对廊坊市产业结构进行转型升级,是市委、市政府坚持科学发展观,根据变化了的经济发展形势审时度势、高瞻远瞩作出的科学决策,符合经济发展规律,紧扣廊坊市发展实际,必将对廊坊市建设中原经济区充满活力的新兴中心城市产生积极而又深远的影响。

三、结构转型的配套政策

产业结构转型政策是产业政策的重要组成部分,指在一定时期内产业结构的现状,遵循产业结构演进的一般规律和一定时期内的变化趋势,制定并实施的有关产业部门之间资源配置方式、产业间及产业部门间的比例关系,通过影响与推动产业结构的调整和优化,以促进产业结构向协调化和高度化方向发展的一系列政策措施的综合,它旨在促进产业结果优化,进而推动经济增长的政策体系。产业结构政策按照政策目标和措施的不同,可以划分为多种不同的类型,对于廊坊市来讲主要有:

1. 主导产业选择政策

主导产业选择政策是指政府为了引导、促进主导产业的合理发展,从整个经济发展的目标出发,运用经济政策、经济法规、经济杠杆以及必要的行政手段、法律手段来影响主导产业发展的所有政策的总和。

2. 战略产业扶植政策

战略产业,或称先导产业,是指能够在未来成为主导产业或支柱产业的新兴产业。战略产业的成长必须具有战略意义,即受国家政策保护和扶持的某些产业必须具有能够成为未来经济发展中主导产业和支柱产业的可能性,这种可能性的决定因素,首先是产业本身技术特点、市场前景、成长潜力,其次才是国家资源特定条件、现有产业结构状况、产业本身获取资源的能力等。

3. 衰退产业撤让政策

衰退产业是指在产业结构中陷入停滞甚至萎缩的产业。就具体产业而言,都存在由孕育期→成长期→成熟期→衰退期的生命周期。衰退产业正是处于衰退期的产业,其主要特征是产品的需求量和销售量大幅度减少,生产能力严重过剩,技术进步缓慢、创新乏力,从业人员流失和失业现象严重,在国民经济中的地位下降。

4. 幼小产业保护政策

日本学者筱原三代平的“动态比较费用论”为幼小产业扶植政策提供了理论依据。“比较费用论”是李嘉图提出的有关国际贸易形成的原因及维系国际贸易秩序的重要原理。就原则提出，不能仅按这一原理建立国际分工秩序，这样势必使各国产业结构长期不变，后进国家只能永远居于生产初级产品的地位。他说扶植幼小产业不受现代经济学的欢迎，日本经济正是由于撇开了现代经济学的传统观念，才有今天的汽车、钢铁工业和经济大国的地位。从短期看，比较费用论有一定的合理性，但从长期看，应当以动态、发展的观点修正比较费用论。因此，他主张积极扶持目前暂时处于幼小地位，但需求增长快、生产率上升潜力大的产业。

5. 产业的可持续发展政策

人类社会经济发展的历史表明：产业结构在一个长时期内，既有其相对稳定的一面，也有不断变化的一面，产业结构事实上是处于一种不同程度的不断变动之中。在自由竞争的资本主义时期，产业结构以自然形成为主要特征；在现代经济生活中，科技革命对产业结构产生了重大影响，而产业结构的变革，又对整个国民经济的发展有着重大的意义。

四、优化产业结构举措

产业结构优化升级既是一项长期艰巨的任务，也是当前经济发展的迫切需要；既是一个长期的转变过程，同时也要在发展中求转变，在转变中谋发展。

产业结构优化升级，其核心是社会生产技术基础更新所引发的产业结构的改进，即由于新技术的开发、引进、应用、扩散，引起高新技术产业发展和传统产业的更替、改造，这说明产业结构的优化升级是以技术创新为前提的。产业结构优化升级是增强产业结构转换能力的重要力量。在社会再生产过程中，产业结构协调化使技术有条件不断更新，促进产业结构不断更新并形成新的组合，增强传统产业向现代产业转换的能力，长线产业向短线产业转换的能力，技术含量较低的产业向技术含量较高的产业转换的能力，引起社会生产力发生质的飞跃，实现产业结构优化升级。产业结构优化升级是提高经济资源配置效率的客观要求。产业结构实质上可以看作是资源转换器。产业结构优化升级是这一资源转换器运转的效率和质量不断得到提高的基础。产业结构优化升级是实现经济增长的重要支撑力量。现代经济增长过程主要取决于产业结构的聚合效益,即产业间和产业内各部门间通过合理关联和组合,使组合后的整体功能大于单个产业或单个部门的功能之和。产业结构优化升级是增强产业聚合效应的重要手段,支撑经济全面协调可持续发展的重要力量;同时经济增长也为产业结构优化升级提供了相适应的物质基础,实现产业结构优化升级与经济增长的良性循环。

但也要看到,产业的自主创新能力还不强,高技术产业服务业的比重及水平仍有待提高,产业结构优化升级的任务仍然比较艰巨。进一步推动产业结构优化升级,是加快转变经济发展方式,实现经济社会又好又快发展的要求。世界经济发展的实践表明,从本源上抓好需求结构、产业结构等的调整,抓好自主创新能力的提高,促进内外需结构平衡、产业结构优化,必将有助于提高经济发展的质量,促进经济增长由主要依靠投资、出口拉动向依靠消费、投资、出口协调拉动转变,由主要依靠第二产业带动向依靠第一、第二、第三产业协同带动转变,由主要依靠增加物质资源消耗向主要依靠科技进步、劳动者素质提高、管理创新转变。

与此同时,大力推进产业结构优化升级,必须主动容忍增速放缓,必须从片面追求规模扩张转为着力提高经济运行的质量和效益。必须改变主要靠政策和投资拉动经济增长的方式,不断加大内涵式发展的投入力度,加快向创新驱动型、绿色低碳型、智能制造型、服务化型转变,持续提升我国经济综合竞争力。“十二五”时期是廊坊市全面率先建设小康社会的关键时期,是深化改革开放、加快转变经济发展方式的攻坚时期。因此,我们要在形势发展变化中捕捉新机遇,把握主动权,紧紧抓住并用好可以大有作为的重要战略机遇期,加快推进产业结构的调整优化升级。

第一,把战略性新兴产业作为产业结构优化升级的关键着力点。要处理好廊坊市产业比较优势和周边产业发展趋势的关系,立足国内需求和现有产业基础,以产业升级为主攻方向,加快推进传统产业改造升级,大力发展战略性新兴产业和先进生产性服务业,着力构建符合新型工业化发展内在要求的现代产业体系。我们既要通过产业升级来巩固传统产业的优势,以此作为自己的立身之本,又要集聚创新资源,形成发展合力。要把培育发展新兴战略产业作为促进产业结构优化升级的关键着力点,把增强自主创新能力与完善现代产业体系结合起来，通过加快培育战略性新兴产业抢占未来国际竞争制高点。当前特别要结合“十二五”规划的实施工作，在节能环保、新一代信息技术、生物、高端装备制造、新能源、新材料和生产性服务业领域加快制定发布专项规划和产业发展配套政策，加大研发投入，加快推动产业化，形成新的竞争优势。

第二，坚持不懈地推动信息化与工业化深度融合，促进发展方式的根本性转变。要以我国工业化、城镇化发展的切实需求为基础，把握全球信息化与先进的信息通信技术，推动信息化全面渗透乃至逐步带动工业化全方位、多层次、高水平的融合提升。要深化骨干企业、重点行业的信息技术集成应用，统筹规划和部署下一代通信网络基础设施建设，发展“两化”融合支撑技术和产品，充分发挥信息化在产业转型升级中的引领和支撑作用。

第三，继续夯实农业基础地位，加快服务业发展。在三次产业中，农业处于基础地位。农业丰则基础强，农民富则国家盛，农村稳则社会安。推动产业结构优化升级，实现经济社会又好又快发展，必须加强农业基础地位。当前，要抓住有利时机，采取科学的金融、财税等优惠政策，加大强农惠农政策力度，完善强化农业基础的长效机制。具体来说，要不断开辟新的农业投入渠道，逐步形成农民积极筹资投劳、政府持续加大投入、社会力量广泛参与的多元化投入机制，切实加大“三农”投入力度，引导要素资源合理配置，推动国民收入分配切实向“三农”倾斜。要坚持和完善农业补贴制度，不断强化对农业的支持保护，继续加大对农民的直接补贴力度，增加粮食直补、良种补贴、农机具购置补贴和农资综合直补，扩大良种补贴范围，增加农机具购置补贴种类，提高补贴标准。要通过结构优化增收，继续搞好农产品优势区域布局规划和建设，支持优质农产品生产和特色农业发展，推进农产品精深加工。要在金融信贷方面支持农业产业化发展，培育壮大一批成长性好、带动力强的龙头企业，支持龙头企业跨区域经营，促进优势产业集群发展。

第四，发挥企业在产业结构调整优化升级中的主体作用。要提高宏观调控的针对性、有效性，把握好政策出台的时机、力度，防止政策叠加效应。要充分保障量大面广的等行业小企业的正常生产需求，鼓励企业主动抓产品结构的调整和优化，提高产品的附加值和科技含量。要有针对性地调整现有产品结构，开发市场需要、盈利能力强的产品，下决心淘汰那些靠消耗能源资源、经济效益差、没有竞争力的产品，加快产品结构的升级换代。

县域城镇发展载体

“京津走廊”县域产业集群发展对策研究

课题组①

【摘要】:近年来,全国县域产业集群发展很快,有“京津走廊”之称的廊坊市各市、县的产业集群更是发展迅猛,大大小小的产业集群数量已经达到几十个。目前,在这个区域的县域产业集群的发展已经呈现良莠不齐的状态,出现了各种各样的问题。本课题对廊坊地区县域产业集群发展中出现的问题进行了深入分析,针对这些问题系统地提出了解决对策。

【关键词】:产业集群　廊坊　县域

集群又称集聚,它来源于生态学,原意是指以共生关系生活在同一处栖所中的生物簇群。1998 年,美国哈佛大学商学院教授迈克尔·波特把产业和集群结合起来,提出了“产业集群”的概念。他认为,“产业集群是在某特定领域中,一群在地理上临近、有相互关联性的企业和相关法人机构,并以彼此的共通性和互补性相连接。”由此可见,产业集群一般包括区域内大量相关企业的集聚,还包括相关支撑组织在地理空间上的集聚。

素有“京津走廊”之称的廊坊市共有 8 个市、县,即三河市、霸州市、香河县、永清县、固安县、文安县、大城县、大厂回族自治县。经过多年的发展和积累,这些市、县逐渐形成了一县多业的发展格局,现有木质家具、钢木家具、人造板、摩托车配件、牛羊屠宰加工、钣金加工、印刷装订、塑料加工、保温材料、电子信息、新能源、现代装备制造、生物医药、新型建材等几十个县

① 本课题是 2013 年度河北省社会科学发展研究课题(一般课题、课题编号:201303099)。课题负责人:徐斌,河北工业大学廊坊分校副研究员;课题组成员:李燕芳,廊坊师范学院馆员;喻德华,河北工业大学廊坊分校讲师;王立焕,河北工业大学廊坊分校讲师;张宏权,河北工业大学廊坊分校讲师;张元好,河北工业大学廊坊分校讲师。

域产业集群。目前,这些县域产业集群的发展良莠不齐,有的已经濒临衰退。如何使这些产业集群都能走上良性发展的道路?本文试图通过分析现状,发现问题并找到解决的对策。

一、廊坊市县域代表性产业集群发展现状

(一)三河市印刷装订产业集群

三河市印刷装订业起步于20世纪60年代初。在40多年历史进程中,三河市凭借邻近北京得到独厚的区位优势,已经成为远近闻名的印装之乡。截至2007年,全市共有印装企业406家,其中:出版物印刷企业52家,装订企业251家,包装装潢印刷企业16家,其他印刷品印刷企业46家,排制版企业3家,复印打字经营单位38家,从业人员3万余人。

2005年,全行业共完成印刷、装订3100万色令,实现工业总值18亿元,上缴国家税收1亿元,占全市财政总收入的8.2%。同时,受印装业带动的机械制造、耗材、储藏、运输、商贸等相关产业销售收入总值达6亿元,完成国家税收3000万元,解决就业人员2000多人,形成了三河独具特色的产业集群,成为三河市经济发展的重要支柱产业。

(二)香河县家具制造产业集群

香河家具业发展历史悠久。早在20世纪80年代初期,该县上万名能工巧匠走遍全国,打家具、卖家具,香河被人们誉为“家具之乡”。近年来,香河家具业逐渐克服了作坊式、地摊式、分散式经营的小打小闹模式,形成了产业集群优势。

香河家具城于1998年开始挂牌营业,发挥产业的聚集效应,经过多年的滚动发展,目前,香河家具城总面积已经突破260万平方米,另包含面积超过40万平方米的亚太材料城,日客流量突破2万人。家具城内参展企业多达7000多家,知名品牌1500余个,产品除畅销北方十余个省、市外还远销东北亚、欧美和非洲等部分国家和地区。2012年销售额达到245亿元,同时获得了中国家协颁发的“中国家具优秀产业集群奖”。

(三)大厂县畜牧养殖及加工产业集群

自20世纪80年代中期大厂县引进第一家中外合资牛羊屠宰加工企业以来,经过几十年的努力,以福华、福喜、华安、跃华等规模企业为龙头的畜

牧业养殖及加工产业集群已经成为大厂县的立县支柱产业。截至2011年底,大厂县肉牛饲养量达20余万头,其中存栏6万余头,出栏14万余头;生猪饲养量达到17余万头,其中存栏6万余头,出栏11万余头;羊饲养量达到14余万只,其中存栏6万余头,出栏8万余头;禽饲养量达到143余万羽,上市家禽85万余羽;2011年生产肉类2万多吨,其中牛肉1.5万余吨;以肉牛为主的畜牧业总产值占大农业总产值的65%以上,农民人均纯收入的1/3来自畜牧业,产业化经营率达到69.5%,成为大厂县富民特色主导产业,成为京津清真牛肉市场的主要供应基地。全县人均养牛、百亩耕地产肉牛、人均提供商品牛3项指标连续9年居全国第一,被农业部命名为"全国商品牛生产基地县"和"肉牛产业化示范县",被列入河北省第一批22个产业化典型之一,大厂县肉牛屠宰加工示范基地被确定为第一批全国农产品加工示范基地。

(四)霸州市金属延压产业集群

霸州市钢铁企业主要集中在胜芳、东段、信安等乡镇,代表企业有前进钢铁有限公司、新利钢铁有限公司、鑫达镀锌彩板有限公司、胜宝制管有限公司等。该市钢铁制造行业(包括冶金和钢材改制业)从20世纪80年代末逐步得到发展,尤其以胜芳镇钢材改制为代表的钢材制造业逐步兴起,到90年代得到了快速发展,近几年以前进钢铁有限公司、胜宝轧钢有限公司为代表的一批钢铁生产、加工企业相继投产,带动了全市钢铁制造业奔上了快速发展的快车道,一些投产过亿元的大项目相继建成或建成投产。其中,2006年,前进钢铁集团有限公司纳税4.18亿元,一年净增2个多亿,连续3年列廊坊民营企业第一纳税大户。

钢铁行业的产品主要是钢锭、钢管、带钢、彩板、镀锌板、线材及其他金属制品等,主要应用于建筑安装、家具制造业等。产品主要销往北京、天津、河北、新疆、内蒙古、云南、山东、山西、湖北、陕西、吉林、辽宁、四川、宁夏及全国各大城市,部分产品进入了国际市场,生产规模居于全国同行业前列。

(五)霸州钢木家具产业集群

钢木家具制造业既是霸州市钢铁产业的延伸产业,又是带动周边诸多加工制造业的龙头产业。以胜芳镇为中心,辐射东段乡、辛章办事处等周边乡镇,带动了炼钢、轧钢、制管、制板、玻璃等行业的发展,形成了一条分工细致、连接紧密的产业链条,产品涉及餐饮、办公、休闲、家庭、商业、宾馆、酒店、学校等八大系列4000多个品种。代表企业有华彪家具有限公司、新思钢木家具制造有限公司、鸿发椅业有限公司等。霸州市家具制造业兴起于胜芳镇,目前仍是该镇的支柱行业。最早的企业出现在20世纪80年代初,截至2007年,该市共有家具制造业企业2200余家,有生产企业1400余家,配套企业200多家,相关三产600多家,总资产达16亿元,其中固定资产8亿元,年产量4500万套,年可实现产值29亿元,上缴税金2000万元,产品主要是钢木家具,有钢制、钢木结合、玻璃制、木革结合的生活、办公、校用、商用家具等。产品主要销往北京、天津、河北、新疆、内蒙古、云南、山东、山西、湖北、陕西、吉林、辽宁、四川、宁夏及全国各大城市,部分产品还远销东南亚、欧美等国家和地区,生产规模居于全国同行业前列。2005年被省中小企业局授予"河北省重点中小企业产业集群"的称号,同年9月,中国轻工业联合会、中国家具协会将胜芳镇命名为"中国金属玻璃家具产业基地"。

(六)文安县人造板产业集群

文安县境内的人造板产业集群是省重点产业集群。这个人造板产业集群以左各庄为中心,辐射滩里、大柳河、刘么、城关等乡镇。文安县人造板业起步于1986年,经过20多年的滚动发展,已经成为中国板材之乡,是我国北方最大的人造板产销基地,形成了以左各庄镇为中心,遍及滩里镇、柳河镇、文安镇等多个乡镇的产业集群,截至2007年底,全县大中型人造板生产企业813家,人造板辅助的初加工企业1000多家,从业人员12万人,年产各类人造板700万立方米,占全国板材生产量的1/6,销售收入达70亿元,北京市场的80%以上的人造板都来自该地。主要生产多层板、刨花板、细木工板、贴面装饰板、建筑模板、中密度板、异形板、复合地板等十几大类三百多个品种,30多个知名品牌,左各庄镇以生产细木工板为主。

(七)大城县保温建材产业集群

大城县保温建材集群以留各庄镇为中心,涉及周边5个乡镇、近百个村街、生产加工企业1500多家、从业人员3.8万多人,2006年营业收入达50.6亿元,拥有全国最先进的保温建材生产线28条,离心玻璃棉、橡塑、硅酸铝、挤塑等保温产品占全国市场份额的40%以上。产品主要有离心玻璃棉、橡塑、硅酸铝、高压聚乙烯板、聚苯乙烯保温板、聚氨酯、泡沫石棉等30多个系列、100多个品种，特别是华美、华能、神州、国美、依客隆等企业产品成为全国知名品牌，不仅畅销全国，在国内诸多大型工程中被优先采用，而且远销美国、德国、法国、俄罗斯、韩国及东南亚地区。这个集群是目前全国最大的保温建材生产销售基地，曾经被全国高科技建筑建材委员会命名为绿色保温建材之都，被河北省科技厅命名为“河北省保温建材特色产业基地”，还被科技部命名为“国家保温建材特色产业基地”。

二、廊坊市县域产业集群存在的主要问题

通过调研和分析，廊坊市县域产业集群为数众多，有的刚刚起步，有的发展态势良好，但也有的已经开始衰退。众多的县域产业集群在发展中都遇到了各种各样的问题，总的看来，存在如下问题制约着它们的进一步发展。

（一）各市县产业集群普遍规模较小，县域产业趋同，集群竞争力较弱

廊坊市各县已经形成的产业集群中，2007年，年产值超过200亿元的仅一个，即霸州钢木家具产业集群。更多的是刚刚起步小型产业集群，如年产值仅几亿、十几亿的小型集群。

考察了廊坊各市县的产业集群现状后，我们发现存在各市县产业趋同的现象。拿食品加工产业集群来说，三河市、霸州市和大城县都有，霸州市和文安县都拥有电线电缆产业集群，三河市和香河县都有集群涉足印刷产业，此外，大厂县的畜牧养殖及加工产业集群发展态势很好，而永清县也在大力发展畜牧业。当然，客观上有的雷同产业集群在地域在存在邻近性，只是行政区划上不同，这是缺乏宏观统筹规划的结果。

由于多数产业集群规模较小，产业链条延伸不够、集群内企业的产品技术含量不高、自主品牌产品不多、科技创新能力低，而且产品雷同致使群内企业间产生了一定的恶性竞争，削弱了整个集群的竞争力。此外，雷同的产业集群之间也势必存在着相互竞争、相互制约的问题，这也削弱了走廊区域内产业集群的竞争力。

（二）多数产业集群内尚未形成完整的产业链

如上所述，廊坊市多数县域产业集群规模较小，处于初级发展阶段，一个显著的特征是集群内部没有形成完整的产业链。如世维通光通讯有限公

司在三河市的关联企业很少,配套水平较低,一个简单的零部件在当地加工时间超过两三个月,而在南方只要两三天就可完成。为抢时间,只能通过飞机空运过来,增加了企业成本。

成功的产业集群内的企业组织形式应当是以"核心能力+产业外包",正是由于这种深度的产业分工与协作体系,使众多小企业能形成独特的专业化优势和核心竞争力。反观廊坊县域的产业集群,多数还仅仅是众多生产同样产品的企业的简单集中,产品雷同,没有形成专业化分工,大量"小而全"的企业在同一个集群中,这些企业的资源分散在整个产业链上而不是集中于一点,企业间没有形成高效的网络联系,未形成良好的创新环境,企业核心竞争力的难以形成。

(三)一些产业集群发展后劲不足,甚至出现了萎缩的态势

由于缺乏宏观上的规划而导致的集群内、集群间的恶性竞争,廊坊县域的一些传统产业集群的发展速度开始减缓,甚至出现了停滞和倒退。如三河市印刷装订行业,前些年增长迅猛,杨庄镇号称"装订之乡"。但近年来,因设备没有及时更新换代,市场在周边市县印装企业的挤压中不断萎缩,同时受到各种环境上的不利影响,目前已呈现萎缩的状态。

(四)产业集群缺乏集体效率,创新能力不足

集体效率是地方外部经济和联合行动形成的竞争优势,为追求集体效率可能导致集群出现。走廊区域的多数产业集群内部企业之间长期各自为战,交易费用高;没有形成分工细化的产业群,"条块分割"的制度影响了生产要素的自由流动,限制了产业群内企业间合作和专业化分工的发展。由于产业集群内企业和科研院所及大专院校的互动机制不健全,高素质人才缺乏、科研力量不足、企业科研能力弱、产业配套不完善等原因,集群缺乏发展后劲。企业进行技术创新的动力不足。

各集群内多数企业没有核心技术,大多停留在低水平的往返式生产上,抗风险能力较差。不仅自主研发能力弱,而且作为技术创新基础的劳动力技能也普遍低下,制造业集群区出现严重的"技工荒",不少企业存在"一流设备、二流管理、三流产品"的现象。由此导致产业集群层次较粗浅,缺乏创新与差异化能力。

(五)政府对产业集群的研究不足,政策供给上的存在偏差

尽管各级政府在制定本地产业发展规划时表明要着力培养有特色的县

域产业集群，但在实际工作中，缺乏对本地产业集群的调查和研究，不能给产业集群发展政策的制定提供有效的支持。多数市县没有建立科学的产业集群统计制度，政府相关部门不能及时、准确地得到本地产业集群发展的统计数据，因此无法正确地分析和发现本地产业集群发展中存在的问题，更不能在此基础上制定出有利于集群发展的政策。

正是由于各市县政府部门对产业集群研究的不足，才导致各级政府普遍在政策制定时产生偏差。例如，只重视大产业集群而轻视中小企业集群，重视硬环境建设而忽视软环境的营造，热衷于在经济总量盲目攀比，却不重视生态环境的建设，以至于集群内企业税费负担过高、融资环境差、支撑体系弱、环境污染严重等，这些已经严重影响到集群的可持续发展。

（六）产业集群内部公共产品供给不足，社会化的中介服务体系不健全

廊坊县域有的产业集群内基础设施建设不到位，对后续企业的进入缺乏应有的吸引力；集群内企业普遍缺乏中介服务机构，如金融机构、民间风险投资机构不足，企业融资困难；产权交易市场不配套，造成资源配置效率低下；中间商缺乏，集群企业的生产和销售受到制约。多数集群内的多数企业尚缺乏产品质量保证体系，整个产业集群没有完整的质量管理体系和公共质量监督体系，因此无法保证产品质量的稳定性。

（七）产业集群的外部约束日益严峻

产业集群的壮大和发展离不开土地、资本、劳动力等生产要素的支持，这三大生产要素的供给能力是产业集群发展的外部约束。现在看来，土地资源日趋紧张，优质劳动力和资本的供给困难，这些要素价格日益高涨已经成为廊坊县域产业集群进一步发展的瓶颈；同时，环境治理压力增强都是廊坊县域任何产业集群必须面对的一个重要问题。

三、"京津走廊"县域产业集群发展对策

要走出"京津走廊"县域产业集群的发展困境，必须对已经出现的问题进行深入分析提出对策加以解决，并预测将来可能出现的问题，做到未雨绸缪。

1. 重视宏观产业集群发展规划，使产业集群布局合理化

科学规划是发展县域产业集群的前提和基础。要强化规划龙头作用，

以规划引导产业集群合理布局、有序发展。

廊坊市政府应当根据产业集群不同发展阶段的特点，按照国家产业政策导向和产业集群发展的内在要求，因地制宜制定和完善具有前瞻性、可操作性和地方特色的产业集群发展规划。要按照区域经济一体化的思路，打破各县行政区划界限，统筹规划产业集群发展布局，形成布局合理、集约发展、资源共享、特色明显的产业集群发展格局。鼓励各县相似产业集群的龙头企业采取资本运作方式进行兼并整合。从而避免各地产业的趋同化和同构化，消除各地互争项目、盲目发展的恶性竞争，促进产业集聚集约发展。

2. 制定具体政策和办法鼓励各产业集群内企业提升自身的技术能力，增强产业集群核心竞争力

产业集群可持续发展的关键是集群技术能力的不断提升。政府要运用税收优惠支持企业增加技术吸收方面的支出，市管科研基金对群内企业在立项上予以优先，鼓励企业自主创新；政府应组织开展校企合作、校市合作等科技对接活动，支持和推动企业与大专院校、科研院所进行产学研合作，开发新技术、新设备、新产品，提升企业核心竞争力。

3. 加大人力资本的投入

政府和企业都应在各自力所能及的条件下增加集群的人力资本投入，创造有利于人才聚集、创业、成长的环境，为产业集群发展和升级提供优质人力资源。政府与企业应重点加强对企业家、一般经营管理人才、专业技术人才、新型产业工人这四类人才的引进与培养，制定优惠的人才引进政策，采取坚持企业自主培训与政府组织培训相结合的方式，有计划地培养一批产业集群发展急需的种类人才。

4. 优化产业集群发展环境，支持产业集群做大做强

根据县域产业集群的现状及发展趋势，政府应在工商、税收、金融、服务等方面对县域特色产业集群予以大力支持，制定技术创新、融资担保、土地管理、城镇规划、市场开拓、人才培养等针对县域特色产业集群的扶持政策，构建完善的产业发展政策框架体系，引导和保障产业集群快速发展。加快推进城镇交通、电力、供水、供气、通信等基础设施，重点完善大型产业集聚区及各类工业园区基础设施配套建设，为项目建设和企业生产创造良好的基础条件。大力推进金融创新，破解中小企业融资难题，支持产业集群加快发展。

5. 促进专业化分工协作，加速发展集群内外生产性服务业

在产业集群内建立以市场配置为基础的原材料供应、生产、销售、技术开发等方面的企业协作关系，逐步形成以龙头企业为主导、中小企业专业化配套协作的产业组织体系。鼓励和引导龙头企业将非核心业务或特定生产工艺分离出来，向中小企业转移，形成一批专业化配套企业，提高龙头企业本地配套率。同时，要加快推进产业集群链条延伸，围绕产业链条的薄弱环节、空白环节和关键环节，加大招商引资和项目建设力度，着力构建上中下游完整成熟的产业体系，提高产业集群专业化分工水平和配套协作能力。总之，为提升产业集群的竞争力，要有意创造适宜条件加速发展集群内外生产性服务业。

6. 增加环保投入，鼓励企业采用低碳技术，保证县域产业集群的可持续发展

县域产业集群往往是在县域内的特色资源文化资源、社会资源、自然资源和能源的基础上发展起来的，因而保护资源，走可持续发展之路对于县域产业集群的发展至关重要。可持续发展县域产业集群的发展不能以牺牲环境和资源为代价，发展进程中不降低环境质量，不破坏自然资源基础。因此，政府要鼓励企业增加环保投入、坚决地采用低碳技术进行生产，污染环境的企业坚决关停并转。

廊坊市南三县产业结构优化升级战略思考

谭继涛[①]

【摘要】:最近,在河北省委八届五次会议上提出开展的解放思想大讨论活动中,把发展和壮大县域经济作为“四大攻坚战”之一。地处廊坊南部的霸州、文安、大城三县,民营经济发达,但近年来的发展速度在廊坊各县市区中并不靠前。本文通过分析三县在经济发展中存在的客观问题,试着提出三县在产业结构优化升级中应采取的相关对策。

【关键词】:县域经济　产业结构　优化升级

一、区域经济与县域经济的基本涵义

区域经济是在一定区域内经济发展的内部因素与外部条件相互作用而产生的生产综合体。每一个区域的经济发展都受到自然条件、社会经济条件和技术经济政策等因素的制约。在一定的生产力发展水平条件下,区域经济的发展程度受投入的资金、技术和劳动等因素的制约;技术经济政策对于特定区域经济的发展也有重大影响。而县域经济是以行政县(县级市、旗等)为地理空间,以县级政府为主要调控主体,以市场为导向,以县城和专业化城镇为中心和增长极,以广大农村为腹地,具有地域性、不平衡性和相对开放性的区域经济系统。它是区域经济的重要组成部分,更是国民经济运行的基本单元。县这一级是宏观与微观、工业与农业、城市与农村的有机结合,是城乡统筹的关键点,在区域经济发展中处于十分重要的地位。改革开放以来,通过对产业结构的几次重大调整,县域经济活力明显增强,多种产业、多种经营得到迅速发展,基本适应了整个国民经济的发展要求。但从总

① 谭继涛,中共霸州市委宣传部干部、管理学硕士。

体上讲，很多县域经济还属于粗放性的初级层次，县域经济产业配套还处于起步阶段。因此，进一步培育县域主导产业、搞好产业升级是县域经济和区域经济发展的又一项新工程。

二、抓好县域经济的现实意义

廊坊市地处京津之间，下辖 11 个县市区，2012 年县域经济占到全市经济总量的 75%，而南三县霸州市、文安县和大城县三地的地区生产总值和财政收入之和分别占到全廊坊市的 31% 和 17.3%，尤其是财政收入与其应处的位置不符。如何找准坐标、创新路径、优化升级、快速崛起已经成为以上三县市需要探讨的重要课题之一。

1. 县域经济是振兴本省、本地区乃至整个国民经济的重要抓手

县域经济是经济发展的支柱。我国有 2800 多个县级经济体，占国土面积的 90% 以上。县域经济的稳定对国家的经济发展具有举足轻重的作用。县域内具有广阔的农村腹地，巨大的消费市场。县域经济是国民经济健康有序发展的强力保障。而河北省县域全部财政收入占全省近 50%，县域规模以上工业总产值占全省的 63%，县域 GDP 占全省的近 70%，县域总人口占全省的 83%，全省县域总面积占全省的 94%。这说明县域经济在一定程度上决定着全省经济的综合实力，决定着全省经济增长的质量和效益。加快发展县域经济，是推进河北省科学发展、提升竞争力的关键环节。

2. 县域经济是统筹城乡发展的重要环节

县域经济是我国经济社会发展的支柱，党的十八大指出，要确保到 2020 年实现全面建成小康社会的宏伟目标，而要实现这个目标，统筹城乡发展是客观需要，这就要求我们把工业与城市的现代化、农村和农民的现代化同时推进，需要县域经济的持续快速发展。通过统筹城乡发展力度，增强农村发展活力，逐步缩小城乡差距，促进城乡共同繁荣。近年来，国家基础设施建设和社会事业发展重点都放在了农村，在深入推进新农村建设和扶贫开发，全面改善农村生产生活条件；在着力促进农民增收，保持农民收入持续较快增长；在壮大集体经济实力，发展多种形式规模经营，构建集约化、专业化、组织化、社会化相结合的新型农业经营体系；在城乡规划、基础设施、公共服务等方面推进一体化，促进城乡要素平等交换和公共资源均衡配置，形成以工促农、以城带乡、工农互惠、城乡一体的新型工农、城乡关系上都需要县域

经济的快速发展。

3. 搞好县域经济是实现产业转型升级、促进经济结构调整的重要途径

河北省县域经济正处于工业化中期加速发展阶段,三次产业比重由2002年的21:47:32,发展到2011年的16:54:30,9年间,二产比重提高了7个百分点。目前,工业是我省县域经济发展的主导力量,并处于高速发展期。但一些发达省份,如江苏、山东等地,自2006年,它们的二产占比在逐渐下降,三产比重上升。所以,从产业演进的规律来看,我们应通过壮大工业,快速积累财富,拉动三产,解决城乡二元结构问题,走绿色、循环、低耗、高效的新型工业化道路,调优产业结构,实现高端发展、绿色崛起、率先小康的发展目标。

三、南三县县域经济发展中存在的深层次问题

南三县,特别是霸州市在20世纪90年代至2008年经济危机以前,经济发展的速度较快,其民营经济也完成了原始积累,经济社会发展呈现出良好局面。但是立足廊坊市全局来看,近年来南三县较廊坊市域内其他县市发展已略显滞后,一些深层次的原因也逐渐暴露出来,主要表现在以下三个方面。

1. 民营经济占主导地位但产业层次不高

目前,南三县的传统产业主要集中在金属压延、人造板材、塑料化工、保温材料等方面,基本上处于产业链的低端,产业发展瓶颈显而易见。以霸州市为例,2012年,28000多家个体私营企业创造的经济产值占地区生产总值的90%以上,贡献的税收占到了霸州总税收的85.3%,其规模以上工业增加值为166.3亿元,工业利润总额为24.6亿元,而三河市的两个经济指标分别是155.6亿元和46.6亿元。对比之下不难发现,经济发展的质量不高是目前束缚霸州发展的根本性问题。同样,文安县的钢铁压延、人造板材、电线电缆和塑料化工虽然贡献了全县财政收入的68%,但由于产业层次低、环境污染等问题,目前也面临转型的巨大压力,大城县情况也是如此。出现以上问题的根本原因是县域经济的产业结构不合理造成的,南三县产业主要集中在低端制造业,产业利润不高、税收贡献不大、发展前景不看好,往往还伴随着能耗高、污染大等特点。

2. 开放程度低，域外项目拉动经济的贡献小

相较于北三县及固安等地，霸州、文安、大城三县地缘优势不明显，也没有形成吸引外来投资的良好局面，过度依靠本地民营企业的内生性增长也暴露出后发优势不明显的特点。特别是园区作为引进域外项目和开发开放的主阵地，相较于三河、大厂、固安等地，其作用并没有充分发挥出来，园区经济在整个县域经济的占比并不高，富民强县的战略支撑项目还不多，没有形成相应的高端产业聚集效应。

3. 区域创新能力不强、动力不足

由于南三县大部分企业分布在传统行业，产品附加值低，创造利润的能力相应不高，企业也就不愿意将有限的资金投入到研发创新中。主要表现为企业的科研创新力量较弱，投入较少，创新人才紧缺，制约着区域创新能力的提高。而处在产业链低端的直接后果是对创新的要求不高，比如一个冲压件，只要达到下游企业的标准即可，无需把过多的精力投入到这方面。另外，高科技人才的缺乏也是创新能力不足的重要制约因素，一方面，科研经费低，高端人才在这些企业没有足够的发展空间；另一方面，小城市对高端人才的吸引力不大，造成县域城市对人才的吸附力不够。

四、实现南三县产业结构转型升级需要处理好发展中的几个主要矛盾

1. 处理好发展空间问题

要解决产业、城市和生态的合理布局问题。首先，要将现有园区建设成高水平、高产出的绿色园区，提高产业聚集程度，将所有项目全部入园，防止其挤占城市发展空间和农业用地；其次要守死环保门槛，强化生态是生命线意识，对低质低效项目坚决一票否决；再次，精打细算每一寸土地，坚持向高端实体项目和园区集中，把好钢用在刀刃上，实现土地效益最大化；最后，要高水平规划城市的空间布局，利用现有城市的大体轮廓确定一段时期内城市空间扩展的主要方向、相关产业在城市的具体分布，并注意保护河流、湿地等自然环境，做到城市发展、产业聚集和生态保护三结合，良性发展。

2. 处理好战略性新兴产业与传统产业的关系

处理好战略性新兴产业与传统产业的关系并不是对其中一方的侧重，在现实情况下，“无中生有”和“有中生新”都是非常必要的，要两手抓、两手

都要硬。要立足“有中生新”,改造提升传统产业,采取有效措施,支持引导每个传统企业通过新上项目转型升级,加快向高端、高质、高效迈进。也要加快“无中生有”,发展战略性新兴产业。通过招商引资、引智,使更多的新兴产业在南三县落户,但在这个过程中要时刻保持清醒,认清哪些项目是强县、立县的战略项目,哪些不是,切忌主观主义,必要时邀请专家组对项目评估,保证有限的资源与最具发展潜力的项目相结合。

3. 处理好生态环境与经济发展的问题

党的十八大提出,建设中国特色社会主要的总布局是“五位一体”,第一次将生态建设写入党的报告,可见国家对生态环境的重视。我们看到,环境治理与县域经济发展并不是矛盾的,高耗能、高污染等低端产业的肆意发展只能带来县域经济社会的停滞不前,甚至倒退,所以必须摒弃短期效应的惯性思维。从国家层面看,正在逐步加大环境保护和治理的力度,抑制高耗能产业过快增长,推进对火电、钢铁、有色、化工、建材等行业二氧化硫和氮氧化物等污染物的治理。所以,发展高端产业和促进传统产业的转型升级是南三县县域经济发展的必然选择,也是实现廊坊市高端发展、绿色崛起、率先小康的发展目标和争当环首都经济增长极战略突破口的重要保证。

五、加快霸州、文安、大城三县市产业结构优化升级的战略重点

县域经济是国民经济的基本单元,更是本地区、本省经济的重要组成部分,作为廊坊市经济发展的重要组成部分,霸州等三县要下大力度推进改革开放,解决束缚发展的瓶颈问题,既要将自身的潜在优势转化为竞争优势,又要以市场的思维为导向充分利用外部机遇求发展,通过壮大工业,调优产业机构,拉动三产,走绿色、循环、低耗、高效的新兴工业化道路。

(一)以解放思想作为先导,以改革开放作为动力,推进本地经济社会大发展

河北省委八届五次全会确定了在全省范围内开展解放思想大讨论活动,要求在新的发展阶段,要有新的思想解放,要有新的思维方式,要有新的发展方式,特别是要创新发展思路。县域经济的发展也必须依靠解放思想,力求在实践上形成新的突破,才能带来经济社会更新、更快的发展。要加快县域经济发展,首先要牢固树立解放思想是一切工作先导的思想观念,其次要牢固树立加快发展转变经济发展方式,推进经济结构战略性调整,促进产

业结构优化的思想观念。在实际操作中，三县要着力破解影响经济发展方式转变、制约科学发展的各种陈旧观念和落后思想，尤其是在传统产业转型升级、产业园区高端发展上求突破。要锐意进取，敢为人先，通过对标先进找到自身差距，通过创新发展方向掌握主动，通过树立发展目标跨越赶超，力争在最短的时间内找到最适合自身发展的道路，找准坐标，突破发展。

（二）对内挖掘民营经济的潜力，利用行政和科技手段促其转型，做好“有中生新”，实现传统产业的转型升级

从国家“十二五”规划中可以看出，优化和调整产业结构、提高产业核心竞争力是今后一段时期国家的政策导向，通过国家的行政手段淘汰落后产能，用科技手段引领传统产业的转型升级，进而优化县域经济产业结构是可供选择的重要途径之一。特别是南三县，如何实现对现有主导产业的转型升级，走出一条高端发展之路、绿色崛起之路，对壮大县域经济，振兴廊坊市、河北省经济均具有现实意义。

1. 行政手段

对不符合绿色发展的一批高耗能、高污染、低贡献的“两高一低”产业，严格限制其发展，倒逼其转型。首先，要加大这些行业的调研力度，按照国家产业指导目录的相关政策，摸清一手资料，将企业的类别、规模和科技水平进行对比，分别归档到淘汰类、限制类和鼓励类，区别对待；其次，坚决关停整治一批生产不合规范的企业，特别是无证生产、污染严重的企业，营造良好的发展环境；再次，逐步规范企业的生产行为，包括在土地、环保、安全生产等方面加大检查力度，以此来淘汰一批低层次企业；最后，尝试推动一批主导行业的企业兼并重组，淘汰落后产能，提高这些行业企业的经济实力、抵御风险和创新发展的能力，促进它们的转型升级和高端发展。

2. 科技手段

科技手段是企业技术改造、降低能耗、提高产品的附加值的最重要途径。通过引进先进生产线、培养科技创新人才、提高生产水平、规范生产过程，特别是培养企业的自主研发能力，形成原始性创新的局面，提高产品的档次和竞争力，促进本地民营企业的高端发展，形成核心竞争力。政府要引导企业学会运用高新技术和先进适用技术改造提升传统产业，推动制造业向研发设计和营销服务的产业链两端延伸，提升传统产品的档次和附加值，也可以转行相近的产业，利用企业现有的基础引进先进技术发展高端产业。

如霸州市福兴公司是一家传统的金属压延公司，通过引入德国布鲁克纳公司的BOPP薄膜生产线，已经成为中国北方最具规模的双向拉伸膜生产基地，发展前景十分看好。企业的转型不一定是沿着某一个行业，通过引进嫁接，传统产业可进入新兴产业的产业链，此时企业有可能迎来更广阔的发展空间。

(三)对外增加开放活力，充分利用园区吸引外来投资，搞活县域经济，做好“无中生有”，促进本地区经济结构优化调整

“把廊坊打造成河北省环首都增长极的战略突破口”是省委、省政府对廊坊的殷切希望，而县域经济的均衡发展是廊坊实现上述发展目标的关键之一。随着北京城市功能的外溢和产业转移，离它最近的一些县市首先获得了发展的机会，但南三县同样拥有这样的机会，特别是众多高速公路和铁路的兴建，时空距离在不断缩小，吸引外来投资的条件已经非常成熟。

1. 搞好园区开放和招商引资工作

我们可以看到近两年来固安园区的发展速度，是非常惊人的，它正是得益于企业运作的模式，充分利用企业的资金实力和招商活力，短期内就创造了园区大发展的成绩，这种模式也是一种已经被证实的成功的模式，是值得推行的。在此，就需要三县创新管理模式，主动搞好园区运作，创造良好的投资环境，吸引外来投资。同时，要下大力度在招商引资、招才引智上实现突破，通过示范园区和科技创新园区的建设，吸引高水平、高质量项目入园，并且借助企业的活力，利用产业链招商，寻求高水平项目、人才和技术落户三县，增强县域经济核心竞争力。

2. 塑造良好的发展软环境

众所周知，一个外来企业的投资最看重的正是该地的发展环境，一个项目的成功落地并投产都与政府的服务息息相关，往往一件小事都能使整个项目停止甚至撤资。所以，不只是南三县，廊坊所有县市区都要将提高服务水平作为全体干部的必修课，争取形成一个项目引来，无数项目慕名而来的“亲商”形象。在改善服务环境的同时，还要加大法制环境的建设力度，建设公平规范的经营环境、依法经营的诚信环境、平安稳定的社会环境，不断增强企业和群众的安全感。

3. 在项目的筛选上要注重质量

发展高端实体经济，必须坚持择商选资，围绕构建金字塔形现代产业体

系，大力引进先进制造业、现代服务业和新型农业等高端实体项目。一要做好项目评估，加强对产业项目的分类指导，以投资强度、产出强度、土地集约程度、财税贡献程度为标准，全力引进能够强县、立县的大项目、好项目，为县域经济的可持续发展奠定强有力的项目基础。二要做好项目的后期服务管理工作，及时协调处理项目推进过程中出现的问题，尤其是在基础设施建设和融资方面提供帮助，实现项目的早投产、早达效。

廊坊市北三县产业结构优化升级的思考

董水生[①]

【摘要】:文章运用产业经济及其相关理论,对于廊坊市北三县的区位特点、产业发展、结构布局、调整趋势与发展前景进行了详尽分析。同时对于北京产业发展与东扩的作用、机理展开了具体分析。

【关键词】:县域经济　结构调整　北京东扩　优化升级

一、北三县基本情况

廊坊市北三县是指三河市、大厂回族自治县、香河县在内的这片区域,国土总面积1277平方公里,总人口88.3万,经济总量在廊坊乃至河北都排在前列。北三县地处京津腹地,地势开阔,自然资源丰富,交通区位优势明显,是京津走廊上新兴的一颗明珠,发展潜力巨大。北三县在行政上隶属于河北省,但在地理区位上却被京津包得严严实实,成为河北的"飞地",且由于行政区划阻隔,县市区各自为政,规划协调力量不足,各县之间的横向联系非常薄弱,远远比不上与京津的社会经济、民间联系密切,在基础设施的建设、产业布局与发展等各方面,基本上都是在各自的行政管辖范围内进行,还没有统一的规划和布局,阻碍了今后的进一步发展。

二、产业与区域经济理论

1. 产业相关理论

(1)产业的含义。从经济学的角度来看,产业具有两种含义:一是指国民经济的各个组成部分的,即行业。我们对国民经济的划分,经常分为第

---

① 董水生,廊坊燕京职业技术学院教师。

一、第二、第三产业,其中第一产业是农业,第二产业是工业,第三产业是建筑业和服务业。二是指国民经济部门内部的划分,如我们通常所说的建筑业、煤炭业、电子信息产业、化工业、塑料业等。在产业经济理论当中,学者们对产业的概念进行了严格的界定:"从生产角度看,产业是一种生产活动,是指同类型的产品(或服务)及其可代替品的生产活动集合;从生产者角度看,产业是企业的集合,是指生产和经营同类产品(或服务)及其代替产品的企业集合;从生产成果来看,产业是产品的集合,指同类产品(或服务)及其替代产品的集合。"产业是一个"集合概念",是一个介于微观和宏观经济组织之间的一个"中观"集合概念。

英国学者科林·克拉克(Colin Clark)1940 年所著的《经济进步的条件》一书中指出,社会当中存在的经济活动可分为第一、第二、第三产业,即广义角度上的农业、工业和服务业。该分类方法被我国采用是在 1988 年,在我国第一产业是指农、林、牧、渔与水利业;第二产业是指工业与建筑业;第三产业是指上述产业以外的各行各业。

(2)产业结构的含义。20 世纪 40 年代人们开始使用产业结构这一概念,人们对产业结构的研究有着广义和狭义之分,这主要是按照产业结构的内涵和外延的不同来进行的划分。"产业发展形态理论"观点认为:产业结构是一种运动关系,是国民经济各产业中经济资源之间的相互联系、相互依存的资源的配置效率的关系。另一种观点认为:产业结构是一种比例关系,是指产业间"投入"与"产出"之间的数量比例关系。产业结构,也称国民经济中的部门结构,是指各产业部门之间以及每个产业部门内部的对比关系和结合状态。产业结构有时专指物质生产部门之间的对比关系和结合状态,例如轻工业、重工业、农业之间之间的比例结构状态。

(3)产业结构调整。产业结构调整主要包括产业结构合理化和产业结构优化两方面的内容,两者是辩证统一的关系。前者是后者的基础,没有产业结构的合理化,就没有地区经济稳定的增长;后者是前者的进一步发展,是其高阶形式。廊坊市北三县作为环首都经济圈的重要组成部分,其已构成一个小的区域经济实体,其未来发展应符合环首都这个大区域经济体的切实需求,着力进行产业结构调整,迎接京津产业转移,做好京津的后备军,打造环首都经济圈经济小高地,成为大北京都市连绵区这个高端经济实体的有机组成部分。

2. 区域经济理论

区域经济需要运用经济学的观点,研究不同区域经济的发展变化、空间组织及其相互关系的综合性应用科学。它的形成和发展最早源于1826年德国经济学家杜能提出的农业区位论,至今已有近180年的历史。然而,作为一门相对独立的科学,它大体形成于20世纪50年代。自20世纪60年代以来,随着区位研究由微观向宏观领域的不断扩展,以及各国政府为解决区域问题而加强对区域经济活动的干预,大规模开展各种区域规划工作,区域经济学获得了迅速的发展。

区域经济(Regional Economy)是指在一定区域内经济发展的内部因素与外部条件相互作用而产生的生产综合体。以一定地域为范围,并与经济要素及其分布密切结合的区域发展实体。区域经济反映不同地区内经济发展的客观规律以及内涵和外延的相互关系。

每一个区域的经济发展都受到自然条件、社会经济条件和技术经济政策等因素的制约。水分、热量、光照、土地和灾害频率等自然条件都影响着区域经济的发展,有时还起到十分重要的作用,在一定的生产力发展水平条件下,区域经济的发展程度受投入的资金、技术和劳动等因素的制约,技术经济政策对于特定区域经济的发展也有重大影响。

区域经济是一种综合性的经济发展的地理概念。它反映区域性的资源开发和利用的现状及其问题,尤其是指矿物资源、土地资源、人力资源和生物资源的合理利用程度,主要表现在地区生产力布局的科学性和经济效益上。区域经济的效果,并不单纯反映在经济指标上,还要综合考虑社会总体经济效益和地区性的生态效益。

区域经济学是研究和揭示区域与经济相互作用规律的一门学科。主要研究市场经济条件下生产力的空间分布及发展规律,探索促进特定区域而不是某一企业经济增长的途径和措施,以及如何在发挥各地区优势的基础上实现资源优化配置和提高区域整体经济效益,为政府的公共决策提供理论依据和科学指导。

三、京津地区对北三县的推动作用

北京是全国的首都是政治中心,天津是四大直辖市之一和华北地区最大的水陆交通枢纽和经济中心,廊坊地处河北中心,位于京津走廊之上,素有“京津走廊明珠”的美称，而北三县则是廊坊的亮点所在，无论是地理区位还是经济实力，都比其他县市区具有优势。尤其是近年来，北三县作为一个区域整体承接京津产业转移，发挥后发优势方面取得了突出成就，成为领航区域经济发展的先导。

北京、天津两大城市的发展和扩张从本质上讲是通过极化效应不断形成与强化经济增长极的同时，产生着吸引与辐射的双重作用，技术的创新与扩散、资本的集中与输出、产生规模经济效益和形成集聚经济效果，促进自身并推动其他部门和地区的经济增长。北三县就是在京津两大城市经济辐射推动作用下，取得突出了的成就，京津对其推动作用具体表现在以下几个方面：

第一，促使北三县完成了经济发展资本的原始积累。当前，京津地区的某些成熟或衰退部门的产业利润空间已被大大压缩甚至已经被逼到无利可图的境地，这些部门的产业开始逐步向外围区域转移，北三县利用独特的区位优势，凭借劳动力价格低廉、资源丰富和地租级差优势，以消费水平的梯度差进一步拓展市场，扩大生产规模，创造利润，进而为地区经济发展积累了资金，改善了资本短缺的问题。

第二，促进了劳动力转移，改善了北三县的“二元”经济结构。京津两大城市的发展产生集聚与扩散效应，促进着区域内农村劳动力从传统农业部门向现代工业部门转移。当劳动力从农村流向城市时，将直接促进农业生产劳动率的提高，进而有利于农业的规模经营和技术进步水平的提高，加快农业现代化进程，改变区域经济二元结构问题。这是因为，改变经济二元结构的根本途径是工业化和城市化。这里所讲的工业化是广义的工业化，既包括工业本身的发展和技术水平的进一步提高，也包括实现农业的现代化，以及由于技术进步和第三产业发展所引起的产业结构和就业结构的深刻变化。当农村劳动力从农业部门流向工业部门时，会促进工业经济的规模扩张。从而推动本地产业集聚的形成，进而改善经济的二元结构。北三县充分利用毗邻京津的优势，转移农村剩余劳动力，改变城乡二元经济结构，为今后区域经济进一步发展奠定了基础。

第三，“学习效应”明显，促进了管理创新与制度变迁。京津两地的产业转移不仅为北三县培训了熟练工人，提高了劳动力素质，而且还带进了成熟技术、新的管理方式与理念。使得北三县地区在边干边学中积累“学习效应”,进而积累发展优势。这是因为从长期而言,增长速度既取决于基础创新,又取决于次级创新,而次级创新直接源于生产经验。在学习借鉴外部管理经验时,使之与地域文化相结合,产生管理创新,甚至在更宏观层面上,产生有利于区域经济发展的制度变迁。

四、北三县在环首都经济圈中的地位与作用

1. 北三县是环首都经济圈发展的重要组成部分

在环首都经济圈众多县市区中,北三县无疑是经济实力、资源禀赋、自然条件、交通区位优势最为突出的地区之一。环首都经济圈建设以来,北三县以其丰富独特的资源、廉价的劳动力和低成本的进入优势,正逐渐取代京津城市经济成为大北京地区经济合作的基础,为地区经济更加繁荣,产业布局更合理贡献着不可取代的力量。环首都地区在未来几年、几十年的发展过程中,北三县必将成为一个新的经济增长极,推动区域经济的发展。此外,北三县的发展还必将促使城乡统筹协调发展,繁荣农村经济,转移农村剩余劳动力,增加农民收入,加速农村的城镇化速度,推进城乡一体化的进程,为环首都经济圈宏伟战略目标的实现贡献力量。

2. 北三县是破解环首都地区二元经济结构的突破口

当前环首都经济圈内发展不均衡,城乡结构明显,二元经济结构阻碍了区域经济的进一步发展。北三县是整个环首都贫困带中的经济基础实力比较好的地区之一,现代工业发展比较先进。北三县地区在破解二元经济结构过程中以特色为依托,全力推进县域产业结构的优化升级,围绕特色产业调整经济结构,培养龙头企业,延伸产业链条,发展配套、辅助产业,因地制宜建立高效互补的产业结构,并加速产业集聚,发展带状经济,加快区域协调发展。

3. 北三县是建设大北京都市连绵区的主力

当前区域经济发展面临两大重要问题,即培育壮大区域经济增长极和促进城乡之间、区域之间的协调发展。环首都经济圈的建设第二个问题显得尤为突出,在环京津地区存在着一条贫困带,制约着地区经济的进一步发展,如何解决这条贫困带是发展大北京都市连绵区的重中之重。北三县正努力打造京东新城,迎接北京产业及人口转移,具体做法表现在建立合理的县城城镇体系、培养集群式经济、进行制度创新、正确定位政府职能等诸多

方面。

4. 北三县是承载京津高技术产业转移的重要载体

高技术产业是指20世纪70年代以来迅速发展的微电子、电子计算机、光通信、新材料、生物工程、宇航等产业。高新技术是新产业形成的前提,而新产业的产生和主导产业的兴替、产业结构的转换决定了城市区域经济的自我增长和发展能力,构成了城市体系形成与发展的基础。北三县毗邻京津,拥有发展新兴产业良好的技术基础。面对京津产业转移扩散的重大历史机遇,北三县充分抓住时机,大力发展新兴产业,改造传统产业,迎接京津产业转移与辐射,打造经济开发区,实现地区经济的发展。

五、北三县产业结构现状及调整方向

目前,北三县在产业布局方面往往各自为政,极力发展自己优势产业,并没有考虑到如何合理配置空间资源,处理和协调地区发展中的矛盾,提高区域和城镇的发展质量,更没有考虑到如何优化域内产业结构和生产力布局,提高整体竞争力。北三县的未来,已不是3个县的未来,而是一个整体的城市概念。面对这种情况,打破行政区划和行政壁垒的"整合"思想呼之欲出,北三县在未来发展定位上应本着学苏州、学东莞的基础上,学习借鉴昆山经验,使之成为大背景都市连绵区这个高端实体经济体的重要有机组成部分。

当前,北三县已经进入一个高速发展时期,面临着全国沿海开放由南到北推移和渤海湾、京津经济发展辐射外溢的双重机遇,只要把握好这一重大历史机遇,北三县必将成为环首都地区的又一颗经济明星,成为环京津地区新的经济增长级,为实现这一宏伟目标,北三县应站在全省乃至全国的角度上,认清形势,科学谋划布局,做好今后发展规划。

首先,要做好规划,打造河北环首都经济增长极。北三县区位优势明显,资源禀赋优厚,一定要用世界眼光、长远眼光来研究其发展定位、产业布局、城镇布局、园区布局和生态布局,不能各自为政,一定要充分利用后发优势,站在更高的起点上谋划发展。在城市定位上,要打破原有的休闲旅游定位,借鉴长三角、珠三角地区的做法,从大北京都市连绵区高端经济实体这个整体上布局谋划,找准自身定位,发展经济。

其次,大力发展绿色经济。绿色经济是当今时代发展的主流,近年来北京地区的雾霾、环境污染问题日益严重，在发展经济的同时改善环境，是符合当前经济发展趋势的。绿色崛起是北三县自身发展的需要，如果我们的生态环境不好，京津地区的产业就会绕过我们，寻找更优良的地区。同时，发展绿色经济也是改善民生的需要。在实现绿色经济发展过程中一定要本着选准产业、集约用地、建设生态新城的三项基本原则。

第三，营造良好的经济发展环境。这个经济发展环境不是单指的自然环境，指的是宏观经济发展氛围，即在发展过程中要坚持产业转移双赢的原则，一方面做京津不做的，另一方面不做京津垃圾箱，为承接而承接。此外，还要做好交通对接和法治环境建设，为环首都经济圈整体发展奠定良好的基础。

具体来说，北三县在产业结构布局调整上，应该从以下几个方面入手：

三河市政府提出要打造好“三条线”，即北京绿色食品供给线、北京高新技术产品接受线、北京旅游延伸线。高新技术产业成为三河市重要的特色产业。目前，享有“京东硅谷”之称的燕郊经济技术开发区聚集了信息产业部39所、45所、数字技术研究所等一批科研院所，发展起了汉王制造、亚星软件、清华紫光等信息企业，正逐步发展成为北京高新技术产业的生产基地。

大厂回族自治县提出，发挥自身优势，变围绕京津发展为融入京津发展。大厂回族自治县畜牧屠宰业十分发达，全县共有一万多人从事这个行业，每年屠宰家畜达到一万只以上的企业就有8家。据说，北京中高档宾馆消费牛羊肉的70%产自大厂，大厂要发挥自身优势，在品牌工程上下功夫。

香河县提出，面向京津市场，打造五大特色产业，即沙发家具业、机械钣金业、包装印刷业、工艺美术业、电子产业。家具成为香河县支柱产业。香河县目前已发展成为全国第三、北方最大的家具集散地。吸引了香港、广东、山东等地1000多家家具厂商入城经营。

六、廊坊市北三县产业结构调整实施保障措施

1. 科学规划、合理布局，发挥其拉动作用

北三县要有整体规划，我们一定要用世界眼光、长远眼光来研究其发展定位、产业布局、园区布局、生态布局。北三县属于后发展，应该有更高的起点、更高的质量、更好的发展效益。北三县要站在北京、天津两个巨人的肩

膀上前进，而不能当做一般的城市、郊区。做到这些首先要认清城市规划设计的严肃性和协调性，认真对待规划中所出现的各种问题；其次要合理进行城市功能布局，合理的布局是今后大发展的基础；此外，还要尽量争取政府的支持，增强规划的执行力，不能只规划不执行。

2. 利用社会中介组织，发挥其推动作用

北三县在产业结构调整和发展方面要充分利用工会、商会、手工业协会等社会中介组织的作用。一方面要充分发挥工商总会、工业总会的协调作用。工商总会和工业总会代表着企业家阶层、劳动者阶层与政府部门进行谈判，协调解决各种利益纠葛，使企业、员工在与政府的对话中能够站在更加平等的位置上，保障新兴产业的顺利发展；另一方面要充分发挥行业协会的作用，行业协会要切实完善行业标准和规章制度的建立和完善，保障行业成员的各项利益，行业协会还承担着对员工的培训、为员工提供各种资讯以及各种资格证书的考去与评定工作，为从业人员素质的提高提供有效的帮助。

3. 加强职业教育，发挥其支撑作用

经济社会的发展都离不开高素质的劳动者，而保持和提高劳动者的整体素质，教育是根本，尤其是职业教育对大多数中低层劳动者来说至关重要，职业教育为中低层劳动者提供了接受教育的机会，对其来说可以说是某种程度上的就业保障。北三县地区目前拥有大中专院校十余所，开设的专业主要有财经类、机电类、机械类、酒店类等多个专业大类，涉及社会生活的各个方面，为地区经济的发展培养了大量的优秀人才。职业教育的发展为地区经济的发展和产业结构的调整提供了智力支撑和基础保证，是地区经济发展不竭的动力。

4. 完善政府机制，发挥其保障作用

政府在地区经济发展过程中发挥着不可替代的作用。政府政策的支持、财力的保障、发展规划都为地区经济发展、产业结构的变动产生重要的影响。当前经济社会的可持续发展问题日益凸显，北三县地区在产业结构调整方面日益重视城市地区的可持续发展、文物保护、环境污染治理、低碳城市建设等问题的解决。北三县在产业结构调整方面要形成一种倒逼机制，从基层需求出发拉动上层需求，进而完善产业结构，以一种全新的思路来推动地区产业发展。

七、结论

廊坊市北三县地处京津之间，区位优势明显，经济潜力巨大，在产业结构调整，承接京津产业转移，实现地区经济发展，打造大北京都市连绵区高端经济实体重要组成部分方面前景广阔。以当前情况来看，北三县经过产业结构调整，依托京津优势，必将成为环首都地区一个经济亮点。

关于推动农村城镇化与产业结构调整研究

杜亚萍①

【摘要】:"三农"问题是国家和政府关注的重点,也是我国社会和经济发展的关键。而当前我国农村产业结构的不合理日趋成为农村经济快速发展的瓶颈,严重阻碍了农村经济和社会经济的发展。本文通过对当前我国农村产业结构所存在问题的深入分析,提出了农村城镇化这一有效推进农村产业结构调整的基本思路和具体措施,以切实促进农村产业结构的升级,实现农村经济的快速、可持续发展。

【关键词】:农业基础　城镇化进程　产业结构调整

一、理论基础

(一)城镇化

城镇化是指农村人口不断向城镇转移,第二、三产业不断向城镇聚集,从而使城镇数量不断增加,城镇人口规模与地域规模不断扩大的一种自然、社会历史过程,所表现出的发展趋势是城市的物质文明、价值理念、生活方式等因素不断向农村延伸、扩散和辐射、再生的动态过程。在这一过程中,非农产业大发展,农村产业结构进一步调整优化;农村富余劳动力转移力度不断加大,农业人口数量逐步减少;农村居民住宅、基础设施、公共事业等日益完善,农村居民的思想观念、人生观和世界观等也日益现代化。农村城镇化可以为农村产业结构调整创造良好的条件。农村城镇化发展,可以创造更多的非农就业机会,有效吸纳农村劳动力,减少农业内部就业压力,有利于提高农民素质,拉动农业结构调整。

---

① 杜亚萍,河北工业大学经济管理学院企业管理学科研究生。

(二)产业结构调整

产业结构调整是指对各个产业部门之间以及内部的构成和相互关系根据当前的经济和社会发展状况进行合理的调配,其显著的特点就是对三次产业产值结构及就业结构的调整。产业结构调整是优化城乡结构,实现经济增长方式转变的有效途径。农业产业结构调整是推动农村城镇化的核心内容和动力基础。农村产业结构调整能够促进农业产业化、农村工业化,进而推动农村城镇化进程。农业产业化是农产品生产、加工和销售的有机结合,可以为农村城镇化提供丰富和优质的农产品并推动城镇化发展;调整农村结构,推进农业二、三产业的发展,可以使一部分农民从农业生产中转移出来,从事非农产业生产,为农村城镇化提供机遇,可以为农村城镇化发展积累资金,提供物质基础;农业结构调整可以优化整合土地资源,为农村城镇化提供土地空间。

二、当前农村城镇化与产业结构调整中所存在的问题

我国农村产业结构从改革开放至今,取得了巨大的改变。改革开放以后,国家开始重视农业,并把农村经济体制改革作为改革的突破口,随着改革的推进,农村产业结构发生巨大的变化。虽然随着我国农村经济体制改革的深化和农村经济的快速成长,农业产业化程度不断提高和农村城镇化建设进程的加快,但农村产业结构日趋成为农村经济快速发展的瓶颈,农村产业结构存在的问题与市场经济体制所要求的农村产业结构的矛盾加剧,特别是随着近年来农业产业化的问题越来越严重。从总体上说,这些问题主要表现在以下几方面:

(一)农村的基础地位薄弱

众所周知,农业特别是粮食生产的稳定增长是整个国民经济长期稳定发展的基础。可是,在我国,粮食生产经常出现不稳定状态,人均可耕地面积少,技术水平低,生产和需求不相适应,从而造成了我国农业增长的困难和经济形势的不稳定,不利于农业产业化的进一步推进。由于中国可耕地面积近年来不断减少,使种植业的结构调整面临着日益严峻的环境。以2005年为例,我国农作物种植结构一方面在继续向优质高效方向调整,但另一方面,从主要农产品供求的质和量上分析,仍然存在不适应市场需求的问

题。首先是粮食面积在前两年减少4000多万亩的基础上继续调减，播种面积处于16.5亿亩的警戒线边缘上；其次，棉花和油菜籽的播种面积减少过量，使得两种作物在数量上显现出供不应求的状态。农业生产的较大变动，粮棉油等主要农产品供应的紧张，从而导致国家不得不采用动用库存和增加进口的补救办法来维持供求平衡。公共基础设施是满足农民生产生活需要、促进农村城镇化的重要保障。在农村，道路交通、公共卫生、农田水利、水、电、通讯、教育、文化、娱乐等基础设施建设不足，降低了农民的生活质量，制约了农村经济发展，妨碍了产业结构调整。

(二)农村第二、三产业的发展结构不协调

农村第二、三产业的发展是改革开放以来农村经济全面振兴的主要途径，其发展对农业经济的增长具有重要的现实意义。然而，从具体的分析来看，两者存在的问题也很明显。一是作为农村第二产业主体的乡镇、民营企业的发展虽然近年来发展很快，但乡镇、民营企业在生产经营上不同程度地存在着与城市传统工业同构性的特点，致使乡镇、民营企业出现与城市工业争原料、争市场、争资金投入的局面；二是农村第三产业的发展滞后于乡镇工业的发展，第三产业占农村经济中的比重偏低，第三产业中特别是属于社会化服务体系的一些主要的行业和部门如科技推广服务体系、信息服务体系等许多地方还是空白；三是与前面两方面相联系，从农村非农产业对农村剩余劳动力的吸纳能力来看，据统计，农村第三产业与第二产业的乡镇工业相比，对劳动力的吸纳能力更有优势。2002—2005年，农村工业产值占农村社会总产值的比重提高了33%，但其劳动力所占的比重在同期仅提高了4.3%，而农村第三产业在同期其产值只提高3.1%，但其就业比重则提高了6%。农村工业发展与农村第三产业发展的结构性不协调，从而阻碍了农业劳动力转移速度的提高。因此，在今后制定农村非农产业发展战略和推

进农业产业化的过程中，应注意到通过调整第二、三产业的发展结构，以促进农村剩余劳动力的顺利转移。

(三)农村产业结构技术水平低，经济效益不高

与城市工业产业结构调整相适应，农村产业结构的调整也应当适应产业结构调整这一大趋势。在当前的中国农村产业结构中，高新产业所占比重小，传统的科技含量不高的产业比重大，致使经济效益不明显。例如，我

国粮食作物单产、经济作物单产以及畜禽单产水平分别仅处于世界的中等和低等水平,而农村劳动生产率的总体水平比世界平均水平低三分之一以上,加上农业的管理水平和技术的科学化水平不高,农业的经济效益难以得到提高。我国城市化水平相对较低,二、三产业发展不充分,提供的就业机会较小,导致农业劳动力转移不充分和农民向城市转移不充分,制约了土地的规模经营,影响了农村产业结构调整,延误农村城镇化进程。

三、推动农村城镇化与产业结构调整的基本思路

农村城镇化是一个复杂的系统工程,小城镇担负着农村城镇化的历史重任,真正推动其顺利进行,必须优化农村产业结构,建立农村产业结构调整战略的新格局及其支撑体系。因此,小城镇建设只有与农村综合发展战略相结合,才能促进农村产业结构的协调发展。但是,从经济学的角度来说,要实现城镇与乡村的协调发展,就必须使小城镇产生良好的集聚效应,对外有很强的吸引力与辐射功能,因此,小城镇建设必须与城乡的各项经济社会发展相结合起来。

(一)小城镇建设必须与区域经济发展相结合

小城镇从建设之日起,它就不是孤立发展的,一个地区小城镇的性质、规模、分布取决于区域特点,区域发展趋势。小城镇建设必须充分考虑区域经济社会发展的要求,要以本地的区域发展理论,区域发展规划和区域发展战略来指导小城镇建设,使小城镇建设有序的发展,使小城镇与互相毗邻的小城镇,大中城市以及广大农村,在一定区域内联成一个有机的整体。这实际上构成了一个城镇群落,而一个开放的、有机的城镇群落有三个方面的优势:首先,能够有效地保护农业,发展工业和第三产业,合理安排区域分工和生产力布局,避免那种在小城镇建设过程中出现的各自为战,分散投资,盲目建设,层层设立开发区而又长期开而不发所造成的土地资源和社会财富巨大浪费的状况,易于形成发展区域经济的合力及优势。其次,小城镇融入一定的区域内,各自可以根据自身特点制定相应对策。条件好的可以容纳较高层次的生产力,而条件相对差一点的却可以容纳较低层次的生产力,无形中拓宽了生产领域,扩大就业门路。最后,能有效地提高规模效应。小城镇相对于大中城市而言,其规模效益较低,但如果将小城镇充分融入区域经济的流通与分工过程中,就能在一定程度上弥补有效规模的不足。它比起

分散的小城镇来,能够更好地适应现代大工业发展的要求,比起工业过于集中的大中城市来,能够为传统工业和新兴工业提供更大的发展空间和更优越的环境条件。

(二)小城镇建设必须与农业产业化发展相结合

纵观世界发达国家现代农业的发展历程,尽管其所依托的载体不同,模式各异,但这些国家走的都是农业产业化发展之路。其共同特点是:按照现代社会化大生产的要求,在纵向上实行产供销,种养加一体化;在横向上实行资金,技术,人才的集约经营,形成农业生产专业化,规模化、集约化、服务社会化。通过产业化经营,能够最大限度注入科技因素,实现对传统农业根本性改造,提高农业的科技装备水平,能够充分开发利用土地资源,延伸产业链条,提高产业关联度,实现农业经济规模经营和规模效益,能够大幅度提高农业初级产品和精深加工产品质量与档次而使农业走上自我积累、自我发展、自我调节的良性发展轨道,推进农业现代化进程。在我国,农业产业化实现了农业生产空间的扩大和时间的延伸。农副产品从生产到最终产品的出售,要经过加工、储存、调运等若干中间环节,这些中间环节的专业化生产经营实体以实现利润最大化为目的,这就决定了其分布不能过于分散,必须相对集中,而小城镇是其最好的选择。伴随着农业产业化发展而出现的各种生产经营实体在小城镇安家落户,在促进农业产业化不断发展的同时,也为小城镇的发展和繁荣提供了新的动力。

(三)小城镇建设必须与乡镇企业发展相结合

乡镇企业是在城乡二元经济结构的情况下,农村为分享城市工业利益而产生的,表现出与城市大工业的同构性特征。改革开放以来兴起的乡镇企业从诞生之日起就受市场机制的调节,而这种不充分竞争条件下的市场调节更带有自发性、滞后性与盲目性,使乡镇企业走在一条无序、分散发展的道路。统计表明,全国乡镇企业集中在县城镇的只有1%,集聚在建制镇和集镇的占7%,其余92%分布在自然村,这种分散布局产生不了集聚效应,浪费了土地和资源,同时又产生了难以估量的环境污染。这种布局带动不了第三产业的发展,促进不了城市化水平的提高。这种分散的企业布局必须彻底的调整。乡镇企业必须以小城镇为载体,实现成片发展,产生集聚效应,顺利实现乡镇企业转型升级。同时小城镇要充分利用乡镇企业布局调整的时机，实现城镇的规模扩张，并使那些区位条件较好，具有发展潜力的小城镇逐步向中小城市发展，使城乡工业能融为一体，快速发展。

（四）小城镇建设必须与第三产业的发展相结合

经济发展实践证明，当一、二产业发展到一定程度时，必然推动产业结构的调整，主要是第三产业的发展迅速加快。但农村自给自足的生活方式，谈不上什么扩大第三产业的需求。只有乡镇企业在小城镇成片发展，农民在小城镇落户时，才会产生社会化服务的需求，才会扩大第三产业，而大力发展第三产业能够有效地推进我国的工业化、城市化和现代化。美国1921年到1951年近一半的国民收入增长额是由第三产业提供的；苏联经济学家在分析劳动生产率增长的社会经济因素时发现，第三产业发展使国民经济生产率提高了近1/3。我国第三产业发展水平同发达国家有较大的差距，发达国家第三产业从业人数占整个社会就业人数的比重高达60%左右，一些发展中国家也占到40%，而我国只占到20%。我国目前就业机会少，与第三产业的比重过低密切相关。因此，在小城镇建设过程中大力发展第三产业，有利于提高小城镇的吸引力与辐射能力，有利于实现产业结构的逐步升级。

（五）小城镇建设必须与提高农民素质发展相结合

小城镇的建设主体是农民。受种种历史条件限制，进城农民的文化素质总体水平比较低。由于受小农思想的影响，封闭、保守、狭隘、涣散等乡土特征一时难以消除。进城农民的整体素质如果得不到提高，小城镇的健康发展将成为一句空话，这样的整体素质也无法担当农村城镇化的历史使命。因为在一个城镇中，技术、资金、项目等可以在短时间内借助外界力量得以改观，但人的素质的提高却不是一朝一夕的过程，只能自己一步一步地去培养。因此，在小城镇建设过程中，要将提高农民的科技文化素质，培养农民的开放意识及开拓进取的精神，增强农民的组织观念及现代化大生产的团结协作观念，让农民在现代城市文明的熏陶下，尽快改变自身的思维方式，生活方式及知识结构，尽快实现由一个传统农民向现代市民的转变。

四、推动河北省农村城镇化与产业结构调整的具体措施

（一）加快农业内部结构调整

在保证农产品总量供需平衡的前提下，面向市场，发挥区域优势，依靠

科技进步,大力提高农产品质量,发展生态农业,生产绿色食品,实行产业化经营,增加农民收入,促进农业的可持续发展。

第一,发展多种经营,调整农业结构。逐步由单纯粮食种植和单一小规模的养殖结构转变为粮食、蔬菜、水果、食用菌等的种植和牛、羊、猪等的养殖结构,发展多种经营,提高农业的比较效益。种植业、养殖业、林业、渔业、畜牧业等全面发展。

第二,抓住特色产业,优化农业结构。以市场为导向,以效益为中心,以科技为支撑,充分发挥区域优势和资源优势,逐步建立优质、高效的特色产业体系,促进农业经济持续、快速、健康发展和农村社会的进步。在农民发展多种经营的基础上,引导农民逐步培育支撑农村经济的特色产业,形成蔬菜、水果、食用菌、动物养殖等支柱产业,立足"一村一品"或"一镇一品",形成特色产业基地,促进农业和农村经济结构的不断优化。

第三,推进农业产业化,调整农业结构。大力扶持发展农产品加工业,以农村支柱产业或龙头企业为载体,根据市场供求信息进行农产品加工,把农产品加工要求、市场供求信息、农业生产有机结合,引导农民调整农业结构,发展生产。加快发展农产品的储存、保鲜、运输和销售等产业,建立产供销一体化发展模式,这样既实现了生产和市场的有效沟通,又增加了农产品的附加值,调动了农民进行农业结构调整的积极性。

(二)大力发展农村工业

把农村工业作为农村城镇化发展的主导力量着力抓好。要发挥农村劳动力资源优势,结合地方资源禀赋,积极发展农产品加工、建材、农村建筑,或者其他具有地方特色、技术要求较低的劳动密集型企业。同时,要结合国家产业战略性调整,积极推进工业下乡活动,将城市的资金、技术、信息等扩展到农村,发展农村工业,吸纳农业富余劳动力,增加农民收入;推进部分工业,如纺织、服装、装配等劳动密集型产业,有步骤地走向农村,布局在交通便利、原料产地、劳动力丰富的乡村,带动农村发展。

(三)积极发展农村第三产业

紧紧围绕一、二产业的生产活动和农村农民的实际需要,推进农村第三产业发展。通过发展交通运输业、商品批零业、饮食服务业等,为农业生产和人民生活提供多种社会化服务,进一步推动农业产业化,带动农村城镇化。深入挖掘剪纸、绘画、书法、雕刻、编织等民间艺术，丰富农村精神生活，增进农村文化发展，增加农民收入。

（四）改革户籍制度和社保制度

城镇化是实现规模经济的有效平台，只有在经济发展到一定程度以后产业结构的调整与优化才成为可能。当前存在的户籍制度和与户籍制度相挂钩的社会保障制度在一定程度上仍旧是阻碍城镇化发展的重要因素。只有切实改善目前不完善的户籍制度和社保制度，才能调动农民进城的积极性。同时，政府要创造更多的就业机会，拓展服务业对一、二产业的渗透和带动能力，吸引农民进城工作。

（五）增加农业基础投资

农业现代化的过程是用资本和技术替代劳动的过程，这有利于城镇化和产业结构的调整。农业基础投资促进了农业机械化的发展，而农业的现代化正是以农业机械化为代表的。目前，土地承包经营权流转的提出将会为农业规模化生产创造条件。与此同时，传统农业的管理手段和管理模式必须改善，与现代农业技术装备相结合，由传统农业向现代农业的方向转变。

（六）大力发展基础教育和职业教育

城镇化和农业现代化都对农民的基本素质有一定的要求。在城镇化进程中，农民进城之后之所以会出现结构性失业，关键是文化水平较低，专业技能缺乏，因此即便是有工作岗位也无法胜任。面对进城有可能出现的“失业”问题，农民不敢“失地”，这实际上也阻碍了农业现代化的发展。同时，农业现代化的发展需要先进的技术装备和管理手段，这又必然要求农民的文化水平、劳动和管理技能明显提高。因此，加大对农民的人力资本投资，提高农民素质，对于城镇化和农业现代化以及产业结构的调整具有重要意义。

参考文献：

[1]姜爱林．城镇化与工业化互动关系研究[J]．财贸研究，2004(03)：1-9

[2]马远，龚新蜀．城镇化、农业现代化与产业结构调整[J]．开发研究，

2010(05):88－91

[3]孔德超. 农村城镇化进程中的产业结构调整问题研究[J]. 山东经济,2008(04):41－43

[4]赵伟峰,刘菊. 农村城镇化——产业结构调整的路径选择[J]. 技术经济,2007,26(01):113－116

城镇化与产业结构的关系研究

张亚兰①

【摘要】:河北省的城镇化结构特点具有产业结构发展不均衡等特点。同时,河北省产业结构的变化显示:第一产业比重持续下降;第二产业呈现波动性上升;第三产业呈现震荡中下滑。这说明河北省的城镇化与第一产业间是负相关关系;城镇化的变动与第二产业的变动显著正相关;城镇化率的变动与第三产业变动呈现负相关。河北省应加快构建农业产业化,促进第二产业结构的升级,积极发展第三产业,以促进城镇化发展的同时推动产业结构的优化调整。

【关键词】:河北省　城镇化　产业结构　相关性

一、河北省城镇化现状分析

河北省地处华北平原,濒临渤海,环抱京津,总面积187693平方公里,总人口6943.2万人。东南部、南部衔山东、河南两省,西倚太行山与山西省为邻,西北部、北部与内蒙古自治区交界,东北部与辽宁接壤。

现状交通以铁路为骨干,有京哈、京沪、京广、京九、京包、石德、石太、京承、京秦、京山等线;拥有秦皇岛港、京唐港、曹妃甸港和黄骅港四大港区;内河通航里程1300多公里。

"十五"时期,河北省城镇经济发展迅速,成绩显著。城镇人口增长到2582万人,城市在国民经济发展中的优势地位显著。11个设区城市创造了全省地区生产总值的34.2%、全部财政收入的52.8%,人均GDP和人均全部财政收入分别是全省平均水平的2倍和3倍,非农产业增加值比重和就业

① 张亚兰,河北工业大学企业管理学科研究生。

比重分别比全省平均水平高 11.2 和 26.8 个百分点。

当前河北省的城镇布局结构以“三带两群”模式为主，三带指山前传统城市发展带、沿海城市连绵带和北部生态保护带，两群为冀中南城市群和冀东城市群。但是随着河北省城镇化水平的不断提高，城镇化区域发展不均衡；部分区位优势没有充分利用，发展现状与其战略地位不相符；中心城市辐射带动效应不足；城市间分工协作关系尚未形成。

以下是利用河北省和中国统计年鉴的相关数据，绘制的 2003—2011 年河北省城镇化率的变化图 1。如图所示，河北省跟全国的城镇化程度相比，要低于全国的平均城镇化水平，2003 年到 2009 年之间的全国城镇化率正处于加速发展中期阶段，即将突破 50% 关口。河北省的城镇化率差不多都是每年增长不到一个百分点左右。2011 年比 2010 年增长了近三个百分点，因为河北省在相应政府新型城镇化发展规划工作上做出一些成绩，对城镇化率的增长起了很大作用。

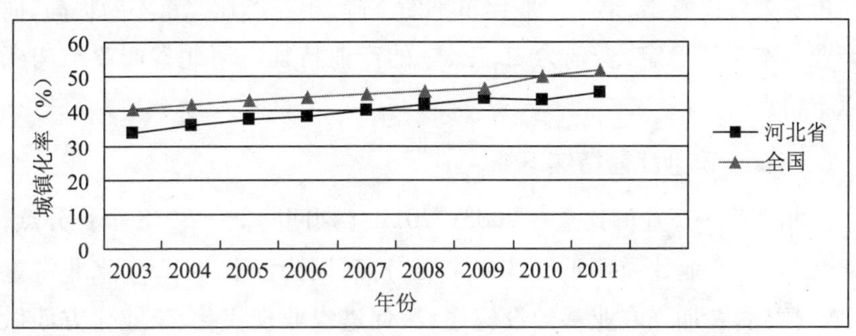

图 1　河北省和全国城镇化比较

二、河北省的产业结构演进与特征

产业结构是国民经济各产业部门间以及各产业部门内部的构成及其相互关系。改革开放以来，河北省产业结构的演变基本上跟产业结构演变的一般规律吻合。即随着人均国民生产总值的提高，第一产业的产值比重逐步下降，第二、三产业的产值比重逐步上升。

表1　2003－2010年河北省与全国三大产业结构的比较

年份	第一产业(%)		第二产业(%)		第三产业(%)	
	全国	河北省	全国	河北省	全国	河北省
2003	12.8	15.37	45.97	49.38	41.3	35.25
2004	13.39	15.73	46.23	50.74	40.4	33.53
2005	12.24	13.98	47.68	52.66	40.1	33.36
2006	11.34	12.75	48.68	53.28	40.9	33.97
2007	11.13	13.26	48.5	52.93	40.4	33.81
2008	11.31	12.71	48.62	54.34	40.1	32.95
2009	10.3	12.81	48.85	51.98	39.7	35.21
2010	10.2	12.69	52.08	53.03	42.9	34.28
2011	10.2	11.99	52.09	54.06	43.7	33.95

注:资料数据来源于2012年《中国统计年鉴》、《河北省统计年鉴》。

由表1可以看出,第一产业比重不断下降,第三产业比重不断提高,而第二产业基本保持稳定,表现为二、三、一的产业特征。河北省产业结构变化有以下特点:

(一)第一产业比重持续下降

河北省第一产业的比重在2003—2011年期间降低了3.38个百分点,同时,全国第一产业比重降低了3.4个百分点;因为河北2012年来非常重视"三农"问题,在加强农业基础设施建设,促进农业现代化、工业化方面做了大量的工作,使第一产业保持在11.99%左右。但河北的第一产业比重仍然高于全国的平均水平。

(二)第二产业呈现波动性上升

2003—2011年河北省第二产业比重先下降后上升最后趋于平稳,到2011年为54.06%。说明河北省第二产业比重在三大产业中占较高比重。

(三)第三产业呈现震荡中下滑

河北省第三产业的比重不但没有增加,反而出现下滑现象。而全国第三产业的比重从34.1%上升到40.2%。河北省第三产业占GDP的比重比第一产业高,低于第二产业比重。

美国经济学家钱纳里提出的工业化阶段理论中包括三个工业化阶段,

即工业化初期阶段、工业化中期阶段、工业化后期阶段。在工业化中期阶段，制造业内部由轻型工业的迅速增长转向重型工业的迅速增长，非农业劳动力开始占主体，第三产业开始迅速发展。这就是所谓的重化工业阶段。在工业化后期阶段，第一、第二产业协调发展，第三产业开始由平稳增长转入持续的高速增长，成为区域经济增长的主要力量。根据上述，虽然我国总体上已步入了工业化中期的发展阶段，但河北省仍然处于工业化初期阶段。

三、新疆城镇化与产业结构演变的关系

（一）变相关性分析

相关分析是研究变量之间密切程度的一种统计计量方法，通过相关分析可以看出变量之间是否存在一定的依存关系。在研究新疆城镇化与产业结构之间如何互动发展之前，先对两者之间的相关性进行检验是非常必要的，可以明确城镇化与产业结构之间是否相互影响、相互作用。

根据世界银行的《世界发展报告》和近年来联合国的《国民核算统计年鉴》等资料选取了23个国家，按照城市化水平由低向高的顺序，列出了城市化水平与产业结构的相关数据，由此得到这样的结论：一个地区城镇化水平的不断提高与产业结构的升级成正相关。城镇化水平与第一产业呈负相关，而与第二、三产业呈正相关。

根据河北省城镇化率与三大产业的结构比重数据（2003—2011年），运用SPSS17.0软件，对两者进行了相关分析，结果见表2、式1、式2。

表2　城镇化率与三大产业结构的相关系数

		城镇化率	第一产业	第二产业	第三产业
城镇化率	Pearson Correlation	1	-.731	.980 * *	-.903 * *
	Sig. (2 - tailed)	.011	.000	.001	
	N	10	10	10	10

*. Correlation is significant at the 0.05 level(2 - tailed).

* *. Correlation is significant at the 0.01 level(2 - tailed).

$Y = 74.88 - 0.484X_1 - 0.378X_3 R^2 = 0.94$　　式1

$Y = 14.82 + 0.683X_2 R^2 = 0.94$　　式2

注：Y代表城镇化率；X1、X2、X3分别代表第一产业、第二产业、第三产业的比重。

由表2的结果可以得知，在2003—2011年，河北省城镇化率与一二三产业的相关系数分别为：-0.731、0.980、-0.903。这说明河北省城镇化率的

变动与第一产业和第三产业负相关，与第二产业正相关。即城镇化率的变动与第一产业负相关，与第二产业显著正相关，这点与研究结论相一致；而河北省城镇化率的变动与第三产业变动负相关。又从式1和式2可以看到，方程中的相关系数与三大产业的贡献率相一致。这表明河北省第二产业对城镇化的推动作用大于第三产业，第三产业作用又大于第一产业。

（二）结论

（1）城镇化与第一产业间是负相关关系，相关性很强。从式1可以看出，城镇化每增加1%，可以促使第一产业比重下降0.49。

（2）城镇化的变动与第二产业的变动显著正相关。第二产业对城镇化发展有着重要的促进作用，但其内部结构仍存在很多问题。目前的工业构成中，没有完全形成产业集群，没有能够更多的吸引农村劳动力。

（3）城镇化率的变动与第三产业变动呈现负相关。主要原因是河北省经济发展的特殊性使工业化迅速发展，工业占GDP的比重大于其他产业部门，使得第三产业总产值在平稳增长的同时，其占GDP的比重呈现下降趋势。

四、对策建议

（一）加快构建农业产业化

第一产业比重持续下降，由于河北省的农村范围大，第一产业在中短期内持续下降的空间很有限。发展农业产业化经营，是加快传统农业改造，推进农业现代化进程的重要途径。鉴于农业现代工业化的重要作用，我们应该用现代工业的理念和统筹城乡协调发展的思想指导农业产业化经营工作、加强领导，统筹协调。

（二）促进第二产业结构的升级

城镇化和工业化的关系互为依托、互为促进。工业的发展可以吸收大量农村剩余劳动，进而推进城镇化发展，目前河北省工业占GDP的比重很高，但是产业结构需要进一步升级，其中产业集群是第二产业结构升级的重要加速器，我们应该立足区情，发展更多的产业集群，延长产业链，使得第二产业对城镇化发展做出更多贡献。

（三）积极发展第三产业

第三产业的发展是促进城镇化水平提高的主要经济源泉。只有提高第三产业的比重，才能吸纳更多的农村人口转移到第三产业，从而提高城镇人口所占比重，保证城镇健康发展；才能提升城市的服务功能。因此，目前我们非常有必要积极发展第三产业，使城镇化与第三产业呈现正相关，促进河北省经济发展。

参考文献：

[1]钱纳里．工业化和经济增长的比较研究[M]．上海：上海人民出版社，1989

[2]魏后凯．现代区域经济学[M]．北京：经济管理出版社，2006

廊坊城镇化发展问题

张金霞[①]

【摘要】:伴着廊坊科学发展的脚步,廊坊城镇化建设驶入了快速发展的轨道。市第五次党代会在审视市情、准确研判大势的基础上,着眼于更广阔区域中廊坊城市功能定位,提出新一轮的城镇建设,不仅要立足为本地服务,更要面向京津冀乃至更广大区域,要紧紧围绕"国际门户、休闲之都、创业金区、宜居名城、智能高地"的发展目标,努力建设河北国际化先锋城、国内高端休闲商务城和国际一流空间品质的生态宜居城。这就为今后五年廊坊加快转变城镇发展方式,创新城镇化发展道路指明了方向。

【关键词】:城镇发展　对策

2013年2月22日,著名经济学家、全国人大常委、民建中央副主席辜胜阻一行5人赴廊坊市就城镇化问题和民建会务工作进行工作调研。河北省副省长、民建河北省委主委秦博勇等陪同调研。在调研会议中廊坊市委副书记、代市长冯韶慧在致辞中说,今后一个时期,廊坊将按照十八大精神,坚持以"四化同步"为路径,以产业聚集为牵引,推进城镇化与城市经济、园区发展和新农村建设有机结合,走集约、智能、绿色、低碳的新型城镇化道路。工作实施中,将以空港新区为突破口,实施中心城市扩容,推动城市组团发展;以县城为支撑,以重点镇、园区为节点,加快推进城镇化,提升城市管理水平和城市经济发展水平,促进产业壮大和人口聚集;加快培育环北京城镇群和环天津城镇群,打造支撑新型城镇化和农村工业化的新增长极,产业集群化、农民市民化的新平台。

① 张金霞,河北工业大学企业管理学科研究生。

一、城镇化水平

(1)廊坊市城镇化发展历程可划分为两个阶段:一是缓慢发展阶段。20世纪90年代以前廊坊经济发展以农业为主,工业基础非常薄弱,城镇发展缺少工业发展的推动,政府对城镇的发展也缺乏应有的科学认识。二是加快发展阶段。自20世纪90年代以来,市政府把加快推进工业化、城镇化和大力发展第三产业放在重要位置。目前廊坊城镇化水平为46%左右,是河北省城镇化快速发展的地区之一。

(2)城镇化发展不均衡,地域之间差距较大。主城区、三河、霸州三市城镇化水平最高,在50%以上;大厂、香河、文安次之,在28%以上;其余县城(市)城镇化水平比较低,在20%~29%。

(3)城镇化水平虽已接近全国平均水平,但其非农业人口比重明显低于河北省和全国的平均水平。廊坊市区非农业人口比重只占城镇人口的58%。一方面反映了廊坊作为一个新兴城市城镇化的快速发展,另一方面说明实现真正意义上的城镇化任重道远。

(4)巨大的城镇化爆发力。改革开放三十多年来,廊坊市的城镇化有了飞速的发展,步入城镇化的加速发展阶段。

(一)廊坊城镇发展的优势

1. 地理位置优势

廊坊市长聂瑞平代表认为:廊坊市位于首都经济圈内,要实现与北京市的同城化发展。廊坊市是促进京津经济一体化的纽带和桥梁,是京津城市带上最具活力、最具发展前景的新兴城市。交通便利,相邻北京和天津两机场、一个港口,首都第二机场选址廊坊,交通网络对城镇布局影响意义重大。

2. 人才资源丰富

廊坊市拥有毗邻京津科技优势。京津二市拥有200多所高等院校、1000多所科机构,集中了中国科技力量的四分之一,高中级科技人才、企管人才济济,从这个意义上说,廊坊是人才资源丰富的城市。

3. 消费潜力巨大

廊坊市拥有北京天津两个直辖市和河北省在内的近3000万人口的庞大消费群体,是中国北方产业和人口高度密集、城市集中、工商业发达、市场容量大、购买力高的黄金地域。廊坊市工商联副主席常东风指出:城镇化不是简单的人口聚集，而是由新型农民转化成高素质的市民，推动农民市民化。对于廊坊市来说，不仅要吸引京津人来购房，还要注重本地农民的就近转化，这是城镇化率提高的关键。

4. 旅游产业极具潜力

廊坊市与京津寻求错位发展，积极发展以文化旅游、商务旅游、会展旅游、度假休闲购物旅游、农业生态旅游和高品位体育赛事为主的新型旅游项目。从客源市场来看，根据京津旅游者的特点设计推出与时俱进、别具特色的旅游产品，会给本市带来良好的经济效益。

（二）廊坊城镇发展的劣势

（1）基础设施以及公共服务不完善。交通、通信等基础设施建设相对落后；文化教育、医疗卫生、社会保障等公共服务体系不健全，缺乏配套的服务设施。

（2）城市定位不合理。廊坊的发展起初得益于京津走廊的区位优势，但是随着市场化程度的加深，各个地方经济发展的意识加强，周边利用京津发展的城市逐渐增多。由于廊坊的定位不明确，不协调使廊坊的优势逐渐丧失。区域内竞争的加剧也使廊坊的土地价格，劳动力供应及投资政策方面的优势受到挑战，招商引资会更加困难。

（3）产业优势不明确。廊坊的产业结构属于拾遗补缺的配套加工型，没有形成突出的主导产业，也缺少较大规模的龙头企业，不可避免地存在“夹缝经济”的特征。

（4）政府投资体制的制约。一是部门之间，地区之间的行政壁垒，使企业跨地区联合遇到许多关卡。二是投资管理体制的限制。我国现行投资管理体制的特点是资金在行政切块的基础上高度分散。三是区域经济一体化在实现资源的优化配置时，不可避免的出现资源的异地配置，从而减少资源输出方的财政收入。

二、促进廊坊城镇发展的对策

1. 完善城市功能，提升城市品质

加强基础设施建设，进一步完善了城市功能，产业承载能力不断增强。然而，要实现把廊坊建成环首都地区质量最佳、结构最优、效益最好的发展新引擎，高增长、高技术、高收益的产业隆起带，环境优美、宜居宜业的现代化城市,实现在京津冀城市群率先发展的目标,就必须在完善城市功能上力求突破。市长聂瑞平在《政府工作报告》中明确指出,2012 年我市将围绕构建“一轴一廊两环八大中心”城市主框架,谋划实施城建“双十工程”,进一步完善城市功能、提升城市品位。

2010 年,我市对廊万路、裕华路、广阳道、解放道、东环路北延等多条道路改造和城区污水管网进行了改造;对市区广阳道、爱民道、和平路等 5 条道路进行了绿化提升;对玫瑰园、天域园、大庆园、广汇园 4 个街景游园进行了提升改造;新建公厕 25 处。2011 年,市政府投资 960 亿元,重点实施 9 大类 100 个子项工程。主要涉及三个重要领域,即新城建设、旧城改造和路桥工程建设。推进万庄新城、中科廊坊科技谷、九州商务新城建设,大规模拓展城区面积,提升城市功能;实施商业中心区二期、新世界商务中心、银河新区、光明商务岛等旧城改造,加快龙河中心区、会展中心等“八大中心”建设……特别是廊坊万达广场的建成投入使用,不仅有效提升了廊坊市城市功能、改善城市面貌,而且为廊坊吸引京津高端人群休闲消费、承载高端产业转移奠定了坚实基础。2012 年,廊坊将继续通过优化城区布局,推进“一轴、一廊、两环、八大中心”的城市功能结构调整,全面提升城市品质,为加速构筑“京津冀电子信息走廊、环渤海休闲商务中心”主框架夯实环境基础,为产业聚集和城市发展留足空间,提升城市综合承载能力。

2. 聚集优质产业,彰显城市活力

要加快聚集科技研发、总部经济、商务休闲等高端服务业,提高城市发展的产业支撑和要素吸纳能力。廊坊开发区润泽国际信息港建设工地上,塔吊旋转,施工车辆穿梭,M1、M5 数据中心已经完成结构封顶,即将投入运营。

从润泽国际信息港南行 3 公里,就是备受众多京津金融机构青睐的“廊和坊”金融街项目。该项目开工一年多来,目前 18 万平方米的金融街主体工程已封顶,商业街等配套项目也已开工建设,建行、中国人寿、民生人寿等金融保险机构签订入驻协议,中信银行、民生银行等 6 家银行机构达成入驻意向,一座“国家级金融 RBD”呼之欲出。

“十一五”期间,在大力提升原有传统产业的同时,廊坊还大力培育以电子信息产业、新能源、新材料等为代表的高科技产业。华为、京东方、中兴等一大批高科技领军企业先后在廊坊建设生产基地。2011 年,全市高新技术产业实现增加值 254.5 亿元,同比增长 31.5%,其中电子信息产业增加值占工业增加值的比重超过了 20%,全市电子信息产业实现利税和工业增加值跃居全省首位。

此外,以网络经济、总部经济、创新经济等为代表的战略性新兴产业蓬勃发展。依托润泽信息港项目,廊坊开发区启动了云存储数据中心产业园项目,投资 70 亿元的中国联通云计算和外包服务主营中心项目、投资 8.64 亿元的北京光环新网云计算中心项目即将落户,投资 5 亿元的中国移动北区中心项目一期工程投入运营,二期大型枢纽工程开始谋划。

3. 实施精细管理,力促社会和谐

精细化是城市管理工作的发展趋势,推行精细化管理对于提高城市管理工作效能、提升城市品位具有重要意义。以建设数字城市、智慧城市为目标,推进数字廊坊、数字规划、数字交通、数字城管各系统的整合对接,加快推进数字城管向县城延伸,基本实现全市域覆盖,提高城市管理的反应速度和效率。

近些年来,到廊坊市投资兴业的海内外客商越来越多,其中不乏富士康、华为、京东方这样在全球颇有影响的知名企业。富士康总裁郭台铭的解释或许能够代表很多企业家的心声:“廊坊市不仅拥有得天独厚的地理位置,更为重要的是,廊坊市委、市政府始终坚持以人为本,高度重视城市的管理。通过精细化的城市管理,让这座城市处处折射着文明与和谐,让置身其中的每一个人倍感亲切、友好。”

廊坊市委、市政府始终高度重视城市的管理,特别是“城镇面貌三年大变样”活动开展以来,更是紧紧借助其东风,全力推动城市管理进程。伴随着民生保障、城区拓展等六大工程的推进,廊坊城市管理工作也在与时俱进,不断创新,而通过精细化的管理,极大地提升了城市的知名度、美誉度、影响力。创新城镇化发展道路这一城镇化建设的宏伟蓝图,有理由相信,通过廊坊人民的真抓实干与共同努力,廊坊一定能在城镇化建设的道路上实现高端发展,为“两个率先”奋斗目标的实现打下坚实的基础。

参考文献:

[1]陈捷. 树立科学发展观,统筹城乡经济发展[J]. 西南农业大学学报(社会科学版),2007(3):80－83.

[2]高峰. 江苏新型城镇化之路:进程、挑战与走向[J]. 苏州大学学报(哲学社会科学版),2011(4):106－114.

[3]国家发展改革委员会发展规划司课题组. 推进城镇化进程,统筹城乡经济社会协调发展[J]. 中国经贸导刊,2004(22):24－25.

[4]辜胜阻,李华. 依托县城发展农村城镇化与县域经济[J]. 人口研究,2008,32(3):26－30.

后 记

本书作为2013年廊坊“科技创新与环京津区域产业结构优化升级”专题学术研讨会标志性成果，以论文集形式公开出版发行，具有重要的理论意义和现实价值。

为深入贯彻落实党的十八大精神、省委八届五次全会和市委五届五次全会精神，大力实施创新驱动发展战略，充分发挥学术交流对自主创新的先导作用，促进学科繁荣和创新人才成长，提高学会服务创新和服务社会的能力，为廊坊加快实现“两个率先”提供强有力的科技支撑，2013年初，廊坊市科学技术协会向河北省科学技术协会申报了题为“科技创新与环京津区域产业结构优化升级”的重点学术项目，并获得了批准立项。为了做好此项工作，市科协做了大量的深入细致的基础性、理论性、专业性、学术性的工作，搭建交流、咨询、研讨、合作平台，广聚科技资源、广纳真知灼见、广交科技英才。组织应用经济学会等相关学会、协会，结合廊坊环京津的区位特点，以优化产业结构为出发点，进行广泛调研；邀请北京、天津、河北省内高校、科研院所的专家学者，召开了多类型、多层次的学术专家座谈会。

本书是上述一系列专业学术活动的研究成果。专家学者运用技术经济学、产业经济学、地缘经济学等学科理论，对科技与创新的关系、区域经济与产业结构、经济增长极与都市连绵区、外溢内吸与产业集群等在理论上进行了延伸阐述，对河北环京津新的增长极、首都经济圈的国家战略、京津廊都市区一体化、实现战略突破的机遇与挑战等在切入点上进行了现状分析，特别是围绕实现廊坊市“高端发展，绿色崛起，奋力打造河北省环京津新增长极的战略突破口”的战略目标提出对策建议。本书可为各级党委、政府及有关部门的决策提供有价值的参考。

中共廊坊市委、市政府高度重视本书的出版，中共廊坊市委副书记蒋洪江同志亲自担任编委会主任，给予全程指导，并为本书作序。市委、市政府相关部门大力支持，广大专家学者与科协工作人员倾注智慧和汗水，中国经济出版社余静宜主任严谨敬业，付出了辛勤的劳动，在本书出版之际，一并致以衷心的感谢。

编者

2013 年 9 月 16 日